68/69

1781

Rainer Fabian

Die Meinungsmacher

Eine heimliche Großmacht

Hoffmann und Campe

1. bis 4. Tausend 1970

Schutzumschlag und Einband Jan Buchholz und Reni Hinsch
Gesetzt aus der Korpus Times-Antiqua
Gesamtherstellung Kleins Druck- und Verlagsanstalt, Lengerich
ISBN 3 455 01935 8. Printed in Germany

Inhalt

Vorwort

Jeder Autor pflegt von seinem Buch zu sagen, daß es geschrieben werden mußte. Er tut dies aus zwei Gründen. Einmal deshalb, weil die Sache, von der das Buch handelt, inzwischen zu einem Gegenstand seines Selbstverständnisses geworden ist. Er lebt mit ihm und wird ihn vermutlich nie mehr aus dem Auge verlieren. Zum anderen deshalb, weil er davon überzeugt ist, daß diese Sache wichtig ist.

Der Gegenstand dieses Buches ist die öffentliche Meinung. Wer heute die Aussagen über den Zustand der Öffentlichkeit studiert, wird eine merkwürdige Feststellung machen: Das Thema wird auf eine Weise diskutiert, die bestimmte Entwicklungen der letzten Jahre nicht miteinbezieht. Man spricht von den Herren der öffentlichen Meinung und meint damit die Journalisten. Über die Spezialisten der Public Relations wird nicht gesprochen. Man diskutiert über den Begriff der Öffentlichkeit und tut dies im Sinne der für das 19. Jahrhundert geltenden Definitionen. Das Aufkommen der Informationsapparate und Massenmedien wird nicht berücksichtigt. Man kommt zu dem Schluß, daß die demokratischen Staatsformen die Öffentlichkeit begünstigen und meint damit, daß das Volk größere Chancen habe, sich zu informieren. Daß diese Meinungsbildung kontrolliert und gelenkt wird, wird nicht gesehen.

Der Autor versucht den Zustand der Öffentlichkeit so darzustellen, wie er sich heute in der Praxis zeigt. Er kommt dabei zu drei Thesen. Erstens: Die Öffentlichkeit im klassischen Sinn ist verschwunden, an ihre Stelle ist die manipulierte Öffentlichkeit getreten. Zweitens: Der Staatsbürger der westlichen Welt wird mehr und mehr abhängig von Propagandatreibenden, die vorgeben, stellvertretend für ihn Meinungen darzustellen und Interessen wahrzunehmen. Drittens: Die Männer der Public Relations treiben keine objektive Vermittlung von Informationen, sondern informieren im Sinne ihrer Auftraggeber. Ihre Arbeit ist tendenziös.

Der Autor meint, daß dieses Buch geschrieben werden mußte.

Hamburg, 1970 *Rainer Fabian*

Die Rede-Häuptlinge

Irgendwo liest ein Mann eine Zeitung. Vielleicht in einem Café, in der Straßenbahn vielleicht. Es ist nicht viel, was an ihm auffällt. Das Gesicht ist durchschnittlich. Der Anzug wurde in einem Warenhaus gekauft, Fischgräten. Braun die Aktentasche, die Ecken abgestoßen. Seine Geldtasche enthält den Durchschnittsbetrag eines Durchschnittsgehalts. Nichts an diesem Mann ist bedeutend, niemand scheint sich für ihn zu interessieren. Nur die Katastrophe könnte ihn aus der Anonymität herausreißen, das heißt aus der Gleichgestelltheit mit anderen Männern mit Fischgrätenanzügen und Aktentaschen, deren Ecken abgestoßen sind. Nur die Katastrophe würde seine Unscheinbarkeit interessant machen. So scheint es.

Doch das Bild trügt; denn dieser Mann ist nur scheinbar anonym. In Wirklichkeit hat man ihn erfaßt. Jedes Päckchen Kaugummi, nach dem er greift, wird von irgendeinem Elektronenrechner notiert. Jede Bewegung, die er vor einer Rotampel macht, ist in einem psychologischen Diagramm vorhergesehen. Jeder Kauf und die Art wie er kauft wird, ›gerinnt‹ zu einem Parameter der Sozialwissenschaften. Jede Regung, die er beim Lesen seiner Zeitung verspürt, wird in vierteljährlichen Abständen durch Befragung repräsentativer Querschnitte verzeichnet und ausgewertet. Selbst die Katastrophe, die ihn vielleicht im nächsten Augenblick töten wird, ist bereits in einer Wahrscheinlichkeitskurve vorausberechnet worden. Man kann heute feststellen, daß die qualifizierte Kenntnis über den Menschen immer totaler wird, nur gibt es zweierlei Menschen in bezug auf die Auswertung dieser Kenntnisse: jene Personen, über die eine ungeheure Fülle von Daten gesammelt wird, und jene, die diese Daten sammeln. Über die ersten weiß man fast alles, über die zweiten weiß man nichts.

Eugen Kogon hat in einem Schlußwort zum Darmstädter Gespräch über bestimmte Aspekte von Öffentlichkeits-Berufen geklagt, als er sagte: »Wie sich herausgestellt hat, gibt es zwei zentrale Berufe, die für unsere Existenz und für die Weiterentwicklung der Massengesellschaft entscheidend sind, die keinen geordneten Nachwuchs haben: die Journalisten und die Politiker. Das halte ich für eine Katastrophe.«

Dem ist hinzuzufügen, daß auch eine Tätigkeit wie die des PR-Mannes keinen geordneten Nachwuchs hat und daß die Problematik dieses Berufs noch viel weiter geht: Sie liegt in der Unsichtbarkeit dieses Berufs und in der Unsichtbarkeit des entsprechenden Informationsapparats. Dieser Informationsapparat ist heute nicht staatlich, also politischer Natur, sondern frei und deshalb privatwirtschaftlicher Natur. Den drei von Montesquieu beschriebenen Gewalten tritt damit eine vierte an die Seite, die den angestrebten Gewaltenausgleich zum Teil aufhebt.

Dieser Apparat besteht aus den von jedermann mietbaren Spezialisten der Informationsübermittlung. Der Beruf des PR-Mannes ist der zentralste dieser neuen Berufe, und die Methode der »PR« ist die systematischste der neuen Arten, Informationen zu übertragen, Meinungen zu bilden und Haltungen anzuregen. Über die Public Relations selbst ist kaum etwas bekannt. Bereits das Fremdwort erschwert den Zugang, »PR« erscheint als etwas »Amerikanisches«, und den Anfang müssen deshalb Fragen über jene Menschen bilden, die man »Rede-Häuptlinge« nennen kann. Bei vielen polynesischen Stämmen spricht der Häuptling kein Wort. Das besorgt für ihn der »Rede-Häuptling«, das heißt sein Public Relations-Mann.

Was heißt »Public Relation«?

Kein Mensch kann mit Sicherheit diese Frage beantworten. Die Sprachverwirrung um dieses Wort ist babylonisch, und man hat nur zwei Chancen, sich aus dieser Verstrickung zu lösen: Man kreiert entweder einen eigenen Begriff, oder man akzeptiert irgendeine der alleinseligmachenden Bedeutungen dieses Wortes. Beide Möglichkeiten haben einen Nachteil. Die eigene Kreation vergrößert die Verwirrung, da es heute bereits über 2000 verschiedene Definitionen der »Public Relations« gibt. Wer sich dagegen einem PR-Theoretiker anschließt, der muß mit dessen Sprachgebrauch auch die Wortbedeutung übernehmen.

Ich selbst neige dazu, die Redehäuptlinge zu beobachten, wie sie Informationen einsammeln, sortieren, verändern und an die richtigen Adressaten in der richtigen Form weitergeben. Diese Beobachtung führt zu der Erkenntnis, daß die Public Relations ein Unterbegriff der Propaganda sind, alle Methoden einschließend, mit denen man Menschen durch eine Informationsauslese günstig stimmt: die des Propagandisten und Werbenden ebenso wie die des sachlich Informierenden.

Die Definitionen der Public Relations reichen von dem fast nach einem Satz aus der Moraltheologie klingenden Ausspruch: »Public Relations ist die Lehre vom Mitmenschen« (Leopold von Wiese) bis zu der kaltschnäuzigen Äußerung Paul W. Meyers, daß »auch die Public Relations-Arbeit geplante Absatzanbahnung ist«. Zweifellos ist sie das in jedem Fall. Trotzdem ist es schwer zu entscheiden: Auf der einen Seite steht die Figur des »geheimen Verführers«, der seine Verkaufsobjekte mit jenem Hauch von vertrauensvoller Väterlichkeit umgibt, daß dem Käufer gar nichts anderes übrigbleibt, als diese Verkaufsobjekte zu lieben. Auf der anderen Seite steht die Figur eines Menschen in der Art eines »Erwachsenenbildners«, der seine Mitmenschen an die Hand nimmt und Demokratie lehrt, indem er verantwortungsvoll informiert. Welche der beiden Figuren ist das Leitbild dieses Berufs, in dessen Umkreis bereits so merkwürdige Wortverbindungen geprägt wurden wie »PR med porr« (Public Relations mit Pornographie, zu einer Erotik-Ausstellung in Schweden)?

Unter das Stichwort »PR« fallen viele und unterschiedliche Versuche, die öffentliche Meinung zu beeinflussen, und es ist schwierig, wenn nicht gar unmöglich zu sagen, wo die Propaganda aufhört und die PR beginnt oder wo die PR endet und in die Werbung übergeht.

In England brachte im Jahre 1959 eine Lehrerin, die sich gegen ein obszönes Wort im Fernsehen empört hatte, 425 000 Unterschriften für einen »sauberen Bildschirm« zusammen. Ist das nun ein Referendum oder PR?

Als es bei dem Ausgleich des Bundeshaushalts von 1967 um die Herabsetzung der Kilometerpauschale ging, protestierten Gewerkschaften und Automobilverbände so stark gegen diese Maßnahme, daß es gelang, die Regierung dahingehend zu beeinflussen, daß die radikale

Kürzung von über 35 Pfennig pro Kilometer auf 15 Pfennig gemildert wurde. Ist das nun Propaganda oder PR?
Im Jahre 1966 wandten sich die amerikanischen »Öffentlichkeitsoffiziere« der Frauenverbände an die Wetterämter und verlangten, daß die Bezeichnung von Hurrikanen mit weiblichen Namen (»Mabel«) aufhören solle. Ist diese Eingabe, die in der amerikanischen Presse ausführlich kommentiert wurde, lediglich eine einfache Zeitungsmeldung oder bereits gezielte PR?
Deutsche Einwanderer in den USA erwogen Anfang der fünfziger Jahre die Gründung einer Liga, die der Verächtlichmachung »des Deutschen« in Amerika entgegentreten sollte. Sie waren, wie sie erklärten, darüber empört, daß die Deutschen insbesonders in US-Fernsehsendungen sehr häufig in den Rollen von »Spionen, wahnwitzigen Wissenschaftlern, Sadisten und anderen finsteren Gestalten« dargestellt wurden. Ist das nun bloße Vereinsmeierei oder schon PR?
Die deutsche Fischindustrie wehrte sich Mitte der sechziger Jahre gegen einen Fernsehfilm, in dem folgendes gezeigt wurde: Eine viermotorige Verkehrsmaschine fliegt mit 48 Passagieren an Bord von Winnipeg nach Vancouver. Der Nachtflug dauert mehrere Stunden. Es treten Ereignisse ein, die aus Besatzung und Passagieren eine Schicksalsgemeinschaft werden lassen. Eine Frau erkrankt, dann ein weiterer Passagier, schließlich auch der Ko-Pilot. Sie alle hatten eine an Bord servierte Fischmahlzeit gegessen. Die deutsche Fischindustrie legte in ihrer Stellungnahme Wert auf die Behauptung, daß der in dem Fernsehfilm gezeigte Heilbutt »nicht von der deutschen Fischwirtschaft geliefert« wurde. Ist das nun schon PR oder eben gerade noch der Korrigierversuch für eine schlechte, d. h. negative Publicity, was auch im folgenden Fall gefragt werden muß: Petula Clark, britische Schlagersängerin, berührte während der Aufzeichnung einer Fernsehshow ihren farbigen US-Kollegen Harry Belafonte am linken Arm und initiierte damit »den abscheulichsten Fall von Rassismus, den ich je in diesem Geschäft gesehen habe« (Belafonte). Und zwar deshalb: Der Werbechef der Plymouth-Abteilung der US-Autofirma Chrysler, Doyle Lott, dessen Firma die TV-Schau finanzierte, ver-

langte, daß die Szene noch einmal geschnitten werden müsse und zwar ohne Körperkontakt der beiden Darsteller, weil Autohändler aus dem Süden Amerikas die schwarz-weiße Freundschaftsgeste ablehnen könnten. Reaktion der Autofirma auf die negative Publicity: Sie entließ Lott und beschloß, die umstrittene Szene so laufen zu lassen, wie sie gedreht worden war.

Was also ist PR?

Die Voraussetzung für diesen Beruf ist die Tatsache, daß der moderne Mensch fast nur noch über Informationen soziale Beziehungen knüpft. Von Wissenschaften wie Kybernetik und Biogenetik versteht er sehr wenig. Sein Leben wird gestaltet von anonymen Großorganisationen wie zum Beispiel der EWG. Firmen und Unternehmen kennt er nur noch über deren Anzeigenseiten in den Illustrierten. Umstellt von Wänden aus bedrucktem Papier, Lautsprechern, die Nachrichten tönen, und Sehschirmen, die Welt darstellen sollen, wächst sein Gefühl der Entfremdung. Die Anonymität nimmt täglich zu, er fühlt sich fremd in der einst vertrauten Umwelt. Sein Bedürfnis nach Identifikation mit der Umwelt läßt ihn heftig nach Verwandtem suchen, nach Erkennungsmerkmalen, die er versteht.

Eines Tages hört er zum Beispiel davon, daß sich in seiner Stadt ein Chemiekonzern ansiedeln will. Der Mensch ist dagegen; denn Chemie stinkt und stößt schwefelgelben Rauch aus. Er hat auch etwas gegen Synthetics, denn Synthetics sind ja unecht, ein irgendwie alchimistisches Erzeugnis, und dann hat er noch etwas gegen Unternehmer überhaupt, gegen »die da oben«. Nichts verbittert diesen Menschen so sehr »wie das Gefühl, ein für dumm gehaltenes Objekt von undurchsichtigen Vorgängen zu sein, das man bequem ausbeuten kann«, schrieb Wilhelm Röpke und beschrieb damit exakt die Situation eines Menschen, der von anonymen wirtschaftlichen Großapparaten abhängig ist. Für diesen Menschen konzentriert sich das Wissen über die Umwelt in bestimmten Symbolen, oft sind das negative Symbole. Das wäre noch kein Problem, wenn es den Interessenten (den Hersteller von Synthetics, den Chemiekonzernen und denen »da oben«)

gelingen könnte, den Menschen darüber zu unterrichten, daß das alles so nicht stimmt, daß es ganz anders ist. Aber das gelingt ihnen heute ohne Hilfsmittel nicht mehr.

In diesem Augenblick tritt der PR-Mann auf den Plan. Er kennt die Methoden, wie man in die Netzhaut des modernen Menschen ein Symbol eintätowiert, so daß er angesichts dieses neuen Symbols bald reagiert wie ein Säugling auf die Flasche: er lächelt. Er hat Vertrauen zu dem Symbol. Er liebt Chemiekonzerne und deren schwefelgelben Rauch. Er weiß, daß IBM Fortschritt bedeutet, daß Sinalco Kola ein Symbol für Frische und Internationalität (»schmeckt international«) ist, er weiß, daß die drei keilförmig zugespitzten Linien »drittes Programm« heißen. Wenn er ein Vergißmeinnicht sieht, denkt er an die Postleitzahl und bei den Buchstaben »VEBA« an eine Aktie: Zu Beginn der »VEBA-Kampagne«, die im Auftrag der Bundesregierung von zwei Werbeagenturen und einer Public-Relations-Gesellschaft durchgekämpft wurde, verstand der Mann auf der Straße unter »VEBA« noch das ähnlich klingende Waschmittel. Fünf Monate später wußte er, daß es sich hier um eine Aktie handelt (der privatisierten »Vereinigten Elektrizitäts- und Bergwerks-AG«). Das ist notwendige Public Relations.

Die Übersetzung dieses Begriffes, der zum erstenmal 1897 im »Yearbook of Railway Literature« genannt wurde, ist so schwer, daß man eine Eindeutschung schließlich aufgegeben hat. Meinungspflege, Kontaktpflege, Vertrauenspflege - klingt zu weiblich, zu unentschlossen. Pressestelle, Presseabteilung, Informationsabteilung - läßt Verwechslungen zu mit den tatsächlichen Pressestellen, die Bilanzen veröffentlichen und Betriebsführungen organisieren. Öffentliche Beziehungen - das wäre es eigentlich, aber es klingt doch zu allgemein, und das Wort Beziehungen hat im Deutschen überhaupt einen unangenehmen Beiklang. Ebenso wie Liebreiz nicht dasselbe bedeutet wie Charme und »öffentliches Bekanntwerden« nicht das gleiche wie Publicity, ebenso läßt sich Public Relations nicht übersetzen mit »öffentlichen Beziehungen«. Man ließ es also dabei und vermied es auch, die Varianten der PR zu übersetzen, so daß heute in Deutschland der große Eintopf »Public Relations« alle Ingredienzen enthält: Consumer Relations und Employee Relations, Shareholder Relations und Educational Relations, Governmental Relations und Community Relations, Interieur Relations und Industrial Relations, Human Relations. Dies ist eigentlich der Grund, warum über Public Relations überhaupt gestritten werden kann; da der Begriff alles enthält, kann man ihm auch alles entnehmen,

die Propaganda - »der Einsatz des Beraters für Public Relations ist die raffinierteste und verfeinertste Entwicklung der Wirtschaftspropaganda« (Harry Elmer Barnes),

die demokratische Kontrolle - »die Public-Relationsabteilung sorgt oft dafür, daß die und die Zustände in einem Unternehmen abgestellt werden, weil sie das Image der Firma zerstören würden. Damit wird die Public-Relations-Arbeit selbst Instrument gesellschaftlicher Gegenkontrolle über die Institutionen der Gesellschaft« (Bundeswirtschaftsminister Prof. Karl Schiller),

die Anpassung - »1947 hatten Doris und ich versucht, den Sinn mit drei Worten auszudrücken: Information, Überzeugung, Anpassung« (Edward L. Bernays) oder, nicht ganz so brutal ausgedrückt: »Public Relations sind das wohlerwogene, planmäßige und unermüdliche Bemühen, gegenseitiges Verstehen und Vertrauen zwischen einem Auftraggeber und der Öffentlichkeit aufzubauen und zu pflegen (Institute of Public Relations, London).

Wenn man weiß, daß das New Yorker Telefonbuch acht Kolonnen lang »Public Relation Counselors« anführt, daß im Jahr 1969 die amerikanischen Firmen mehr als sechs Milliarden Dollar für PR ausgegeben haben und daß es im gleichen Jahr eine Viertelmillion Berater in einem Beruf gibt, der allein in den Vereinigten Staaten an 200 Universitäten gelehrt wird, dann fragt man sich, ob nicht die Anpassung, zu der die Public Relations so offenbar erziehen, nur ein

anderes Wort ist für Beherrschung und Ausnutzung; denn PR kann nur treiben, wer dafür bezahlt, und wer bezahlen kann, der gehört zu denjenigen, die in einer Gesellschaft Macht ausüben.
Wie verlief die Geschichte der Public Relations?
Man kann auch bei Adam und Eva anfangen. In diesem Fall hätte die Geschichte der Public Relations in jenem Augenblick begonnen, als Eva den Adam dazu überredete, vom Apfel zu kosten. Der amerikanische Marktforscher Ernest Dichter vermeint schon hier die Wurzel der PR zu erkennen, wenn er fragt, ob Eva den Adam nur beschwätzt hat, in den Apfel zu beißen, oder ob sie ein latentes Bedürfnis in ihm weckte. Hat sie ihn nur überredet, so wäre das Propaganda, Infiltration. Hat sie dagegen ein latentes Bedürfnis geweckt und das entsprechende Mittel zur Weckung dieses Bedürfnisses angewandt, so darf Eva vielleicht als eine Art Elisabeth Noelle-Neumann angesehen werden?
Andere gehen nicht ganz soweit.
Albert Oeckl glaubt, in dem Wirken der großen Religionsstifter Laotse, Buddha und Christus die Ansätze einer Öffentlichkeitsarbeit zu erkennen. Manche nennen den Namen Jacob Fugger (1459 bis 1525), der einen internationalen Nachrichtendienst herausgab (»Nova et Novitates«), mit dem Zeichen des Hauses, dem Dreizack, ein Markenzeichen kreierte und durch die 1519 gestiftete »Fuggerei«, jener Siedlung für bedürftige Bürger der Stadt Augsburg, sein Image pflegte. Auch Johann Wolfgang von Goethe widerfährt in diesem Zusammenhang die Ehre, da der greise Dichterfürst einst die Offiziellen der Stadt Weimar unterstützte, indem er ein Gedicht schrieb, das zur Begrüßung einer Herzogin auf dem weimarischen Marktplatz deklamiert wurde. Fortfahrend im Aufzählen von Beispielen eines öffentlichkeitsbewußten Verhaltens, würde man bei Alfred Krupp anlangen, der schon im Jahre 1851 ein Symbol benutzte, um sein Unternehmen bekannt zu machen: Zur Weltausstellung in London schickte er den bisher größten aus einem Stück gegossenen Stahlblock. Der Klumpen erregte großes Aufsehen.
Da die Theoretiker nicht sicher sind, ob es die PR eigentlich gibt,

lassen sich auch schwer die Anfänge der PR bestimmen. Ganz sicher ist, daß nur die systematisch betriebene Öffentlichkeitsarbeit den Namen PR verdient, etwa im Sinne der verschiedenen einschlägigen, um die Jahrhundertwende einsetzenden Kampagnen.

In Deutschland schuf der Staatssekretär im Reichsmarineamt, Alfred von Tirpitz, das erste Beispiel einer solchen planmäßigen Öffentlichkeitsarbeit. Sein Ziel war, die Kriegsmarine so populär zu machen, daß ein deutscher Junge bald keinen anderen Wunsch mehr haben würde, als die Salzluft des Meeres zu schmecken. Im Jahre 1894 befahl Alfred von Tirpitz, auf allen größeren Schiffen der Kriegsmarine einen Offizier abzustellen, der Auskünfte geben, Besucher geleiten und Informationen verbreiten sollte. Doch damit waren seine Ideen noch nicht erschöpft, wie die folgenden Jahre zeigten. In den deutschen Schulbüchern erschienen plötzlich Bilder von Marineschiffen, der Matrosenanzug wurde Mode, Flottenkalender gelangten in die deutschen Haushalte, Matrosenkapellen spielten auf den Übersee-Piers, und in den Marine-Vereinen wurde der Geist seefahrender deutscher Männlichkeit wieder und wieder beschworen. Die zärtlichen Blicke, mit denen deutsche Frauen an den blauweißen Matrosenkrägelchen hängen blieben, die sich um den Hals ihrer Sprößlinge legten, waren die unmittelbare Folge solcher Öffentlichkeitsarbeit.

Zur gleichen Zeit machte die amerikanische Wirtschaft und Industrie eine Phase durch, die von Edward Bernays, dem Begründer der PR, zum ersten Entwicklungsabschnitt der Public Relations gerechnet wird, die Zeit der »muckrakers«. »Mistharken« wurden damals die sozial-kritischen Schriftsteller Upton Sinclair, Ida Tarbell und Thomas Lawson genannt, weil sie jenen Dreck auf einen Haufen kehrten und der Welt vorwiesen, den der amerikanische Hochkapitalismus versäumt hatte zu beseitigen: Ausbeutung und Korruption. Die betroffenen Gesellschaften, die Eisenbahn-, Bank-, Erdöl- und Bergbaugesellschaften, mußten sich wehren, und sie taten dies, indem sie die aufgezwungene Waffe benutzten: sie kämpften um die öffentliche Meinung. 1905 richteten die Eisenbahngesellschaften ein Publicity-Büro ein. 1906 folgten ihnen die Bergbaugesellschaften. 1914 forderte John D. Rockefeller den ehemaligen Journalisten Ivy Lee auf, für ihn Public Relations zu machen und die Angriffe der »Mistharken« abzuwehren. Dann kam der Weltkrieg, der erste.

Man ging unterschiedlich vorbereitet in diesen Krieg. In Deutschland versuchte Ludwig Roselius, die Regierung von dem Nutzen eines schlagkräftigen Propaganda-Instruments zu überzeugen. Am 5. Januar 1915 schrieb er an den Unterstaatssekretär Zimmermann einen Brief, in dem er vorschlug, ein »Hilfskomitee für Propagandazwecke während des Krieges als Einleitung zur Organisation einer nationalen Propaganda« zu gründen. Roselius hielt auch gleich die Mitglieder eines solchen Komitees bereit, Wirtschaftsleute: Kommerzienrat Aust (Kathreiner), Heinrich Bahlsen (Kekse), Richard Frank, Kommerzienrat Henkel (Persil), Exzellenz Lingner, Generaldirektor Schmidt (Maggi). Doch aus dem Propagandainstrument wurde nichts. Ganz anders in Amerika.

Man war sich in den Vereinigten Staaten bewußt, daß jedem physischen Krieg der psychologische Krieg vorausgeht und daß es notwendig sein würde, dem amerikanischen Volk bestimmte Haltungen abzufordern, die man von einem Volk im Kriegsfalle fordern muß: Vertrauen zur Rationierung, zur Rekrutierung, Vertrauen in die Maßnahmen der Regierung. Alle diese Aufgaben vorzubereiten, unternahm in den Staaten das 1917 gegründete »US-Committee of Public Information« (dem im Zweiten Weltkrieg das »Office of War Information« folgte), das nicht von einem Militär, sondern von einem Zivilisten geleitet wurde. Private Public Relations-Spezialisten führten neben dieser regierungsamtlichen Arbeit Kampagnen durch, um die Arbeit des »Committee« zu unterstützen.

Bernays zum Beispiel kümmerte sich um die öffentliche Meinung des italienischen Volkes, das zeitweise nicht die beste Meinung von den »Yankees« hatte. Er ließ farbige Kriegspostkarten drucken, die von amerikanischen Soldaten aus Italien nach Hause geschickt werden konnten. Er ließ ein Schiff auf den Namen »Piave« taufen, nachdem die Alliierten an der Piave geschlagen worden waren, und demonstrierte so ungebrochenen Mut. Er schickte den prominentesten Italo-

Amerikanern wie Enrico Caruso eine Vertrauenserklärung zur amerikanischen Politik, die sie unterschrieben; und »um die amerikanische Anerkennung der kulturellen Beiträge Italiens zu unserem Land zu zeigen, verteilten wir Bilder von Bronzestatuen der italienischen Helden Kolumbus und Garibaldi. Die Karten wurden über den feindlichen Linien abgeworfen - Papierkugeln, die den Krieg gewinnen halfen . . .«

Sie alle lernten viel dabei. Und nach dem Krieg war es selbstverständlich, daß die Redehäuptlinge mit Papierkugeln nach Konsumenten zu werfen begannen. Die ehemaligen Propagandisten zogen Zivilkleider an, gründeten PR-Firmen, und als 1918 die katholische Kirche in New York ein Publicity-Büro gründete, schrieb die *New York Times:* Sie geben ganz offen zu, daß es die größte und am besten anwendbare menschliche Erfahrung dieses Krieges sei, daß »keine organisierte Anstrengung Erfolg haben kann ohne Publizität, und zwar eine ganze Menge davon«. Es war die Zeit der Gründungen. 1918 entwarf der »National Lutheran Council« sein erstes »Church Publicity Program«. 1920 hielt General Electric seine erste »Public Information Conference« ab. 1922 startete die »Metropolitan Life Insurance« ihre erste Gesundheitskampagne. 1923 schließlich fand an der New Yorker Universität der erste Lehrgang in Public Relations statt, und so ging es weiter, bis die PR in den dreißiger Jahren, in der Weltwirtschaftskrise, die von dem amerikanischen Präsidenten Roosevelt mit dem »New Deal« beantwortet wurde, ihre erste große Bewährungprobe bestehen mußte.

Damals verloren Wirtschaft und Industrie an Ansehen. Die Aktiengesellschaften und Börsen wurden scharf kontrolliert. Das Mißtrauen galt jedem Unternehmen, das Macht und Einfluß besaß. Auch in dieser Situation bot die Kunst, die öffentliche Meinung zu beeinflussen, die Lösung. Die Wirtschaft verteidigte sich, indem sie die schönsten Bürofluchten ihrer Verwaltungshochhäuser für die PR-Leute reservierte. Bald wurden die jungen, stets höflich und korrekt auftretenden Herren unentbehrlich. Und wenn irgend jemand diese Unentbehrlichkeit anzweifelte, dann zitierten die korrekt auftretenden Herren einen Satz von Henry Ford: »Für jeden Dollar, den ich produziere, muß ich einen Dollar ›öffentliche‹ Meinung dazulegen.« Und das war es. Die Rede-Häuptlinge stellten keine Autos her. Sie produzierten Vertrauen.

Doch auch während des Zweiten Weltkriegs, als sie im Auftrag der Regierung die Moral der Feinde zu zerstören und die Moral der Freunde zu stützen hatten, wurden die PR für die Wirtschaft nicht unterlassen. Was zunächst als sinnlos erschien - PR für Firmen und Markenartikel, so als ob nichts geschehen wäre -, zeigte sich nach Beendigung des Krieges als gute Kapitalanlage. Während der ersten großen Nachkriegsrezession wurde die gesamte amerikanische Wirtschaft geschröpft, außer einigen Firmen, die ihren Marktanteil gerade in dieser Zeit ausweiten konnten. Firmen wie General Motors und Ford, Markenartikel wie Maxwell Coffee und Hershey Chocolate hatten vorgearbeitet: Durch die Verdoppelung ihrer PR-Etats während des Krieges.

Heute sind die Public Relations etabliert. Die griechische Obristenregierung bedient sich ihrer (d. h. in diesem Fall der britischen Werbeagentur Fraser) ebenso wie die vier Waffengattungen der amerikanischen Armee, die zusammen etwa 3000 PR-Spezialisten beschäftigen, die Service-Organisationen Rotary und Lions (der Vorsitzende des Governor-Rates des Gesamtdistrikts Deutschland von »Lions International« ist gleichzeitig der Generalbeauftragte von Lions für Public Relations) ebenso wie die Freimaurer, die katholische Kirche in Deutschland ebenso wie der amerikanische Präsidentschaftskandidat Richard Nixon. In Hunderten von europäischen Universitäten werden Public Relations oder die ihnen verwandten Disziplinen wie Kommunikationsforschung gelehrt, und in den Wochenendausgaben der Zeitungen werden »PR-Männer« gesucht, »Persönlichkeiten«.

Welches sind die eigentlichen Aufgaben der Public Relations?

Die *wesentliche* Aufgabe der Public Relations besteht darin, eine Übereinstimmung zwischen den Interessen der Öffentlichkeit und denen der Firma (oder eines anderen Auftraggebers) herbeizuführen. Dabei geht es nicht nur um die Informierung der Öffentlichkeit, sondern ebenso darum, daß sich die Firma oder der betreffende Auftraggeber über die Erwartungen »der Leute« informieren. Der Public-Relations-Experte ist also nicht nur der Mund seiner Firma, sondern auch das Ohr.

Wenn der PR-Mann einer Bank erfährt, daß die Leute sich unter einer Bank immer noch ein Unternehmen vorstellen, in dem Zylinder-Kapitalisten aus- und eingehen und wo mit ihrem Geld die schrecklichsten Dinge finanziert werden, dann wird er dieses Bild zu korrigieren versuchen, aber nicht durch die Überpinselung des alten Leitbildes, sondern durch die Beantwortung der Frage, wie dieses Leitbild entstanden ist und durch welche konkreten Maßnahmen innerhalb des Bankwesens es der Realität angepaßt werden kann.

Der Amerikaner sagt dazu, daß die Public Relations »at home« beginnen würden, im eigenen Haus. Soziale Ungerechtigkeiten im eigenen Betrieb muß der PR-Experte beseitigen helfen, um die öffentliche Meinung beeinflussen zu können; und seinen Chef, der die Angewohnheit hat, zum Schaden seines Rufs und dem seiner Firma abfällig über den Ort zu sprechen, in dem die Firma siedelt, muß der PR-Mann so umerziehen, daß dies unterbleibt. Auf dieser Linie lag zum Beispiel ein »Ausschuß für Moral«, den der Begründer der PR, Edward L. Bernays, als Beratungsorgan für Regierungsbeamte forderte.

In Public-Relations-Kreisen geht eine Anekdote um, die den Unterschied zwischen den verschiedenen PR-Methoden zeigt: Ein junger Mann wirbt um ein junges Mädchen. Wie macht er das? Erste Möglichkeit: Er stellt sich vor sie hin und sagt: »Schau mich an, ich bin der Beste, der Größte und der Schönste!« Das ist Propaganda. Zweite Möglichkeit: Er geht mit ihr ins Schwimmbad und springt vom Zehnmeterbrett, alle Anwesenden brechen in Jubel aus. Das ist Publicity. Dritte Möglichkeit: Er merkt, daß das Mädchen nicht leiden kann, wenn er raucht, sie findet das unmännlich. Er hört auf zu rauchen und stellt bald fest, daß seine Freunde alle sagen: »Donnerwetter, der hat aufgehört zu rauchen, das hat noch keiner von uns geschafft!« Als das junge Mädchen dies hört, ist sie begeistert von der Willenskraft ihres Freundes. Das ist Public Relations.

Wenn die Firma Ford ankündigt, daß sie im Frühjahr des nächsten Jahres einen neuen Mittelklassetyp herausbringen wird, so ist dies Propaganda. Wenn die Firma Ford einen Wagen dreimal um den Globus fahren läßt und wenn die Presse darüber berichtet, so ist das Publicity. Wenn die Firma Ford aber einen Wettbewerb um das »Auto von morgen« veranstaltet, aus dem viele nützliche Vorschläge und Konstruktionen für sichere PKWs hervorgehen, und wenn sie einige solcher Vorschläge verwirklicht, so ist das Public Relations.

Der Begriff, für den es keine eindeutige Definition gibt, umfaßt also alle diese Methoden zusammen. Systematisch betrieben und durch wissenschaftliche Methoden auf Erfolg oder Mißerfolg kontrolliert, regeln und beeinflussen die PR die öffentliche Meinung und die Beziehungen zwischen Firma und Kunde in einem für die Firma günstigen Sinn. Der Hamburger Unternehmensberater H. Korte hat den Tageslauf eines PR-Mannes beschrieben, der durch die Stadt fährt, andere Firmen besucht, den eigenen Betrieb betritt und überall Ansatzpunkte für PR-Arbeit findet, die er sogleich in PR-Aktionen ummünzen wird:

8.10 Uhr Bauplanke von »Schuh-Gellner« ist mit lustigen Karikaturen und Versen bemalt worden. Nutzen des Erweiterungsbaus für die Kunden des Hauses wird dadurch wirksam herausgestellt und die damit für die Passanten verbundenen Unbequemlichkeiten humorvoll bagatellisiert.

8.30 Uhr Pförtner Meier hat einen schmutzigen Kragen um.

9.15 Uhr Prokurist Dr. G. ruft an und teilt mit, daß für Erdarbeiten an unserem neuen Werk in Schmirgelsdorf 680 Arbeitslose aus dem Landkreis für ein Jahr eingestellt werden konnten.

9.45 Uhr Im Posteingang der Beschwerdebrief eines Kunden über zu umständlichen Papierkrieg.

10.00 Uhr Betriebsrat Benedikt feiert im nächsten Monat fünfundzwanzigjähriges Betriebsjubiläum.

10.45 Uhr Von Müller erfahren, daß Baurat Mahlzahn, bei dem der Antrag über den Erweiterungsbau für das Auslieferungslager liegt, verärgert ist, weil er beim Empfang für die Baubehörde nicht eingeladen war.

12.30 Uhr Abschluß mit Brasilien über einen neuen Artikel. Erstes Geschäft mit Südamerika nach dem Kriege.

16.17 Uhr Bei unseren Ausschachtungen in P. wurden alte Tonscherben und eine Speerspitze gefunden.

17.00 Uhr Volkszeitung bringt Angriff gegen uns wegen der Entlassung des kinderreichen Arbeiters Meierbrink.

17.45 Uhr Handelskorrespondent ruft an. Es liegt eine Leseranfrage vor, ob mit der Erhöhung der Dividende gerechnet werden kann.

23.00 Uhr Professor P. soll sich, wie S. sagt, sehr gefreut haben, daß vier Herren von uns zu seinem Vortrag erschienen sind.

Der PR-Mann dieser Firma erlebt die Beziehungen zwischen dem Betrieb und der Öffentlichkeit als einen Prozeß. Die öffentlichen Beziehungen sind nicht starr, sie verändern sich dauernd und zeigen überall Keime zu einem positiven oder negativen Verhältnis der Öffentlichkeit (Geschäftspartner, Kunde, Käufer, Bürger, Steuerzahler, Angestellter, Arbeiter) zu dieser Firma. Positive Ansätze (die Einstellung der Arbeitslosen, Betriebsjubiläum, erstes Südamerikageschäft nach dem Kriege, Tonscherbenfund) lassen sich entwickeln, indem der PR-

Mann hübsche kleine Notizen darüber an die Presse weitergibt und die gefundenen Tonscherben fotografieren läßt. Die negativen Ansätze (Beschwerdebrief eines Kunden, verärgerter Baurat, entlassener kinderreicher Arbeiter) können ausgeschaltet werden, indem der »Rede-Häuptling« sich bei dem Baurat entschuldigt und ihn zugleich zu einem »Informations-Essen« einlädt; indem er den Fall des entlassenen Arbeiters prüft und ihn unter Umständen wieder einstellen läßt: Die Zeitung wird diese menschenfreundliche Geste publizieren, und die zahlreiche Verwandtschaft des Arbeiters wird das Lied von der braven Firma singen.

Die Public Relations überlassen den Prozeß der sich fortwährend verändernden öffentlichen Meinung nicht sich selbst, sondern sie greifen gestaltend ein - jedoch immer so, daß es der Angesprochene nicht merkt.

Das wichtigste dieser »verdeckten« Mittel der PR ist das Wort. Wörter sind das Material, mit dem sich die Welt verändern läßt, und zwar durch die Verfügungsgewalt über das Wort. Die PR-Leute geben Wörter aus und verbieten den Gebrauch von Wörtern, sie verändern Wörter und sie lassen Wörter zu. Sie sind die Herren der Wörter. Von diesem unumschränkten Wortbesitz schrieb die Sprachforscherin Ruth Römer in einer Untersuchung: »Wir haben in der heutigen Wirtschaftswerbung einen der größten Versuche der Geschichte vor uns, größere Menschenmassen mit Hilfe einer bewußt eingesetzten Sprache zu beeinflussen und zu lenken.« Das ist sanft ausgedrückt. Für den gleichen Vorgang fand Stuart Chase den Ausdruck »Tyrannei der Worte« und Goebbels den Begriff »Sprachregelung«.

Die Sprache ist ein Medium, ein Vehikel. Sie befördert Ideen und Vorstellungen, sie beeinflußt Verhaltensweisen. Immer ist der Ausdruck, der gewählt wird, zugleich auch inhaltsbezogen. Wer »o. k.« sagt steckt anders in seiner Haut als derjenige, der sagt »in Ordnung«. Man kann Auffassungen und Meinungen übertragen, indem man die Sprache reguliert, wobei unter dem Regulieren nicht der Inhalt gemeint ist, sondern die Buchstaben. Die Arbeit der Nachrichtenagenturen zum Beispiel besteht darin, Nachrichten zu sortieren in solche die zurückgehalten werden und solche, die ausgegeben werden; denn alles, was den Massenmedien mitgeteilt wird, kann nur ein Ausschnitt aus der Wirklichkeit sein. Dies nennt man die Tätigkeit eines »gate keepers«, eines Schleusenwärters. Er bestimmt, was zu den nächsten »gate keepers« in den Sendestationen der Medien fließen darf. Das Entscheidende dabei (und das wird meist übersehen) ist aber nicht erst die Steuerung von Inhalten, sondern die Auswahl bestimmter Worte. Diese Worte verändern die Welt.

Ehe aus dem Worte-Machen ein System wurde (im Dritten Reich), begriff man hier und da schon intuitiv, was sich alles erreichen läßt, wenn man nur im richtigen Augenblick das richtige Wort setzt. Zu Beginn des Ersten Weltkriegs mähten die Deutschen die Freiwilligen-Armee der Engländer nieder. Damals lagen Tausende von britischen Soldaten in sogenannten »Evakuierungskrankenhäusern«, viele von ihnen starben. Die Zahl dieser Todesfälle wurde regelmäßig in der englischen Presse rapportiert, und sie war derartig hoch, daß die Bevölkerung in England bald den Eindruck bekam, daß die Behandlung in den Spitälern besonders unzureichend sei. Die Zahl der Freiwilligen ging zurück.

Lloyd George ging damals zu Lord Northcliffe und fragte ihn um Rat. Northcliffe sagte ungefähr folgendes: Sie müssen auf die Worte achten. Bis jetzt heißt es »Evakuierungskrankenhäuser«. Das Wort »Krankenhaus« ist aber ein wichtiges Wort für den britischen Bürger. Wenn er dieses Wort hört, denkt er an Krankheit und Ärzte, an Verwandte, die dort leiden müssen, an seinen eigenen Tod, er denkt vor allem an die Kunst der Ärzte, zu denen er ein unbegrenztes Vertrauen hat. Unsere Meldungen sind deshalb für ihn ein ungeheurer Schock, denn auch er, so muß er sich ausrechnen, kann morgen in ein solches »Evakuierungskrankenhaus« eingeliefert werden. Schreiben Sie also »Evakuierungsstationen«. Lloyd George folgte diesem Rat. Das Entsetzen über die Todesfälle ging zurück. Die Zahl der Freiwilligen nahm wieder zu.

Sprachregelung ist eine Methode der Veränderung von Wirklichkeit. Mit ihrer Hilfe läßt sich eine Gesellschaft besser kontrollieren als mit den sichtbaren Mitteln der Gewalt. Der Vorteil dieses Mittels liegt in seiner Unsichtbarkeit; denn der Entzug von Worten wirkt erst nach langer Zeit. Niemand empfindet Hunger nach bestimmten Worten, werden ihm diese entzogen. Niemand fühlt sich krank durch den Ausfall besonderer Wendungen, Sprachgewohnheiten, Wortverbindungen, Bezeichnungen; denn die Mangelerscheinungen wirken sich erst dann aus, wenn die Wortregelung ihren Zweck erreicht hat. Die Sprachregelung selbst kennt drei verschiedene Stadien ihrer Anwendung, das Vermeiden von Worten, das Einsetzen neuer Begriffe für jene, die man für inopportun hält, und schließlich das Verbot von Worten oder ihre Requirierung für den eigenen Besitz, indem man sie der Allgemeinheit entzieht.

Über die Macht solcher Wortverfügungen schrieb Dolf Sternberger in dem ersten Vorwort des 1945 erschienenen Buches »Aus dem Wörterbuch des Unmenschen«: »Sprache ist die Gabe allein des Menschen, das verwirrende und befreiende, verräterische und erhellende, ausgreifende und fesselnde, lösende und bindende, selige und gefährliche Medium und Siegel seines Wesens. Soviel und welche Sprache man spricht, soviel und solche Sache, Welt oder Natur ist ihm erschlossen. Und jedes Wort, das er redet, wandelt die Welt, worin er sich bewegt, wandelt ihn selbst und seinen Ort in der Welt.«

Das Vermeiden von Worten und der Austausch von Worten ist klassische Sprachregelung und ist für das Denken aller in der Öffentlichkeit wirkenden Gruppen typisch. So überlegte man im Bundespresseamt lange Zeit, mit welchem Wort man jene Gesetze bezeichnen sollte, die dazu dienen, einen politischen »Notstand« überleben zu helfen. Man ahnte sehr schnell, daß das Wort von den »Notstandsgesetzen« einen schlechten Klang hat, daß es Assoziationen wachruft an Putsch und Attentat, an Währungszeit und Inflation, an Bürgerkrieg und Straßenschlacht, und man entwickelte einen anderen Begriff, den der »Vorsorgegesetze«. Vorsorge, - das klang väterlicher, besorgter um das Wohl der Nation. Staatssekretär Diehl versuchte das Wort auszutauschen, d. h. zu erreichen, daß man den Begriff der Notstandsgesetze strikt vermeidet. Daß es ihm nicht gelang,

liegt an der mangelnden Verfügungsgewalt des Bundespresseamtes über die Massenmedien.
Ein ähnlich gelagerter Fall ist die »Gemeinschaftsschule«. Auf einer Tagung über die Probleme, die sich aus dem Wunsch der Eltern nach diesem Schultyp ergeben, äußerten die katholischen Bischöfe Bayerns ihre Besorgnis über den, wie sie meinten, aufgezwungenen Begriff, der gegen die Konfessionsschule ausgespielt wurde. Tatsächlich klingen in dem Begriff »Gemeinschaftsschule« nur positive demokratische Werte an, das gemeinsame Erziehen, der Gleichheitsgrundsatz, etwas ungemein Ökumenisches. Durch die Verwendung dieses Wortes gerät die »Konfessionsschule« automatisch in den Verdacht eines überholten Schultyps, wohlgemerkt allein schon wegen des systematischen Wortgebrauchs der schulischen Alternative, deren »gemeinschaftlichen« Charakter man nicht nur als Klassifizierung, sondern gleichzeitig als Urteil über jene Schule versteht, die den Begriff der »Gemeinschaft« nicht in ihrem Wappen führt.
Eine gelungene Wort-Ausschaltung führte in den letzten Jahren die amerikanische Firma IBM (International Business Machines) vor. Als amerikanischer Konzern hat IBM nicht nur mit den nationalen Firmen zu konkurrieren (wie zum Beispiel Olivetti und Siemens), IBM trifft auch auf Nationalismen, d. h. einer in allen europäischen Staaten anzutreffenden Abneigung gegen das ausländische Kapital, gegen die Überfremdung, gegen den amerikanischen Internationalismus. Den Marketing-Abteilungen der IBM ist dieses Problem wohlvertraut, und sie haben deshalb im Jahre 1967 eine Wortregelung getroffen, die ihnen helfen soll, halb als eine nationale Firma angesehen zu werden (vor dem gleichen Problem stehen auch Firmen wie Ford und Opel). Sie strichen das Wort »international« aus ihren Anzeigen, Publikationen, Vorträgen und Ansprachen und ersetzten es durch den Hinweis auf die betreffende Nation, in der sie investieren, also durch »deutsch« oder durch »französisch«.

Welches ist das umstrittenste Mittel der Public Relations?

Die Publicity. Das heißt: Man macht Nachrichten, man stellt Ereignisse her, »um ins Gespräch zu kommen«, man bietet der Presse »news« an, die veröffentlicht werden müssen, weil sie genau auf die Bedürfnisse der informierenden Medien zugeschnitten sind. Ein großer Teil des täglich veröffentlichten Nachrichtenmaterials besteht aus solchen »unechten«, weil gezielt hergestellten Meldungen.
Als die Schleußnerwerke ihr hundertjähriges Bestehen feierten, baten sie darum, anstelle der üblichen Jubiläumsgeschenke doch lieber einen kleinen Betrag zu spenden, der jungen Berlinern helfen sollte, »einen Platz an der Sonne«, einen Ferienplatz, zu finden. Über diese menschliche Tat, die das Ansehen der Firma in den Augen der Kunden heben sollte, berichtete die deutsche Presse ebenso wie über den Entschluß der Apotheke Boxberger aus Bad Kissingen, anläßlich ihres zweihundertfünfzigjährigen Bestehens eine Stiftung zur Erforschung der Kissinger Quellen zu gründen.
Zur Publicity von Firmen gehören der Künstlerwettbewerb von Helena Rubinstein um das Bild der modernen Frau, der Wettbewerb der Fluggesellschaft KLM »Maler sehen die Welt vom Flugzeug aus«, die Kruppstiftung Villa Hügel in Essen, das Mäzenatentum des Keksfabrikanten Bahlsen, die Sportstätten der Firma Salamander in Stuttgart-Kornwestheim, die Lufthansa-Ausstellung junger deutscher Graphik, der Wettbewerb der Firma Ford um das »Auto von morgen«, die Stiftung einer Bewässerungsanlage in Eilath, Israel, durch die Firma Fairbanks Whitney Corporation, um dadurch das Firmen-Leitbild zu verbessern, die von der Esso geförderte Ausstellung »Arte Colombiano«, die Ritte des Josef Neckermann (der gefragt, ob sich etwa ein Gerücht, daß er seine Pferde schlecht behandle, auf seinen Umsatz auswirke, emphatisch bejaht hatte), die Rockefeller-Stiftung, die Ford-Stiftung, die Carnegie-Stiftung, die Aktion »Jugend forscht« der Illustrierten »Stern« und die Ankündigung des Chefs der Fiat-Werke, Agnelli, er werde jedem Spieler von Juventus Turin, falls sie den Europa-Pokal gewännen, eine Siegesprämie von 5000 Mark

schenken. Alles menschenfreundliche Akte mit der Absicht, absatzfördernden Gesprächsstoff abzugeben.
Die Publicity ist aber nicht nur beschränkt auf die Publicity von Persönlichkeiten des Showgeschäfts. Firmen benutzen sie ebenso wie Nationen, Politiker ebenso wie Gewerkschaften und karitative Verbände. Sie erfüllt ihren Zweck, wenn der Name der Firma, der Person oder Organisation genannt wird und wenn diese Namensnennung bei dem möglichen Kunden sympathische Reaktionen weckt. Es ist Publicity, wenn Landtagspräsident John van Nes Ziegler die Startfahne senkt, um das Radrennen Köln–Schuld-Köln zu eröffnen, es ist Publicity, wenn der Deutsche Bauernverband gemeinsam mit dem Raiffeisenverband zwanzig Waggons Kartoffeln für bedürftige Berliner spendet. Publicity ist es, wenn der englische Premier Harold Wilson sich auf dem Londoner Wochenmarkt beim Einkauf fotografieren läßt, um seinen Landsleuten zu zeigen, wie man sparsam wirtschaftet, oder wenn der ceylonesische Regierungschef Dudley Senanayake wegen der schlechten wirtschaftlichen Lage seines Landes bei Strafe verbieten läßt, auf Parties mehr als hundert Gäste mit Speisen zu bewirten.
Es war schließlich Publicity, als Heinrich Nordhoff einen Volkswagen zu den gleichen Bedingungen erstand, die auch für alle Arbeiter seines Werkes gelten; es dient der Publicity, wenn eine Zeitschrift wie die holländische Motorzeitung »Autovisie« einen Preis verleiht für das »Auto des Jahres«; eine Nation hat Publicity, wenn sie ihren Präsidenten in Berlin aussprechen läßt: »Ich bin ein Berliner« oder wenn ihre Arbeiter während eines Krieges nicht überstürzt abreisen, sondern ohne die geringste Aufregung Tag für Tag weiterarbeiten: Das taten die deutschen Arbeiter einer Fabrik in Haifa während des Sinai-Feldzuges. Und es war Publicity, als sich die deutsche Eishokkey-Mannschaft während der Olympischen Winterspiele in Grenoble mit den amerikanischen Spielern prügeltc; selbst die sowjetische Parteizeitung *Prawda* berichtete über diese Schlägerei, die den Deutschen bei den Franzosen (die die Amerikaner nicht sehr lieben) enorme Sympathien eingetragen hat.

Publicity ist also kein Weg zu den Gehirnen der Menschen. Es ist ein Weg zu tieferliegenden Organen des menschlichen Körpers - und vielleicht gerade deswegen so wirkungsvoll. Systematisch betrieben ist sie nichts anderes als Absatzförderung (in der Wirtschaft) und Stimmenfang (in der Politik).

Der PR-Mann, wer ist das?

Journalisten genießen nicht gerade den besten Ruf. Sie können den Mund nicht halten, es ist nie so ganz sicher, womit sie eigentlich ihr Geld verdienen, und wieso kommen sie dazu, alles besser zu wissen? Journalisten erscheinen immer ein wenig unseriös wie der typische Reporter im amerikanischen Fernsehfilm: Zigarette im Mundwinkel, Krawatte lose über dem schmutzigen Hemd hängend, stationiert in Polizeistuben und Nachtbars und ewig herumquatschend. Statistisch zeigt sich dieser schlechte Ruf darin, daß der Journalist auf der Popularitätsleiter (auf dessen oberster Sprosse der Arzt steht) sehr weit unten plaziert wird. Die Leute mögen ihn einfach nicht, und es besteht kein Zweifel, daß dieser Ruf, der so leicht abgeht wie Druckerschwärze, auch auf die Rede-Häuptlinge abgefärbt hat; denn schließlich kommen die meisten von ihnen aus dem Journalismus.
Doch gibt es Unterschiede. Der Journalist soll Nachrichten zur Strecke bringen. Der PR-Mann dagegen, der diese Nachrichten ja produziert, muß sympathisch wirken. Seine Rede muß honigsüß sein, auf den jeweiligen Gesprächspartner chamäleonhaft abgestimmt werden und, ganz allgemein, seriös und vertrauenswürdig wirken. Er hat etwas von dem Aussehen eines männlichen Fotomodells, von der Beredsamkeit eines Regierungssprechers und von der graumelierten Versöhnlichkeit und Konzilianz eines Versicherungsvertreters. Er ist so korrekt und so konservativ wie das Kapital der Firma, die er vertritt. Was ihn von den Kollegen der Werbebranche unterscheidet, ist eben diese Korrektheit. Werbeleute tragen mitunter große, schleifig gebundene violette Krawatten zu ebensolchen kreativ-farbigen Herrensocken. Das ist für einen PR-Mann unmöglich.

Was ihn dagegen mit den Kollegen von der Werbebranche verbindet, ist erstens der Wortschatz, eine Mischung aus Fachsprache und Berufsjargon, wie ihn Hans Jörg Martin in seinem Kriminalroman »Bilanz mit Blutflecken« überliefert hat: »Der hornbebrillte Visualiser sprach ihn: Wir müssen die Food-Ads mit Female-Touch aufpeppen, damit sie Family-Appeal kriegen. Wenn der Eye-Catcher ein Flop ist, geht der Goodwill baden und das Image ist im Eimer.« Was sie zweitens mit dem Werbemann verbindet, ist die unerhörte Bedeutung, die sie ihrem Beruf zumessen, dessen Handfertigkeiten sie wie einen religiösen Kult zelebrieren. Derselbe Hans Jörg Martin hat auch das beobachtet und beschrieben: »Irgendwie erinnerten sie mich an tibetische Sektierer. Die Gottheit, zu deren Lob sie ihre Gebetsmühlen drehten, hieß Umsatz. Der Altar, vor dem sie knieten, bestand aus Kekstüten, Käseschachteln, Tabaksbeuteln, Zeitungsanzeigen, Plakaten und aus Zahlen, Zahlen, Zahlen, Auflagezahlen und Kostenziffern und so weiter. Die Heiden aber, die es zu bekehren galt, waren irregeleitete Verbraucher, die womöglich in Sünde fallen und die Produkte ihrer Konkurrenz kaufen könnten ...« Natürlich handelt der PR-Mann mit demokratischen Allgemeinplätzen statt mit Käseschachteln; doch geht es ihm hier wie jenen Engländern, die »Gott« sagten und »Kattun« meinten. Sie sagen »demokratisches Allgemeinwohl«, aber sie meinen den höheren Umsatz ihres Auftraggebers.
Man war deshalb von Anfang an darauf bedacht, die Buntheit und Flatterhaftigkeit der journalistischen Unseriosität aus dem Metier herauszuzwingen und das Weiß der sympathischen Fleckenlosigkeit hineinzuzwingen. So haben die nationalen und internationalen PR-Gesellschaften einen Ehrenkodex entwickelt, »um der PR-Profession die notwendige moralische Autorität zu sichern« (Lucien Matrat, Präsident des »Centre Européen des Relations Publiques - CERP«). Verstöße gegen diesen Berufskodex werden durch strenge Disziplinarverfahren geahndet. Das ist nicht weiter verwunderlich; denn die Funktion des PR-Mannes ist wohl verantwortungsvoller als manche andere Funktionen auf dem Gebiet der Publizistik. In den Vereinigten Staaten zum Beispiel bekleiden die PR-Leute höchste Ämter. Oft

fungieren sie als Vizepräsident eines Unternehmens, manchmal üben sie direkten Einfluß aus auf die Weltpolitik wie die ehemaligen Pressechefs des Weißen Hauses Haggerty oder Salinger, und in Ausnahmefällen haben die Rede-Häuptlinge sogar Kabinettsrang und Sitz im nationalen Sicherheitsrat wie Edward R. Murrow, der Chef der obersten amerikanischen Sicherheitsbehörde. Albert Oeckl, eine der führenden Persönlichkeiten der deutschen Public Relations, hat das Berufsbild des PR-Mannes auf eine Weise beschrieben, die erkennen läßt, daß es sich hier um eine Art Übermensch handelt, den zugleich die vermittlerischen Qualitäten des Generalsekretärs der UN und die Physis eines amerikanischen Astronauten auszeichnen. Albert Oeckl hält diese Eigenschaften für »notwendig«. Er wünscht sich »unermüdlichen Fleiß und nie endende Einsatzbereitschaft«, er verlangt von dem PR-Mann »charakterliche Sattelfestigkeit, eine stabile Gesundheit und eine ebensolche Psyche«, den Sinn eines nüchternen Kaufmanns ebenso wie »Persönlichkeit« im weitesten Sinn: »Er muß fest in sich ruhen, eine sympathieweckende Erscheinung und diskret und verschwiegen sein und als Protokollchef ›eine gute Figur machen‹.« Kurz: »Ein Mann der Mitte.«

Die Fachpresse bezeichnet einen solchen Mann knapp als »Wunder«, läßt aber erkennen, daß es ihn durchaus gibt wie in folgender Anzeige:

»Wunder gesucht! Können Sie einer Hausfrau mit wenigen verständlichen Worten klarmachen, wie ein Thermostat funktioniert? Können Sie charmant über Puddingpulver, Damenstrümpfe und Müllverbrennungsanlagen plaudern? Können Sie ein so sterbenslangweiliges Produkt wie Kunstdünger so interessant verkaufen wie das Baby der Sophia Loren? Können Sie einen Blitzkurs in Bildung schreiben: 10 Minuten Rembrandt, 10 Minuten Griechische Architektur? Fallen Ihnen witzige Quizfragen ein, die die Leser so amüsieren, daß bei einem Preisausschreiben waschkörbeweise Teilnehmerkarten eingehen? Sind Sie gut im Recherchieren? Erschreckt es Sie nicht, jeden Tag vor neuen überraschenden Aufgaben zu stehen? Sind Sie außerdem jung und elastisch (ein Stehaufmännchen, das nicht totzukriegen ist)? Fühlen Sie sich stark genug, um auch in einer der größten Verlagsgruppen frech und aggressiv zu bleiben? Sind Sie selbstkritisch genug, zu erkennen, daß Sie so gut gar nicht sein können, wie wir Sie uns wünschen? Dann schreiben Sie uns. Wir haben einen Job für Sie. In Düsseldorf. Kommunikation im Dienst des Marketing. Bewerbung erbeten unter Nr. JA 2320.«

Natürlich existiert diese neue Menschenklasse auch, und falls man ihr in den funktionell eingerichteten Büros der Informations-Austeiler und Informations-Einsammler begegnet, mit Gesichtern und Anzügen so glatt und maßgerecht wie ihre von allen Unebenheiten gereinigten Informationen, so fragt man nach dem sozialen Status dieser neuen Kaste von Führungskräften. Lapidar stellt dazu die Zeitschrift »Journalist« fest: »Vorweg gesagt: Der wirtschaftliche Status des PR-Mannes wird immer besser. Die PR-Abteilung wird immer mehr zu einer eigenen Hauptabteilung. Die PR-Etats werden größer.« Konkret: 24 Prozent der in Deutschland tätigen PR-Leute verdienen 30 bis 40 000 DM im Jahr, 14 Prozent verdienen 40 bis 50 000 DM im Jahr und weitere 15 Prozent verdienen 50 000 DM und mehr. Der internationale Durchschnitt liegt sogar noch höher. Nach einer 1964 veröffentlichten Untersuchung der »International Public Relations Association« beträgt das Durchschnittsgehalt ihrer Mitglieder monatlich etwa 2300 DM. 19 Prozent der ausländischen Mitglieder, also fast ein Fünftel, kassiert monatlich mehr als 5000 DM, ganz abgesehen von Vergünstigungen wie Dienstwagen, in deren Genuß 44 Prozent dieser PR-Elite kommen. Die Statistik wird vollendet durch die Angaben, daß die meisten deutschen PR-Männer (23 Prozent) zwischen 35 und 40 Jahren alt sind, daß die meisten (54 Prozent) für die Industrie arbeiten und daß weit über die Hälfte (58 Prozent) vorher Journalisten waren.

Es lohnt sich also, mit Informationen zu handeln. Über Edward L. Bernays, den in diesem Zusammenhang öfter genannten »Vater der Public Relations«, heißt es, er, der Neffe Sigmund Freuds, habe an der angewandten Psychoanalyse »wahrscheinlich mehr Geld verdient als die ganze Stadt Wien je gesehen hat«.

Die öffentliche Meinung, was ist das?

Die Geschichte der PR und der Öffentlichkeit gehören eng zusammen. Eine ist ohne die andere nicht denkbar, die Schalltrichter nicht ohne diejenigen, die der Schall erreichen soll, die Empfänger von Nachrichten nicht ohne die Sender, die sie ausstrahlen. Das zeigt die Entwicklung von Nachricht und Öffentlichkeit seit dem 15. Jahrhundert. Sie erfolgtc in sechs Stufen.

Erste Stufe: Im 15. Jahrhundert entstand der erste regelmäßige Austausch von Nachrichten. Eine bestimmte Gruppe von Leuten - Kaufleute, Händler, die Vorsteher von Handelshäusern - organisierte einen Austausch von Informationen, der über den bis dahin üblichen Briefverkehr hinausging. Diesen Informationsaustausch besorgte eine neue Berufsgruppe. In Venedig nannte man sie die Avisenschreiber, die *scrittori d'avisi. Nouvellistes* hießen sie in Paris, *writers of letters* in London, in Deutschland *Novellisten* oder *»Zeitunger«*. Diese Leute arbeiteten im Auftrag der großen Handelshäuser für die großen Handelshäuser und sorgten für die Unterrichtung ihrer Herren. Eine Öffentlichkeit oder Presse im modernen Sinn gab es nicht; denn wie, nach der Definition von Sombart, von einer Post erst gesprochen werden kann, wenn jeder Bürger eines Staates Gelegenheit hat an jeden anderen Bürger eines Staates Briefe zu schicken, so kann von einer Öffentlichkeit erst gesprochen werden, wenn jedermann Zugang zu den Informationen hat. Die Privatkorrespondenzen des 15. Jahrhunderts waren nicht öffentlich, und die Avisen-Schreiber keine Journalisten, sondern Privatschreiber. Die Nachrichten kursierten unter Ausschluß der Öffentlichkeit.

Zweite Stufe: Je mehr im Lauf der folgenden Jahrhunderte die Bedeutung der Städte zurückging und die Bedeutung des Staates zunahm, desto größer wurde auch das Bedürfnis des Staates, den Nachrichtenverkehr im obrigkeitlichen Sinne zu benutzen. Als die ersten wirklichen Zeitungen auf den Markt kamen, im 17. Jahrhundert, dienten sie den Fürstenhöfen, die auf diesem Weg ihre Untertanen über ihre Pflichten aufklärten. 1631 gründete Renaudot die französische

Staatszeitung. Unter der Protektion von Karl II. entstand 34 Jahre später die *Gazette of London,* gleichzeitig mit dem *Intelligencer* und dem *Daily Intelligencer of Court, City and Country.* Alle diese Zeitungen dienten zwei Zwecken, einerseits wurden durch sie Befehle der Obrigkeit weitergegeben - Verordnungen, Bekanntmachungen, Ausschreibungen -, andererseits fungierten sie als Hofblatt, sie repräsentierten den Glanz und die Bedeutung der Fürsten, unterrichteten über Feierlichkeiten und Inthronisationen. Es waren Amtsblätter.
Die Entwicklung von dem Briefverkehr über die Handelskorrespondenzen zu den Amtszeitungen ist unverkennbar, doch auch dadurch wurde noch keine Öffentlichkeit und eben auch kein Journalismus begründet; denn die Zeitungen waren nur für eine bestimmte Gesellschaftsschicht bestimmt, wiederum für (den freilich nun schon erweiterten Kreis der) Kaufleute und Juristen, Ärzte und Gelehrte, für Angehörige der »Stände«. Auch diese Öffentlichkeit war privat und begrenzt, wie eben auch die Schreiber nicht im Auftrag einer Öffentlichkeit zur Feder griffen, sondern im Tagelohn der Obrigkeit.
Eine erste Vorstellung von Journalismus gab in dieser Zeit ein ganz anderer Typ von Presse-Erzeugnissen, die Zeitschriften. Auch sie wandten sich noch nicht an cine allgemeine Öffentlichkeit, doch es wurde ein neuer Ton hörbar, eine gewisse Art von Kritik, von Besserwisserei, von einer eigenen journalistischen Meinung. Bezeichnenderweise wurde dieser Ton nicht von den politisch interessierten Schreibern angeschlagen, sondern von »Intellektuellen«, den literarisch und wissenschaftlich engagierten Laien. In Zeitschriften wie dem *Journal des Savants* (1665), den *Acta Eruditorum* (1682) und den *Monatsgesprächen* (1688) von Tomasius erschienen Kritiken und Rezensionen, man diskutierte neue Bücher, man unterrichtete über die Erforschung des Himmelsraumes. Artikel dieser Art gehörten im 17. Jahrhundert zur Avantgarde. Und sie wurden von der Obrigkeit, der der neue Ton schrill in den Ohren klang, auch so empfunden, da der rebellische Geist solcher Privatpersonen, die sich eine eigene Meinung zu bilden versuchten, natürlich nicht Halt machte vor den Angelegenheiten des Staates.

Diese Tendenz belegt eine Äußerung Friedrichs II. aus dem Jahr 1784, darin heißt es: »Eine Privatperson ist nicht berechtigt, über Handlungen, das Verfahren, die Gesetze, Maßregeln und Anordnungen der Souveräne und Höfe, ihrer Staatsbedienten, Kollegien und Gerichtshöfe, öffentliche, sogar tadelnde Urteile zu fällen oder davon Nachrichten, die ihr zukommen, bekanntzumachen oder durch den Druck zu verbreiten. Eine Privatperson ist auch zu deren Beurteilung gar nicht fähig, da es ihr an der vollständigen Kenntnis der Umstände und Motive fehlt.«

Dritte Stufe: In jenem Maß, in dem sich nun Schloß und Stadt voneinander emanzipierten, Fürst und Bürger voneinander unabhängig wurden und die Bedeutung des Bürgertums als der eigentlich dynamischen Kraft in der Gesellschaft offenbar wurde, in demselben Maß also die traditionelle höfische Gewalt mit der faktischen Macht der Bürger zusammentraf, in demselben Maß verstärkte sich auch das Bedürfnis der Bürger, selbständig zu denken, eigene Meinungen zu entwickeln, Maßnahmen und Anordnungen des Staates zu kritisieren. Die alte Klasse hatte die Öffentlichkeit noch benutzt als Spaliersteher, Beifallklatscher, Zujubler. Ihr blieb nichts anderes übrig, als zu akklamieren, als Kenntnisnahme der fürstlichen Anordnungen. Die neue Klasse dagegen wünschte die Anordnungen zu überprüfen und festzustellen, ob sich diese Anordnungen mit ihren Interessen deckten. Die neue Klasse, noch weit davon entfernt, Forderungen zu erheben, begann, wie Jürgen Habermas es nennt, zu »räsonieren«.

Die Zentren dieses Räsonnements bildeten die bürgerlichen Salons und Kaffeehäuser. Zugleich mit der Einführung der neuen Getränke Kaffee, Tee und Schokolade in Europa, die eine Art von geselligkeitsbildender Funktion übernahmen, breiteten sich auch jene Lokalitäten aus, in denen sich ein verständiges Publikum über die Angelegenheiten »ihres öffentlichen Lebens« unterhielt. Noch wurden hier keine öffentlichen Themen erörtert, sondern ständische, noch spielte in diesen Kreisen nicht der Journalist und professionelle Meinungsmacher die Hauptrolle, sondern der geistreiche, wohlsituierte Bürger.

Allein in London entstanden in knapp fünfzig Jahren über 3000 solcher »coffee houses«. Diese hatten nichts zu tun mit dem antiken Forum, dem frühesten Öffentlichkeitsort, sondern eher mit den Salons des 19. Jahrhunderts. Die Öffentlichkeit war nicht allgemein, sondern je und je eine Gruppenöffentlichkeit, wie es in einem zeitgenössischen Bericht zum Ausdruck kommt, in dem es heißt:
»Jeder Beruf, Handelsstand, Klasse, jede Partei hatte ihr Lieblingskaffeehaus. Die Rechtsgelehrten diskutierten den neuesten Fall bei ›Nandos‹ oder im ›Grecian‹, in der Umgebung des Temple ... die City-Leute trafen sich, das Steigen und Fallen der Aktien zu erörtern und den Stand der Versicherungsprämien bei ›Garraways‹ oder im ›Jonathans‹ festzustellen. Die Geistlichen tauschten Universitätsklatsch aus oder stellten über Dr. Saceverells letzte Predigt bei ›Trubys‹ oder im ›Childs‹ Betrachtungen an. Die Soldaten versammelten sich über ihren Beschwerden im ›Old‹ oder ›Young Mans‹ in der Nähe von Charring Cross. Das ›St. James‹ oder das ›Smyrna‹ waren das Hauptquartier der Wig-Politiker, während die Tories den ›Cocoa-Tree‹ oder ›Ozindas‹ viel besuchten, alle in der St. James-Street gelegen.«
Vierte Stufe: Vom Räsonieren bis zur handfesten politischen Kritik, vom Kaffeehaus-Besucher bis zum Journalisten war es nur noch ein kleiner Schritt; denn das Räsonieren ließ sich bald nicht mehr länger als Stammtischgespräch halten, es wurde fortgesetzt auf der Straße und schließlich an jenem Ort, der als der öffentlichste Ort überhaupt gilt: der Zeitung.
Um die Jahrhundertwende zum 18. Jahrhundert werden die Zeitungen politischer, die Journalisten aggressiver und die Bürger fordernder. Daniel Defoe schreibt im *Review,* Jonathan Swift im *Examiner* und Lord Bolinbroke, der die Menschheit »durch die Ohren zu führen« gedachte, d. h. durch die Überzeugung des Wortes, dirigiert diese Entwicklung bereits mit dem Ziel »eine solche, auf einen Punkt gerichtete und mit gleichsinnigen Willensimpulsen ausgestattete öffentliche Meinung zu formen, mit der sich Politik treiben läßt ... die öffentliche Meinung wurde durch einen neuen Faktor dirigiert:

durch die Begründung eines selbständigen Journalismus, der sich gegen die Regierung zu behaupten verstand und die kritische Kommentierung und öffentliche Opposition gegen die Regierung zum normalen Status erhob (Kluxen)«.

In diese Zeit fallen die ersten großen politischen Leitartikel, in dieser Zeit schleichen sich Journalisten heimlich in das englische Parlament und machen sich Notizen über die Parlamentsreden, in dieser Zeit erringt die erwachende öffentliche Meinung ihre ersten großen Siege: 1791 bricht Pitt auf Druck der öffentlichen Meinung seine Kriegsvorbereitungen gegen Rußland ab; in dieser Zeit werden die ersten Journalisten zu Märtyrern: Daniel Schubart, der in der Festung Hohenasperg seine Strafe für journalistische Aufsässigkeit büßen muß; und in dieser Zeit zeigt der deutsche Journalist Schlözer, daß es schon am Ausgang des 17. Jahrhunderts eine Art *Spiegel* gab, fürchteten doch die Großen dieser Welt »in den Schlözer zu kommen«.

Die Öffentlichkeit, die jetzt zu sich selbst erwachte, wurde, wie die Französische Revolution zeigte, trunken von der Macht, die sie besaß, und ihre Theoretiker befanden, daß nun alle Probleme der rechten Herrschaft gelöst seien. Wer in Übereinstimmung mit der öffentlichen Meinung handelte, der handelte in Übereinstimmung mit dem gesunden Menschenverstand, mit der Wahrheit, mit Gottes Willen, der war legitimiert. Vornehmste Pflicht der Regierungen bestand darin, diese öffentliche Meinung zu achten und ihr zu Willen zu sein.

Das aufklärerische Pathos formulierte das so: »Bei einem Volke, das lange Zeit öffentliche Versammlungen gehabt hat, wird der Gemeingeist auf einen höheren Ton gestimmt sein; die gesunden Ideen werden allgemeiner, die schädlichen Vorurteile, öffentlich nicht von Rhetoren, sondern von Staatsmännern bekämpft, verlieren ihre Gewalt ... Vernunft und Untersuchungsgeist werden in allen Klassen der Gesellschaft Sitte.« - »Wahrbegriffe und Vorurteile, die unser unmittelbares Wohl und Wehe betreffen, weichen endlich der Übermacht der Wahrheit.«

Fünfte Stufe: Doch der Jubel über das neue Machtinstrument verklang recht bald. Hegel bemängelt, daß die öffentliche Meinung nicht die Fähigkeit habe, »die substantielle Seite zu bestimmtem Wissen in sich heraufzuheben«. Karl Marx denunziert sie als ein Instrument zur Ausübung eines Klasseninteresses, weil »die lohnabhängigen Massen keine Stimme in ihr haben«. Stewart Mill beklagt das »Joch der öffentlichen Meinung«. Tocqueville beobachtet die Funktion der öffentlichen Meinung in den Vereinigten Staaten und kommt zu dem Schluß, daß sie nicht etwa einer Anwendung des Verstandes diene, sondern umgekehrt zur Ausschaltung des Verstandes führt: »In den Vereinigten Staaten übernimmt die Mehrheit die Aufgabe, dem einzelnen eine Menge fertiger Meinungen vorzusetzen, und enthebt ihn damit der Verpflichtung, sich selbst eine zu bilden«, und fordert die Entmachtung der Presse.

In all diesen Äußerungen summiert sich die politische Erfahrung eines Jahrhunderts. In diesem Jahrhundert, dem neunzehnten, bilden sich die Apparate der öffentlichen Meinung heraus, und mit ihr auch ein System der Beherrschung und der Lenkung der öffentlichen Meinung, deren Autoritätsanspruch bald dem bloßen Majoritätsanspruch weicht. Man muß mit der öffentlichen Meinung rechnen, nicht, weil sie besonders intelligent ist, sondern weil sie von dem politischen Gegner benutzt werden könnte. Die öffentliche Meinung wandelt sich, und zwar konsequent im Sinne der kapitalistischen Industriegesellschaft. Sie erreicht schließlich ihre sechste Stufe, die am treffendsten bezeichnet wird durch das Auftreten jener Figur, die mehr und mehr den Journalisten zu ersetzen beginnt, dem Public Relations-Mann.

Bei der Betrachtung aller sachlichen Phänomene, welche die öffentliche Meinung betreffen, muß eine Beziehung beschrieben werden, die öffentliche Meinung überhaupt erst ermöglicht: das Verhältnis zwischen Öffentlichkeit und Privatheit; denn Öffentlichkeit als kritische Institution ist nur möglich durch Privatheit als der individuellen Voraussetzung. Diese Beziehung schafft das, was die Öffentlichkeit ihrer Idee nach sein sollte, nämlich eine kritische Öffentlichkeit. Sie entsteht dort, wo zwei scharf voneinander getrennte Ebenen geschaffen werden, die Ebene der öffentlichen Angelegenheiten und die

Ebene der privaten Dinge oder, als Funktion beschrieben, wo es dem Staatsbürger möglich ist, zwei unterschiedliche Rollen zu spielen, auf der einen Seite die Rolle desjenigen, der in die öffentlichen Angelegenheiten integriert ist, und andererseits die Rolle des Nichtintegrierten. Das Klima des Überprüfens und Beurteilens entsteht nicht auf dem Marktplatz, nicht in der Öffentlichkeit, sondern zu Hause, in der Privatheit. Öffentlichkeit entsteht aus der vorausgehenden Distanzierung. Öffentlichkeit ist bedingt durch Privatheit. Die eine ist ohne die andere nicht denkbar.

Daraus folgt, daß eine Gesellschaftsform, die keine Privatheit mehr kennt, damit auch ihre Fähigkeit, eine öffentliche Meinung zu bilden, aufgibt, und genau dies ist der Kern jener Stufe der öffentlichen Meinung, die in der Mitte des zwanzigsten Jahrhunderts erreicht worden ist. Die Gesetze des Marktes beherrschen heute nicht nur das öffentliche Leben, sondern ebenso die bisher den Privatleuten vorbehaltene Privatheit, die Voraussetzung für Öffentlichkeit existiert damit nicht mehr.

Sechste Stufe: In der Terminologie des Soziologen hat dies Jürgen Habermas beschrieben: »Sogenannte Gespräche werden formell organisiert und als Bestandteil der Erwachsenenpädagogik zugleich departementalisiert. Konfessionelle Akademien, politische Foren, literarische Organisationen leben von der Besprechung einer diskussionsfähigen und kommentarbedürftigen Kultur. Funkanstalten, Verlage, Vereine bestreiten mit Podiumsdiskussionen ein florierendes Nebengewerbe. Der Diskussion scheint somit sorgfältige Pflege gesichert und dem Feld ihrer Ausbreitung keine Schranke gesetzt. Unter der Hand hat sie sich aber spezifisch verändert: Sie nimmt selbst die Gestalt des Konsumgutes an ... Grob gesprochen: Für Lektüre, Theater, Konzert und Museum hatte man zu zahlen, nicht aber auch noch fürs Gespräch über das, was man gelesen, gehört und gesehen hatte und im Gespräch erst ganz sich anzueignen vermochte. Heute wird das Gespräch als solches noch verwaltet: Professionelle Dialoge vom Katheder, Podiumsdiskussionen, round-table-shows - das Räsonnement der Privatleute wird zur Programmnummer der Stars in

Funk und Fernsehen, wird kassenreif zur Ausgabe von Eintrittskarten, gewinnt Warenform auch noch da, wo auf Tagungen sich jedermann »beteiligen« kann. Die Diskussion, ins »Geschäft« einbezogen, formalisiert sich, Position und Gegenposition sind im vorhinein auf gewisse Spielregeln der Darbietung verpflichtet . . .«
In dieser Situation, da die in der Gesellschaft herrschende Klasse dadurch regiert, daß sie die Opposition den Warengesetzen unterwirft, die Kritik vermarktet und die Voraussetzungen für eine öffentliche Meinung unterläuft, gewinnt die Figur des PR-Experten, der die klassische Figur des Journalisten ablöst, ihre volle Bedeutung. Der PR-Mann ist ein Nachrichtenhändler, der im Auftrag von Firmen, Institutionen oder Interessenverbänden die Meinungen dieser Firmen, Institutionen oder Interessenverbände darstellt. Der PR-Mann »macht« die Öffentlichkeit, da es sie nicht mehr gibt. Das kritische Interesse der Öffentlichkeit beschäftigt er mit erfundenen Geschichten und Nachrichten, die im Sinne seiner Auftraggeber wirken: »Entweder gelingt es den PR-Managern, entsprechendes Material in die Kanäle der Kommunikation einzuschleusen, oder sie arrangieren in der Öffentlichkeit spezifische Anlässe, die in vorhersehbarer Weise die Kommunikationsapparate in Bewegung setzen (Habermas).«
Wo es die Aufgabe der öffentlichen Kritik wäre, die Politik eines Interessenverbandes zu kritisieren, arrangiert er nebensächliche Ereignisse, die das Interesse der Öffentlichkeit von dem eigentlichen Problem ablenken. Wo es die Aufgabe der öffentlichen Kritik wäre, festzustellen, daß es keine Übereinstimmung zwischen dem gesellschaftsbeherrschenden Anspruch eines Konzerns und den Interessen des Staatsbürgers gibt, schafft er ein, die Konflikte vernebelndes »Meinungsklima«, das dem Konzern günstig gesinnt ist. Wo es die Aufgabe der öffentlichen Meinung wäre, die Eigentumsverhältnisse einer Firma zu diskutieren, formuliert er im Auftrag der Firma eine Art von Respekt, von Vertrauen und Devotion, die eine solche Diskussion überhaupt erst gar nicht in Gang kommen läßt; oder, mit den Worten von Theodor Eschenburg, »das Manipulieren und Färben von Nachrichten ist die Aufgabe derjenigen Institutionen, die

Nachrichten aus erster Hand veröffentlichen, also der Presse und Informationsstellen von Regierung, Parteien und Verbänden«.
Kurz: »Publizität hieß einst die Enblößung politischer Herrschaft vor dem öffentlichen Räsonnement; Publicity summiert die Reaktionen eines unverbindlichen Wohlwollens. Die bürgerliche Öffentlichkeit nimmt im Maße ihrer Gestaltung durch Public Relations wieder feudale Züge an, die ›Angebotsträger‹ entfalten repräsentativen Aufwand vor folgebereiten Kunden.« (Habermas)
Auf einen Nenner gebracht bedeutet dies, daß die kritische Öffentlichkeit abgelöst wurde von der manipulierten Öffentlichkeit, der Journalist von dem PR-Mann. Trotzdem hat dies nicht dazu geführt, daß der Journalist als Figur verschwindet. Nur die Nachrichten, mit denen er arbeitet, sind zum großen Teil keine wirklichen Nachrichten mehr, sondern Ereignisse, die »gestellt« wurden von den »Redehäuptlingen«.

Die Hand des Kenners

Der Begriff »Öffentlichkeit« erinnert an die Situation des Angeklagten, der vor Gericht steht. Plötzlich bin nicht nur ich, es tauchen die anderen auf. Ihre Gesichter sind unkenntlich und nicht die Gesichter von Personen, aber sie gleichen einander im Ausdruck. Vielleicht ist es, daß sie, wie Geschworene, nicht wegblicken können. Die anderen erscheinen im Recht, weil sie die Vielen sind. Im Unrecht bin ich dadurch, daß ich der einzelne sein muß. Die Vielen zu sein, ist Schutz. Als einzelner dazustehen, ist Ausgesetztsein. Dieses Bild ist das Bild des öffentlichen Gerichtshofs. Verhandelt wird vor ihm meine Sache, die Sache des Sokrates. Zu Gericht sitzen die anderen, die Öffentlichkeit.

In der Verteidigungsrede des Sokrates zeigt sich das Urbild für diese Öffentlichkeit. Bis heute formt es unsere Vorstellungen von der Öffentlichkeit, und wir erkennen es deshalb auch wieder in den Bildern von exzessiver Öffentlichkeit, in den Bildern vom mittelalterlichen Pranger bis zu dem Anblick der Selbstkritik der Funktionäre in den Moskauer Schauprozessen: Überall, wo der Gestalt des armen Angeklagten die Menge ihr »Kreuziget ihn« zuruft, ist Sokrates. Der Athener, angeklagt, andere Götter als die erlaubten zu verehren und die Jugend zu verderben, war sich dieses Schicksals bewußt: »Was ich aber bereits im vorigen sagte, daß ich bei vielen gar verhaßt bin, wißt nur, das ist wahr«, erklärte Sokrates in seiner Verteidigungsrede und fuhr fort: »Und das ist es auch, dem ich unterliegen werde, wenn ich unterliege, nicht dem Melitos, nicht dem Anytos, sondern der üblen Meinung und dem Haß der Menge, dem auch schon viele andere treffliche Männer unterliegen mußten und, glaube ich, noch ferner unterliegen werden.«

Zweitausend Jahre nach dem Tod des Sokrates, im Frühjahr 1935, hat eine einundzwanzigjährige deutsche Studentin einen Traum. Die Studentin notiert ihn am nächsten Morgen und übergibt ihn der Psychologin Charlotte Beradt, die »Träume vom Dritten Reich« sammelt. Diesen Traum notiert sie später als Beleg für die Gerichtshof-Situation - hier der Angeklagte, dort die urteilende Menge. Fast alles in diesem Traum erinnert an die theatralische Situation des Gerichtshofes. Das Gericht ist hier ein Klassenzimmer, in der Art eines Auditoriums. Auf einer der hintersten Bänke sitzt die Studentin selbst, vor ihr, auf dem Podium, ragt die monströse Zwitter-Figur des Schuldirektors auf, halb gleicht er dem alten Schulleiter ihrer Kindheit, halb gleicht er dem Führer Adolf Hitler. Diktierer heißt er und es ist Rassenstunde. Verhandelt wird über den Fall des Mannes Paul, auf dessen Gesicht der Diktierer weist. Mit einem Zeigestock fährt er die Landschaft von Pauls jüdischem Gesicht nach, seine Augenform, seine Mundpartie, die Höhe seiner Wangenknochen. Die Klasse murmelt leise ihr Jaja. »Ich merke, es heißt handeln, wenn ich Paul, dessen todbleiches, ergreifendes Gesicht ich dauernd neben dem Diktierer sehe, retten will«, schreibt die Studentin. »Ich springe auf, stürme zwischen den Bänken nach vorn und rufe: ›Ich sage sonst nichts, aber das ist nicht wahr, nicht wahr.‹« Als sie das dem Diktierer ins Gesicht geschrien hat, wartet sie auf das Nein-Nein der Klasse, auf die Verteidigung des jüdischen Mannes Paul durch die Öffentlichkeit. Aber das Nein-Nein bleibt aus. Die Klasse verstummt, und das »Schweigen wird eisig«.

Im wirklichen Leben ist der jüdische Mann Paul ihr Freund, den sie nach der Einführung der Rassengesetze verlassen hat, aus Furcht vor demselben Jaja, das auch Sokrates tötete. Es ist das gleiche Jaja, das auch »die Leute« verkörpern, die in Kafkas »Prozeß« durch ihre Anwesenheit den Angeklagten K. dem Gericht ausliefern. Sie sind von der Schuld des Angeklagten überzeugt; denn er ist der einzelne, und der einzelne ist schuldig, da er das Zeichen der Schuld trägt: »Diese Leute haben behauptet, Sie würden, nach Ihren Lippen zu schließen, gewiß und bald verurteilt werden. Ich wiederhole, es ist ein lächerlicher Aberglaube und in den meisten Fällen durch die Tatsachen auch vollständig widerlegt, aber wenn man in jener Gesellschaft lebt, ist es schwer, sich solchen Meinungen zu entziehen.« (Im übrigen existiert auch ein positives Beispiel für eine Nein-Nein-Öffentlichkeit im Dritten Reich, die sich gegen die Machthaber durchsetzen konnte. Es ist wenig bekannt. Der Vorfall, der in der veröffentlichten Geschichte des Dritten Reiches nicht seinesgleichen hat, ereignete sich 1943 in Berlin, als »arische« Frauen gegen die Verhaftung ihrer jüdischen Männer demonstrierten und, Sprechchöre schreiend, vor dem Gefängnis in der Rosenstraße aufmarschierten. Die Gestapo ließ sich, erschreckt über den Vorfall, auf Verhandlungen ein, gab Zusicherungen und ließ schließlich die Männer frei.)

Die Öffentlichkeit in diesem Sinn, als Instanz der Vielen gegenüber dem einzelnen, entsteht in der Urzeit. Das ist ein Ereignis von unerhörter Tragweite: Die Urhorde tritt oder hockt zusammen und schließt sich zu der »natürlichen Form«, dem Kreis. Schon hat er die Grundform der späteren Arena, und auch der rituelle Kampf, den die beiden stärksten Männchen der Horde vor den Artgenossen austragen, erinnert an die späteren zeremoniellen Tötungen und Kämpfe in den Stadien. Als das stärkere Männchen seinen Rivalen getötet hat, verläßt es als einzelner den Ring, d. h. als Häuptling und Führer. Noch wird seine Öffentlichkeit widerspruchslos hergestellt, denn im naiven oder primitiven Dasein entsteht sie wie unter dem Einfluß des Wetters, das alle zugleich in den Knochen spüren: »Im naiven Dasein tue ich, was alle tun, glaube ich, was alle glauben, denke ich, wie alle denken«, schreibt Karl Jaspers. »Meinungen, Ziele, Ängste, Freuden übertragen sich von einem zum anderen, ohne daß er es merkt, wie eine ursprüngliche, fraglose Identifizierung aller stattfindet.«

Diese »participation mystique« bleibt nicht lange erhalten, und als die Kompliziertheit der Verhältnisse zunimmt, wächst auch das Bewußtsein des einzelnen und der Vielen. Die Seßhaftigkeit und der Ackerbau, die genauere Beobachtung der Natur, die besseren Techniken zur Bearbeitung des Bodens und die Entstehung von Über-Gruppen zerstören die naive Identität zwischen dem einzelnen und den Vielen. Am Anfang waren sie wie einer. Jetzt wird der Abstand zwischen dem einzelnen und den Vielen größer, seine Gestalt wird deutlich und beschreibbar wie die des Helden, die anderen verblassen dagegen zur Undeutlichkeit einer gesichtslosen Menge.

Die Stelle des führenden einzelnen übernimmt bald die führende Gruppe, die Elite. Sie kann nur an der Macht bleiben, wenn sich erstens die ökonomischen Verhältnisse nicht ändern, wenn zweitens kein Zweifel an ihrer Inthronisation durch die Götter aufkommt, und wenn drittens die Qualitäten ihrer Führerschaft nicht bestritten werden. Noch murmelt die Menge ihr Jaja. Bald wird sie zum erstenmal ihr Nein-Nein schreien und damit die Öffentlichkeit ihrer Meinung kundtun. Von diesem Augenblick an wird kein Herrscher mehr gegen die öffentliche Meinung herrschen können, die somit zum »allgemeinen Gravitationsgesetz der politischen Geschichte« (Ortega y Gasset) wurde.

Die ägyptische Priesterschaft verstand sich auf die Führung der Massen ebenso wie Moses, Lao-Tse und Buddha oder Adolf Hitler, Mao Tse-tung und Fidel Castro. Alexander der Große, der ein Weltreich eroberte, wußte, daß er die eroberten Länder wohl gegen den Willen der Eroberten besetzen, aber nicht zusammenhalten konnte, und benutzte deshalb seine Macht, um die Öffentlichkeit für sein Weltreich herzustellen. Er handelte nicht nur taktisch klug, indem er zum Beispiel, als er die Mauern Thebens schleifen ließ, das Haus des Pindar verschonte, um nicht die öffentliche Meinung gegen sich aufzubringen, der Mazedonier Alexander ließ auch verfügen, daß die von ihm geschaffenen Münzen die Prägung seines Namens mit dem Zusatz »Basileus« erhielten. Die Absicht war, durch diese, in dem ganzen Riesenreich verbreiteten Zahlungsmittel die innere Einheit zwischen persischem und griechischem Wesen sichtbar zu machen und in der Öffentlichkeit durchzusetzen. Die Alexander-Münzen erfüllten etwa die gleiche meinungsbildende Funktion wie die Flaggensymbole der Neuzeit.

In noch stärkerem Maß benutzte Gajus Julius Caesar die Instinkte der Menge, um seine politischen Ziele zu verfolgen. Schon als junger Politiker pflegte er den üblichen Brauch, korrupte Beamte öffentlich anzuklagen, um seinen Ruf als »Mann des Volkes« zu stärken. Bald ließ Caesar keine Gelegenheit mehr vergehen, sich öffentlich zu zeigen und seine Popularität zu mehren. Er unterhielt eine Truppe bezahlter Claqueure, die ihm bei den Wahlen die zaudernden Wähler zutrieb, auf dem Forum regelmäßig in Beifall ausbrach und, wenn es nötig war, auch einen kleinen Mord ausführte. Da er wußte, was davon abhing, als ein besonders volksverbundener Römer zu gelten, bewarb er sich im Jahre 65 v. Chr. um das Amt des Aedilen; denn der Aedile hatte die populäre Pflicht, die öffentlichen Spiele und Feiern auszurichten. Natürlich gab es unter Caesar prächtigere Kämpfe in den Arenen als je zuvor, und ebenso natürlich war es für einen, der einen Instinkt für den Geschmack der Menge besaß wie Caesar, daß er später, auf der Höhe seiner Macht, doch die launische Menge nicht vergaß. Caesar organisierte nicht nur Paraden von unübertroffener Pracht, er gab öffentliche Festmähler für die Armen, die von ihm Geschenke erhielten, und er wußte sich auch die Willfährigkeit seiner Soldaten zu erhalten, indem er Land unter sie verteilte und sie großzügig mit Titeln ausstattete. Aus dieser Haltung heraus erwuchs dann auch der Beginn einer periodischen Öffentlichkeitsarbeit; denn nichts anderes waren die von Caesar herausgegebenen *Acta Diarna*: Regierungsbulletins, die von Sklaven vervielfacht und an ausgesuchte Empfänger weitergeleitet wurden.

Die Geschichte kennt ebenso viele Beispiele für die Benutzung der Öffentlichkeit durch einen Herrscher, wie es eben Herrscher gab, und andererseits ebenso viele Bilder und Abbilder, die sich die Öffentlichkeiten von ihren Herrschern machten, wie es eben Öffentlichkeiten gab. Das Schicksal beider, des einzelnen und der Vielen, hängt unauflöslich zusammen. Selbst in dem »sagenhaften Atlantis«, schreibt Bert Brecht, »brüllten in der Nacht, wo das Meer es verschlang, die Ersaufenden nach ihren Sklaven«. Was aber nie bestritten wurde, war der fast abergläubische Schauer, den die Machtausüber angesichts derjenigen empfanden, die ihre Macht erduldeten, aber auch Manns genug waren, mit Macht zu antworten. Als einzelner dazustehen, erzeugt Angst. Machtausübung erfordert die Angst vor der vielköpfigen Gruppe, von der man sich getrennt hat. Die Verantwortung des einzelnen über das Schicksal der vielen schärfte das Gewissen, das stets nach dem Willen der Öffentlichkeit fragte. Martin Luther meinte deshalb, es sei unerläßlich, dem Volk »aufs Maul« zu schauen. Napoleon Bonaparte erklärte, daß die öffentliche Meinung »eine unsichtbare, unangreifbare Macht ist. Obwohl sie voller Launen steckt, ist sie doch aufrichtig, vernünftig, gerecht, ja weit gerechter, als man manchmal glaubt.« Abraham Lincoln formuliert mit der materialistischen Weisheit des modernen Amerikaners: »Mit der öffentlichen Meinung kann der Erfolg nicht ausbleiben, ohne sie kann es niemals einen Erfolg geben.« Und Adolf Hitler schreibt in »Mein Kampf« über die Handhabung der öffentlichen Meinung, daß sie »eine wahrhaft fürchterliche Waffe in der Hand des Kenners« sei.

Die Hand des Kenners, das ist nicht nur die Hand des kleinbürgerlichen Dämonen Adolf Hitler, das sind auch die Hände jener Personengruppe, die heute als Experten die Öffentlichkeit der westlichen Welt verwalten. Aus dem Mythos von »der Hand des Kenners« wurde die erlernbare Technik. Aus dem Dämon, den sich die Phantasie als Marionettenspieler vorstellt, der die Puppen an langen Drähten tanzen läßt, wurde der Public-Relations-Manager mit »den feinen Drähten zu den Gehirnen der Menschen«, und aus den sich nur widerwillig an diese Drähte anschließenden Menschen wurde der Interessent, der den Öffentlichkeits-Experten den Auftrag zu ihrer Arbeit erteilt.

Die planmäßige, d. h. einem Nutzen zugeführte Öffentlichkeitsarbeit hat heute die Rolle jener Öffentlichkeit eingenommen, die einst ihre korrigierende Funktion gegenüber den Herrschenden ausüben konnte. Es existiert heute schlechthin nichts Öffentliches mehr, das nicht von den Kontrolleuren dieser Öffentlichkeit genehmigt wird. Und das erstreckt sich auch auf jenes Ereignis, das man bisher als eine Art Naturgewalt ansah: den Krieg.

Eine gerechtere Beurteilung des Konflikts zwischen Ägypten und Israel wurde erst von dem Moment an von der Weltpresse vorgenommen, als die Ägypter Public-Relations-Methoden anwandten: »Während die Israeli die Sinai-Halbinsel und das besetzte West-Jordanien schon unmittelbar nach Beendigung der Kampfhandlungen der Weltöffentlichkeit zur Schau stellten, war die westliche Suezkanalzone bisher den Reportern verschlossen. Erst der israelische Überraschungsangriff auf eine Großstadt hat die ägyptische Militärspitze belehrt, daß zur modernen Kriegführung auch gezielte Public Relations gehören.« *(Kölner Stadtanzeiger)*

Hilfsmaßnahmen für das vom Krieg verwüstete Biafra wurden erst in dem Augenblick in die Wege geleitet, als die Schweizer PR-Agentur H. W. M. Bernhardt die »Weltöffentlichkeit« an dem Fall interessierte. »Seitdem erhalten deutsche Redaktionen Informationsmaterial der Abtrünnigen, und Journalisten werden auf Kosten Biafras ins Kampfgebiet eingeflogen.« *(»Der Spiegel«)*
Über die Tätigkeit dieser Agentur schrieb die Zeitschrift *Capital*: »Bernhardt hat als erster Werber der westlichen Welt realisiert, was es bedeutet, Herrschafts-Techniker zu sein. Während andere Agenturen bloß um Kunden kämpfen, kämpft seine Agentur gegen Kanonen. Bernhardt hat Maos gute alte Strategie des sozialistischen Guerilla-Kampfes endlich um die kongeniale kapitalistische Variante ergänzt: ›Seine Public-Relations-Agentur Markpress kreierte den PR-Partisanen.‹ Ihre Feuertaufe bestehen die Genfer Schreibtisch-Söldner im Solde eines jungen Staates im tiefsten Afrika, den es eigentlich noch gar nicht gibt: Markpress macht aus militärischen Siegen Nigerias moralische Niederlagen für Biafras Rebellen-Regierung. An Waffen und Männern ist Biafra den nigerianischen Bundestruppen hoffnungslos unterlegen. Die Rebellenrepublik kann nur überleben, wenn ihre Genfer Papiertiger Nigerias Image so zerfetzen, daß die Welt empört aufschreit und ein Ende des biafranischen Blutbades fordert . . . Die Markpress-Militärs haben ihre Sache gut gemacht. Die Legion Bernhardt hat in einem triumphalen Werbefeldzug die Frontseiten der Weltpresse erobert. Eine grandiose strategische und taktische Leistung. Bernhardt bucht ausgewählten Reportern und Fotografen einen Platz in den Transportern, die von Lissabon aus mit Waffen und Medikamenten vollgeladen Biafra anfliegen. Die Rechnung zahlt Biafra.«
Die Hand des Kenners - hier ist sie zu spüren. Man kann den Schluß ziehen, daß »Öffentlichkeit« und »Kenner« heute Synonyme sind. Nicht mehr der Widerspruch zwischen dem Anspruch des einzelnen (oder der Elite) und dem Aufbegehren der Vielen (oder der Masse) bestimmt die »Öffentlichkeit«. Die Öffentlichkeit wird heute mit den Verwaltern der Öffentlichkeit identisch und man fragt sich, ob es eine

Öffentlichkeit im klassischen Sinn überhaupt noch gibt. Auf jeden Fall gibt es sie nicht mehr in dem Sinn, den ihr einst der Schweizer Staatsrechtler Schindler mit dem Satz zusprach, daß die Öffentlichkeit die »nichtorganisierte letzte Instanz in der Demokratie« sei.
Die Geschichte dieser neuen Öffentlichkeit ist kurz, sie begann mit der Französischen Revolution, als der Volkswille in einem phantastischen Zeremoniell aus dem Deklamieren von Phrasen (»Freiheit, Gleichheit, Brüderlichkeit«) und dem Inszenieren von Gewalttaten inthronisiert wurde. Die Geburtsstunde der neuen Öffentlichkeit begann mit einem der folgenschwersten Blutbäder der Geschichte, und sie erfüllte die bis dahin gebräuchlichen Begriffe mit warmem Leben. Blaise Pascal hatte sie, die jetzt eine aufrechte, beherrschende Gestalt gewann, die »opinions du peuple« genannt, Montaigne sprach von den »opinions vulgaires«, in England schrieb William Temple von den »general opinions«. Von nun an ist die öffentliche Meinung eine dritte Rechtsquelle neben Gott und Staat, auf die sich jeder, der Herrschaft in irgendeiner Form ausübt, beruft.
Dieses Modell wird in demokratisch regierten Staaten zur Berufungsinstanz schlechthin, indem man die öffentliche Meinung auch juristisch-staatsrechtlich begründet. In der Bundesrepublik Deutschland geschah das in dem berühmten Fernsehurteil vom 28. Februar 1961, in dem das Bundesverfassungsgericht, das Grundgesetz auslegend, feststellte, daß die freie, vom Staat nicht gelenkte Bildung der öffentlichen Meinung zur Lebensform einer Demokratie gehört. Das kommentierte der Abgeordnete Arndt mit den Worten: »Thema der vom Bundesverfassungsgericht erlassenen Entscheidungen ist der gerichtliche Rechtsschutz dafür, daß öffentliche Meinung sich in Freiheit bildet. Öffentliche Meinung erscheint als ein Rechtsgut, dem die Staatsmacht zu dienen hat. Dem Staat wird die Verantwortung für ihr Entstehen, Dasein und Wirken zugesprochen, und zwar in der Weise, daß der Staat für die freiheitliche Art dieses Entstehens, Daseins und Wirkens einzustehen hat. Es handelt sich also um ein Sorgerecht des Staates.« Wie sieht diese öffentliche Meinung (die Vielen), welcher der Staat (der einzelne) zu dienen hat, heute aus?

Tatsächlich ist es so, daß sich die öffentliche Meinung im Sinne der Vielen, die sich gegen die einzelnen wenden, nur noch in Ausnahmefällen zu Wort meldet. Am deutlichsten tut sie das heute noch an einem Platz, der seit der Antike die Bedeutung eines »Schwarzen Bretts« für die öffentliche Meinung hat: die Mauer.

Exkurs: das »Schwarze Brett« der öffentlichen Meinung.

Im Mai 1957 passierte in Rotchina etwas Merkwürdiges. Es hatte mit den Mauern der Städte und Dörfer zu tun. Wie alles, was sich in China seit dem Sieg Mao Tse-tungs und seiner großen Revolution ereignet, war es erstens dadurch gekennzeichnet, daß es die Millionen ergriff, und zweitens durch die organisierte Form. Es passierte auf einen Schlag. Im Mai 1957, so berichtete die Weltpresse, begannen Hunderttausende von Chinesen, die Mauern ihrer Städte zu bemalen, Inschriften in sie einzugravieren, Sätze auf ihnen anzubringen, sie mit Parolen zu bedecken. Die Partei nannte es »Feldzug der Läuterung«, als die organisierten Kolonnen wider die Mauern vorgingen, in der rechten Hand die flachen, breitschreibenden Pinsel, in der linken Hand den kleinen Farbtopf, rot und schwarz.

Die chinesische Öffentlichkeit protestierte auf der Mauer gegen Schlamperei und Korruption, nannte die Namen von Faulenzern und Revisionisten, kratzte Zeichen ein und Buchstaben, die als Votum für die Generallinie des Parteiprogramms gedacht waren, die Öffentlichkeit schrie mit Hilfe der Worte die amerikanischen Imperialisten nieder. »Die Mauerinschriften müssen ein ständiges Mittel der Kritik und der Selbstkritik werden«, dekretierte der Sekretär des Zentralkomitees. »Scharf und klar, einfach in der Form, lebendig im Stil, lenken sie die Aufmerksamkeit auf sich und sind zugleich frisch und bestimmt in der Kritik der Fehler.« Das System ist bis heute gebräuchlich. Das System war gestern schon bekannt, zum Beispiel als »Pranger«. Am Pranger stand, wer sich gegen Gesetze der Gruppe versündigt hatte, seine Stellung verriet das »Ausgestoßensein«. Die Initiatoren dieser öffentlichen Zurschaustellung einer Versündigung versuchten damit zweierlei zu erreichen. Erstens verbreiteten sie Furcht und Schrecken, sie terrorisierten die Minderheit der Gruppe und zwangen sie zur Botmäßigkeit. Zweitens lenkten sie die Aggressionen der Gruppe auf ein Ziel, sie warfen ihr ein Opfer hin.

Die chinesische Mauer ist damit sozialisiert. Als Volkseigentum bestimmt auch das Volk über ihren Verwendungszweck. Zum erstenmal gelang es so einem Staat, den Gegnern des Regimes die furchtbarste Waffe öffentlicher Kundgebung ihrer Meinung zu nehmen: die öffentlichen Wände. Alle Regime beschäftigen und beschäftigten an allen Orten, von Pompeji, wie man weiß, bis heute, ihre Auslöschkommandos. Tagsüber versuchen sie zu tilgen, was nachts an die Mauern geschrieben wird: Drohungen, Parolen und Schlagworte. In Rotchina aber löscht man nicht mehr aus. Man nationalisiert die möglichen Aggressionen, begibt sich selbst in das Herz des Widerstands und nutzt es für den eigenen Zweck. In der Geschichte der Mauer, der Mauerschreiber und der Öffentlichkeit ist dies ohne Beispiel, ein historisches Ereignis.

Die Mauer ist das Symbol der Ordnung und des Eigentums. Wer sie errichtet, wacht darüber, daß niemand sie antastet; wer ihr gegenüber ohnmächtig ist, weil er außerhalb der Mauer, d. h. der geforderten Ordnung steht, versucht sie zu stürzen. Die Mauer hat den Charakter eines demonstrativen Akts, sie trennt den Besitzenden von dem Besitzlosen, sie zeigt dem Ohnmächtigen die Macht des Mächtigen, sie provoziert.

Der steinzeitliche Jäger, der seinen Schlafplatz mit einer Mauer aus Steinen umgab, errichtete nicht nur einen Zweckbau, er schuf ein Tabu. Wer eine Stadt eroberte oder eine Burg, ließ die Mauern dieser Einfriedungen schleifen, Richelieu bekundete so seinen totalen Sieg über die Herzöge von Les Baux in der Provence. Erster Akt der Französischen Revolution bestand in der Zerstörung einer Mauer, der Bastille. Aufstände beginnen und enden mit der Errichtung und Zerstörung von Barrikaden, jenem »Bis hierher und nicht weiter«. Die Chinesische Mauer war nicht nur als Hindernis gedacht, sondern auch als Geste. Der Gefangene ritzt sein »Dennoch« in die Wand des

Kerkers. In Berlin ist die Mauer nicht nur die unübersteigbare Hürde für den, der eine freiheitliche politische Landschaft zu erreichen wünscht, sie ist ein Symbol, ein Eingeständnis, sie ist »beredt«.
Alle diese Ereignisse beschreiben eine Funktion der Mauer, die klassisch ist und sich bis heute nicht verloren hat. Überall dort, wo sich radikale Lösungen anbieten und radikale Gruppen finden, diese Lösungen zu fördern, überall dort bleiben die Mauern nicht leer. Aber auch in jenen Landstrichen der politischen Erdkarte, wo Minderheiten nicht zu Wort kommen, der sozial Schwache von dem sozial Starken um sein Recht gebracht wird, auch dort bedeckt sich die Mauer mit Nachrichten. Die Mauern bleiben nicht leer in Brüssel, wo sich Flamen und Wallonen um die Landessprache, Flämisch oder Französisch, streiten, in Südtirol und Südafrika sind sie bedeckt mit Parolen der »Dinamiteros«, in Ungarn erinnern Inschriften an den Jahrestag der Revolution, in Kuba läuft der Straßenpassant an jenem »Cuba si, Yankee no« vorbei, in der Bretagne finden sich Schlagzeilen, die den Stolz der Provinz ausspielen gegen den Herrschaftsanspruch der Metropole: »Un Breton vaut un Parisien.« (Ein Bretone ist ebensoviel wert wie ein Mann aus Paris.) Im Pariser Mai füllten sich die Mauern mit Inschriften, die ein ganzes Buch füllen konnten: »Les murs ont la parole.« Und in Prag schrieben die Tschechoslowaken »Viva Dubček« an ihre Häuserwände und das weltberühmt gewordene »2100 km bis Moskau«. Vielleicht gibt es keinen Staat und keinen Ort auf der Welt, wo nicht öffentlich angeschlagen wird, was sich öffentlich nicht äußern darf.
Heute haben die Mauern als Anschlagbrett der Vielen dort ihre Bedeutung verloren, wo politische und soziale Gegensätze verschwunden sind. In Demokratien sind die Mauern nur noch nützlicher, gefügiger Stein, Abgrenzung von Grundstücken, zweckvolle Architektur ohne anmaßende Geste. In der Bundesrepublik zum Beispiel gibt es heute nur wenige Mauermaler, weil die objektiven und subjektiven Voraussetzungen dafür fehlen. Die Mauern sind nur zum Teil eine Biographie der Leidenschaften. Trotzdem gab und gibt es auch in Deutschland Sgraffiti und Pinsel-Inschriften.

Die Jahre unmittelbar nach dem Zusammenbruch zeugten eine besondere Variante der Mauerschrift, die notwendige, lebenserhaltende Mitteilung. Sie stand an den Ruinen zerstörter Häuser, die von den Überlebenden als »Zeitung« benutzt wurden. Angehörige schrieben Adressen, die heimkehrenden Söhne und Väter sollten sie danach finden können: »Familie Berghoff wohnt jetzt in der Spiekernstraße« oder »Gerhard, wo bist du?« Wer etwas zu verkaufen oder zu tauschen hatte, benutzte die Mauer als Anzeigen-Tableau, bot Wehrmachtsstiefel an, um Kartoffeln zu bekommen, erhoffte sich einen Sack Mehl gegen ein altes Klavier. Wer seine Existenz veröffentlichen wollte, schrieb: »Wir leben, Hamann, Scheele« (Berlin), und wer nicht in die Luft gesprengt zu werden wünschte, notierte: »Nicht sprengen, Keller ist bewohnt.« (Köln)
Nach der Währungszeit wurde es still an den Wänden. Man überließ sie den Kindern, die ihre kalligraphischen Künste wie eh an den Mauern erprobten, und jenen, die das Hakenkreuz übten. Die demokratisierte Mauer wurde zum Schauplatz von Happenings. Ein solches fand zeitweise in Köln statt, es wurde inszeniert von Plooby. Aber wer ist Plooby? Ein Symbol, wie es früher »Kilroy« für die amerikanischen Soldaten war? Der Held eines Comics? Ein extraterrestrisches Wesen aus einer Science-fiction-Geschichte? Auf den Papierkörben der Haltestellen hatte Plooby seine Spuren hinterlassen, an Häuserwänden und Brückenunterführungen stand sein Name. Plooby redete dort von seiner Existenz: »Plooby war hier«, hieß es. Plooby war überall, er hatte tausend Hände, zu schreiben, tausend Beine, um überall gewesen zu sein, und tausend verschiedene Handschriften. Plooby grassierte, wer aber ist Plooby?
Eine Zeitung deckte die Identität von Plooby auf. Plooby - das waren Schüler und Lehrlinge der Stadt Köln. Plooby - das war ein Spiel.
Wird es bei dem Spiel bleiben? Werden die deutschen Mauern wieder beschrieben werden? Wird eine Zeit kommen, wo politische und soziale Leidenschaft zu formulieren übernimmt, was bisher nicht formuliert zu werden brauchte?
Aus Marburg wurde die Mauerinschrift »Südtirol ist deutsch« gemel-

det. Das »Gastarbeiter raus« kann im Ruhrgebiet gelesen werden, und »Friede in Vietnam« steht nicht nur auf Transparenten zu lesen. Eine Mauerinschrift, die niemand sieht, hat ihren Zweck verfehlt. Der Mauermaler ist auf Publizität bedacht, seine belsazarhafte Flammenschrift, so wünscht er, soll von möglichst vielen bemerkt werden. So sucht er sich Wände aus, die an den großen Durchgangsstraßen und Bahnlinien liegen: Die Kehrseiten und den Gleisen zugekehrte Flächen der Fabriken, Bahnunterführungen und Transformatorenstationen entlang den Autostraßen, Felsen und Felswände über den Touristenrouten im Süden. Eine der schönsten dieser südwärts führenden Straßen, die Route Napoléon zwischen Grénoble und Cannes wurde in den vergangenen Jahren systematisch von Gegnern des Vietnamkrieges »beschrieben«: »Paix au Vietnam« - »Johnson assassin« - »US = SS« - »Vive les patriotes Vietnamiens.« Über 400 Kilometer weit begleiten den Touristen diese Aufschriften, springen ihn an in den Kurven, fallen ihm ins Auge, schreien von überhängenden Felswänden, nur noch überboten von den bunteren Reklametafeln für französischen Cognac und französische Autoreifen.

Ähnlich in Spanien. »Seit einiger Zeit«, so wurde 1967 berichtet, »bedecken sich die Mauern spanischer Städte geheimnisvoll mit dem Buchstaben ›P‹«. P - das heißt »protestad«. Protestiert! Zwei Jahre später wiederholte sich der Vorgang. Damals empfing den spaniendurchquerenden Caudillo jenes »Mas aguas, mas arboles« (mehr Wasser, mehr Bäume). Mit schwarzen Pinselhieben an lehmige Mauern geschrieben, wurde damit der heftige Wunsch der spanischen Landbevölkerung nach einer Verstärkung des spanischen Aufforstungsprogramms artikuliert.

Ich kenne keinen der Mauermaler, ich kenne ihre Sprache, und vielleicht läßt sich an ihr ablesen, welche Mentalität den Mauermaler beherrscht. Seine Sprache besteht aus Imperativen. Es fehlt der Nebensatz. Er läßt nicht mit sich diskutieren. Er ruft aus und an, Formeln und Schlagworte setzt er als quasi geistiges Attentat. Eine Antwort ist weder möglich noch gewünscht, und es gehört zur Ausnahme, wenn er Witz beweist wie jener Mann in dem mittelamerikanischen

Santo Domingo, der die dort populäre Formel »Yankee go home« mit dem persönlichen Zusatz versah »... und nimm mich mit!« Die Inschriften sind unterschiedlich lang, und bereits dies teilt die Vielen ein in jene, die eine Ideologie oder ein Programm propagieren, und jene, die nur noch »dagegen« sind. Jenes »Votez Communiste« - überall in Frankreich zu finden - enthält eine verständliche Aufforderung, das hervorgestoßene »Non! Non!« verrät die absolute Ohnmacht und eine Haltung, die gewöhnlich der Anarchist einnimmt, der Provo. Mit ihrem »Nein« wollen sie ausdrücken, daß jede Einfügung ihrer Person in eine Ordnung nicht in Frage kommt. Ihr Individualismus ist total.

Den Mauermalern gemeinsam ist entweder ihr politischer Status - sie und ihr Programm werden offiziell nicht zur Kenntnis genommen - oder ein sozialpathologisches Verhältnis zur Politik überhaupt; sie sind radikal und äußern sich auf radikale Weise. Rechtsradikal oder linksradikal, das spielt dabei keine Rolle, denn der Radikalismus zeitigt immer ähnliche äußere Formen. Der Haß verzerrt das Gesicht der Sprache: »Ein Wort, von Hand dort hingehauen mit riesigen Zeichen«, schreibt der französische Inschriftensammler Brassai, »hat einen unmittelbaren Anhauch, es dringt ein wie kein bedrucktes Gebilde. Es bebt noch vor Erregung, es zuckt noch vor Zorn, es schreit, heult auf, tritt dir in den Weg, läßt dich nicht vorüber, ehe du das Wort gelesen und begriffen hast«. Brassai hat auch entdeckt, daß es national unterschiedliche Stile der Inschriften-Maler und »Kritzler« gibt, so zum Beispiel eine »Pariser Schule« der Clochards und Wegelagerer des Ästhetischen, die das Tagebuch ihres inneren Lebens auf die Wände der Pariser Mauern schreiben.

Der antike Platz für Inschriften - besonders in den welschen Ländern - stellt nur noch im bescheidenen Maß das Thermometer für die öffentliche Meinung. Steigt es an, das heißt, entzünden sich die Leidenschaften, so bedeckt sich die Mauer mit Inschriften wie die Haut mit Fieberpusteln. Der Akt des Schreibens selbst, der durch den Widerstand des spröden Materials zum physischen Kraftakt wird, bleibt dabei im verborgenen. Der Tatort liegt im Dunkel, nur erleuchtet von

Laternen und abgegrenzt durch die Gefahr, einer Streife zu begegnen oder anderen Beauftragten radikaler Gruppen, die ebenfalls darauf aus sind, zu »veröffentlichen«. Daß es dabei nicht immer um Politik gehen muß, bewies eine der beliebtesten Mauern Spaniens, die der Stierkampfarena von Pamplona. Wer der Größte sei, war dort die Frage, El Cordobes, der wilde, draufgängerische »Emporkömmling«, oder Antonio Ordoñez, dem man nachrühmt, die klassische Schule des Stierkampfs, den Stil von Ronda, in den Arenen am würdigsten zu vertreten. Nach dem Kampf: »Ordoñez ist der Größte«, hieß es am Montagmorgen. »Ordoñez ist ein Feigling« am Dienstag. In der Nacht zum Mittwoch kam es zu einer Schlägerei an der Mauer. Die beiden Mauermaler waren zusammengetroffen.

Tatsächlich ist es so, daß eine öffentliche Meinung im Sinne der Vielen, die sich gegen die einzelnen wenden (und welchen Sinn sollte dieser Begriff sonst haben?) nicht mehr existiert. Die Öffentlichkeit ist ein ungestaltetes, schwerfälliges Wesen von nicht genau beschreibbarer Gestalt. Sie hat keinen Kopf zu denken, keinen Mund zu sprechen und keine Faust, um damit auf den Tisch zu schlagen. Sie ist eher quallig und ungreifbar als fest. Sie hat nur einen Vorteil für den, der mit ihr umzugehen gewohnt ist: man kann sie benutzen. Aus der ungestalteten Masse lassen sich Formen kneten, lassen sich beschreibbare Öffentlichkeiten von Fall zu Fall herstellen. Nach Gebrauch fallen sie dann wieder in den ursprünglichen Zustand zurück; denn nur in der Hand des Kenners hat die Öffentlichkeit ein Gesicht, nur in der Hand des Kenners atmet das geformte Wesen für die ihm zugemessene Zeit, nur in der Hand des Kenners tut es den Mund auf und sagt, was es will.

Der Professor der Soziologie Jürgen Habermas folgert aus dieser Situation, daß es »Öffentlichkeit an sich« in Form eines festumrissenen Publikums nicht mehr gibt, sondern daß sie hergestellt werden muß. Und Hanns Seidel spricht davon, daß die öffentliche Meinung »als Rohstoff vielleicht bildhaft vorhanden ist«, aber nur als »Endprodukt« in das öffentliche Bewußtsein eintritt, anders ausgedrückt:

falls die Hände des Kenners sich wohlwollend des Kloßes angenommen und aus ihm einen Menschen geformt haben. Die Hände des Kenners aber sind gekauft. Das hat sich seit den ersten Tagen der professionellen Public Relations nicht geändert. Die Informationsapparate und ihre Bediener sind zwar frei gegenüber dem Staat, aber nicht gegenüber dem Geld.

Anfang der zwanziger Jahre verlangte die öffentliche Meinung in Amerika stürmisch danach, daß nun endlich auch die amerikanischen Frauen auf der Straße rauchen dürften. Das Vorurteil gegen die qualmenden Ladies war uralt. Als amerikanische Frau rauchte man einfach nicht. Doch am Ostersonntag des Jahres 1922 demonstrierten die ersten Nikotin-Suffragetten gegen dieses Tabu. Sie entzündeten während der Promenade auf der Fifth Avenue die langstieligen Stäbchen, gingen auf und ab und blickten herausfordernd in die Runde. Tage darauf sprachen die amerikanischen Zeitungen bewundernd von »Freiheitsfackeln«, die hier entzündet wurden. Die Frauenvereinigungen sorgten sich, daß dieser schamlose Brauch nun wohl eingebürgert würde, und die Zeitungen von Boston bis San Franzisko hatten Stoff für Wochen, schrieben Leitartikel über das Für und Wider, druckten Leserbriefe ab und schürten die nationale Aufregung durch weitere Berichte von promenierenden Rauch-Damen.

Die öffentliche Meinung hatte auf den Tisch geschlagen. Hatte sie das? Weit gefehlt! In Wirklichkeit waren es die Hände des Kenners, nämlich des Begründers der systematischen Public Relations, Edward Bernays, der den »Freiheitsmarsch« der Ladies inszeniert hatte. Auftraggeber: die Zigarette Lucky Strike. Ergebnis: Es wurden mehr Luckies von Damen geraucht als bisher.

Hier zeigt sich die neue Öffentlichkeit. Ihr Wesen ist der klassischen Öffentlichkeit gerade entgegengesetzt; denn es sind nun nicht mehr die Vielen (das Volk), die gegen die einzelnen (die Führung) opponieren, es sind die einzelnen (die Führung), die behaupten, die Ansichten der Vielen zu vertreten. Eine solche Rechtfertigung herzustellen, ist nicht schwer. Wer mehr Strümpfe abzusetzen wünscht als bisher, dem gelingt es ebenso leicht, eine Öffentlichkeit aus dem gestaltlosen Kloß zu formen und für sich Information-bei-Fuß stehen zu lassen, wie demjenigen, der Stimmen für einen Politiker fangen will. Denn dazu sind die Kenner ausgebildet worden.

Die Kenner argumentieren mit zwei Argumenten. Das erste Argument betrifft die Demokratie; denn in der Demokratie stimmt, dem Ideal nach, das Eigenwohl mit dem Gemeinwohl überein. Der Unternehmer ist nicht mehr der ausbeuterische Kapitalist, sondern eine Art Partner. Die Zigarette Lucky Strike ist nicht mehr nur ein Markenartikel, der Geld einbringt, sondern ein Genußmittel, dessen Konsum den allgemeinen Wohlstand mit heben hilft. Das soziale, das anständige Verhalten liegt in der Bereitschaft, eine Lebenshaltung einzunehmen, die dem demokratischen Gemeinwohl so offensichtlich dient, nämlich als Teilchen der Öffentlichkeit zu funktionieren, auf die zartesten Berührungen der Hände der Kenner zu reagieren und sich den neuen sozialen Strukturen anzupassen, die nur durch die periodisch wechselnden Öffentlichkeiten entstehen. Das alles ist in den Augen der Kenner ein selbstverständliches Verhalten; denn wenn die Vielen identisch sind mit den einzelnen, wenn das Gemeinwohl vertreten wird durch die Herrschenden, dann muß das Paradox gelten, daß die Öffentlichkeit gleichbedeutend ist mit den Machthabern.

Vielleicht ist dies eine der größten Revolutionen, die unter den westlichen Kulturvölkern stattgefunden haben: Die Öffentlichkeit ist verschwunden, weil sie selbst nur noch ein Ausdruck der Kenner ist. Die Öffentlichkeit ist kein Granit, an dem sich Zähne ausbeißen lassen. Die Öffentlichkeit ist Wachs in den Händen der Kenner. Aus dem Chor der Neinsager (den Vielen) wurde der »Chorus der Einsager« (Peter Handke: »Kaspar«).

Das zweite Paradox betrifft die mythische Gegenfigur der Vielen, nämlich den einzelnen. Bisher schritt er, der einzelne, wie auf einem Kothurn und verteidigte seine angemaßten oder zugesprochenen Vorrechte gegen die Vielen, hieß Sokrates (der moralische einzelne) oder Diktierer (der verbrecherisch-demagogische einzelne), übte Macht aus und trug die Folgen dieser Macht durch seine Personalität. Heute dagegen stelzen auf dem hohen Kothurn die Vielen daher, denn auch die Stellvertreter der Vielen, die Kenner, sind nur einzelne der Zahl nach. Die Rollen sind vertauscht. Die Vielen herrschen durch die Berufung auf das Gemeinwohl, und der einzelne, nun auf jener Seite stehend, die früher die Öffentlichkeit einnahm, hat die geschichtliche Aufgabe zugewiesen erhalten, die wirkliche Öffentlichkeit darzustellen, nämlich die Opposition. Diese Situation ist im letzten Grund auch die Ursache für die Angst und die Aggressionen der einzelnen in den westlichen Kulturländern. Der Intellektuelle, prädestiniert für die Rolle des einzelnen, hat alles gegen sich. Das Volk liebte ihn noch nie. Aber nun ist ihm auch noch die Anwartschaft auf den Kothurn verlorengegangen. So ist er allein wie nie zuvor.

Das zweite Argument, mit dem die Kenner ihren Auftrag durch die Öffentlichkeit begründen, ist erkenntnistheoretischer Art; denn die Kenner sprechen davon, daß sie nicht nur in Übereinstimmung mit der öffentlichen Meinung handeln dürfen (das ist ihr Berufsethos), sondern daß sie auch gar nicht anders handeln *können*. Dieses Argument ist die Standardaussage aller Persönlichkeiten, die sich bis heute in der Werbung und in den Public Relations zu der Moral des Kenners äußern. Kein Buch, in dem es nicht auftaucht, kaum ein Zeitschriftenartikel, in dem nicht jene Behauptung aufgestellt wird, mit der die Kenner den für ihr Selbstverständnis gefährlichsten Begriff abzuwehren versuchen, den Begriff von den »geheimen Verführern« (Vance Packard). Man kann niemanden, so lautet diese Behauptung, zu etwas überreden, was er nicht will! Man kann ihn weder dazu überreden, mehr Zigaretten zu rauchen als bisher oder mehr für den Zustand seiner Zähne zu tun, noch dazu, öfter seine Wäsche zu wechseln oder seine Meinung über seine Wohnungseinrichtung. Als Beweis werden dann Firmen angeführt, die Konkurs anmelden mußten, weil sie den Leuten etwas aufschwatzten, was sie nicht haben wollten. Mit diesem Argument ist das Gespräch meistens beendet. Der Kenner hat die Übereinstimmung mit dem Gemeinwohl (den Vielen), d. h. dem Willen des Konsumenten bewiesen. Seine bezweifelte Unschuld ist wieder hergestellt.

Die Voraussetzung für diese Beweisführung ist das Vorhandensein eines einzigen, eines echten Willens, den die Einzelperson bisher noch nicht betätigt hat. Der Wille ist danach für den Kenner so etwas wie ein ungeborenes Kind, dem er hilft, das Licht der Welt zu erblicken. Wer bisher noch nicht wußte, welche Bedürfnisse er eigentlich hat, dem zeigt es der Kenner, indem er ihm zur Verwirklichung seines Willens die Chance gibt. Der Kenner ist nach dieser Theorie kein »geheimer Verführer«, sondern, indem er die Identität zwischen dem privaten Bedürfnis und dem demokratischen Gemeinwohl herstellt, derjenige, der den Konsumenten davon überzeugt, daß es gut sei, wenn er seinen Bedürfnissen freien Lauf läßt. Wer also jetzt Zigaretten auf der Straße raucht, schädigt damit nicht etwa seine Gesundheit oder verhilft den Zigarettenfirmen zu einem größeren Absatz, sondern er stürmt unzeitgemäße Tabus, fördert die demokratische Reinheit der Gesellschaft und befreit sich selbst von Zwängen, indem er seinem wirklichen Willen nachgibt. Und das ist der Wille zum Konsum.

Dieses Bild von der Entscheidungs-Situation des Menschen ist falsch. Der Mensch will vieles und wünscht Verschiedenes gleichzeitig. Deshalb bedürfen die Vielen (die Öffentlichkeit) des einzelnen (Sokrates), um eine Anschauung von der Widerstandskraft gegenüber dem Anpassungsdrang zu haben. Der Athener Sokrates (der einzelne) hat eine ganz andere Konsequenz daraus gezogen als die Kenner (die Vertreter der Vielen). Auch er, Sokrates, wandte eine Erkenntnis-Methode an.

Sokrates war der Auffassung, daß der Mensch viele Anlagen besitzt und daß diese Anlagen nicht in ihn hineingelegt werden, sondern, im Gegenteil, aus ihm hervorgeholt werden müssen. Lernen war für ihn »ein Prozeß des Erinnerns«. Der Mensch hat nach Sokrates, um es in den modernen Sprachgebrauch zu übersetzen, die Anlagen zum »nackten Affen« in sich, aber auch die Anlagen zum Yogi, zum Anpasser an das Leben der Vielen ebenso wie zu einem, der gegen diese Anpassung Widerstand leisten kann. In Platons Dialog »Menon« hat Sokrates das Beispiel der allein richtigen Anwendung der Kommunikationstheorie gegeben, nach der man nur dasjenige in einem Menschen erwecken kann, von dem man zuvor gewußt hat. Sokrates führte mit einem Sklaven ein Gespräch, der nie zuvor, wie Menon, sein Herr, bestätigte, an einem Mathematikunterricht teilgenommen hatte. Durch die Art seiner Fragen und durch den Denkprozeß, den er in ihm in Gang setzte, rief er Einsichten in ihm wach, um die der Sklave vorher nicht gewußt hatte. Sokrates schloß daraus, daß es darauf ankommt, wie man eine Person anspricht.

Die Methode von Sokrates unterscheidet sich von anderen Lernmethoden durch zwei Dinge, erstens durch die Taktik der Vermittlung des Lernstoffs und zweitens durch dasjenige, was man »Maieutik« genannt hat oder »Hebammenkunst«. Darunter versteht man, daß der Lehrer nichts in den Schüler *hineinlegt* im Sinne der traditionellen Vorstellung vom Samen, der gepflanzt wird, sondern daß aus dem Schüler *hervorgeholt* wird, im Sinne des Satzes von Platon, es ginge darum, »die Erkenntnisse in sich wiederzugewinnen«. Zweifellos ist dies ein philosophischer (oder besser: weltanschaulicher) Ansatz, der Verschiedenes enthält. Er enthält zum Beispiel die Auffassung von der Wiedergeburt oder den verschiedenen Erdenleben. In diesen vorgeburtlichen Existenzen, so glaubt letzten Endes Platon, werden die Voraussetzungen zu diesem Sich-wieder-Erinnern geschaffen.

In der »Wieder-Findung« jenes berühmten Lehrsatzes der Geometrie - der Verdoppelung eines vorgegebenen Quadrates - zeigt Sokrates aber noch mehr als eine Auffassung über die Herkunft des Menschen. In dem Dialog zwischen Lehrer und Schüler führt Sokrates auch eine Technik der Wissensvermittlung vor, die darin besteht, die Lehrstoffe in ein System von Fragen und Antworten zu kleiden. Sokrates hält keine Vorlesung, Sokrates bietet den Stoff auch nicht als ein zusammenhängendes, kompaktes Stück an. Sokrates zerlegt den Stoff in kleine Teile und legt seinem Schüler zunächst nur Teilchen vor. Bevor er nun fortschreitet zu dem nächsten Schwierigkeitsgrad, schaltet Sokrates eine Frage ein, um zu prüfen, ob der Schüler den ersten Lernschritt begriffen hat. Entscheidend an dieser Methode ist nicht, daß die Pädagogen zu allen Zeiten in dieser Weise vorgegangen sind. Entscheidend ist, daß die sokratische Methode das Vorbild abgegeben

hat für die Lernmaschinen. Man spricht in diesem Zusammenhang auch von einem »automatisierten Sokrates«.
Das Wesentliche dieser Methode besteht darin, daß der Schüler Antwort gibt oder zurückfragt und dadurch über Art und Tempo der weiteren Unterweisung selbst entscheidet. Mit einem Begriff aus der Kybernetik wird dies »Rückkoppelung« genannt, und das Ganze gilt als ein geschlossenes System, als ein sogenannter »Regelkreis«. Wissenschaftlich erprobt wurde diese Methode Anfang der sechziger Jahre an der Universität von Buffalo. Dort lehrt der amerikanische Psychologe Ira S. Cohen, der es im Jahr 1962 unternahm, nachzuprüfen, ob sich der Dialog zwischen Sokrates und dem Sklaven-Schüler auch in ein Computer-Programm verwandeln läßt.
Cohen begriff jede der Fragen des Sokrates als eine Lerneinheit. Er gab ihr den Namen »Item«. Sechzehn solcher Items bildeten das genaue Abbild des Menon-Dialoges, wobei Cohen die Items so formulierte, daß der Schüler nicht nur mit Ja oder Nein antwortete (wie bei Sokrates), sondern selbst Antworten formulieren mußte; in der Sprache des programmierten Unterrichts sagt man dazu, der Schüler gibt eine »selbstproduzierte« Antwort (»constructed response«). Da Cohen, um das Ich-Du-Gespräch zwischen Sokrates und dem Sklavenjungen mechanisieren zu können, die sokratischen »Items« erweitern mußte, kam er auch zu einem neuen Begriff, er nannte die endgültigen Computer/Sokrates-Lernschritte nun »Frames«. »Frames« sind kleinste Lehreinheiten.
Ein solches Lehrprogramm läßt sich natürlich auf seine Wirksamkeit, d. h. auf die Effektivität hin, prüfen. Da es programmiert wird und also beliebig oft wiederholt werden kann, muß das Lehrprogramm eine hohe Wirkungsquote haben. Ira S. Cohen hat genau dies nach der Ausarbeitung des automatisierten Sokrates gemacht und damit eine Möglichkeit gefunden, die sokratische Methode auf ihre Nützlichkeit zu untersuchen und gegebenenfalls zu verbessern. Der erste dieser Tests hatte schlechte Ergebnisse, »von 32 Studenten«, so schrieb Cohen, »waren lediglich 17 in der Lage, den geometrischen Lehrsatz korrekt darzubieten. Entweder war der nicht ausgebildete

Sklavenknabe, dem sich Sokrates im Dialog widmete, begabter als die Hälfte der College-Studenten, oder aber (welch ketzerischer Gedanke) auch der Sklave hat nicht richtig verstanden, was Sokrates ihn gelehrt hat, aber er war auf Grund der übertriebenen Hilfestellung trotzdem in der Lage, die richtige Antwort zu geben«.

Der Wissenschaftler Cohen zog daraus den Schluß, daß dieses auf der genauen Imitation der sokratischen Methode beruhende Programm nur als »Prototyp« gelten könne, aber noch nicht als »Serienmodell« für einen programmierten Lehrsatz. Cohen revidierte den Sokrates, nachdem er herausgefunden hatte, daß seine Studenten dem Unterricht vor allem an zwei Stellen nicht mehr hatten folgen können. Die Lernschritte waren zu groß geraten. Zwischen den Frames 13 und 14 passierten die meisten »Ausfälle«. Cohen überarbeitete das Computer-Programm in der Weise, daß er zusätzliche »Frames« einschob, andere neu formulierte und dadurch die einzelnen Lernschritte leichter gestaltete.

Das Ergebnis des erneuten Tests bestätigte ihn. Jetzt waren von 33 Schülern bereits 27 in der Lage, den geometrischen Lehrsatz von der Verdoppelung eines vorgegebenen Quadrats korrekt zu wiederholen.

Die wesentliche Erkenntnis aus der Tatsache, daß sich Sokrates automatisieren läßt, besteht für die Anhänger des computergestützten Unterrichts in dem Satz, daß nicht der Schüler die Schuld an einem eventuellen Versagen oder Nichtbegreifen trägt, sondern der Lehrer. Er hätte besser und anders programmieren sollen.

Für den Zustand der öffentlichen Meinung und ihr Verhältnis zu den Herrschenden (die Vielen und der einzelne) ergibt sich daraus eine ungeheuerliche Konsequenz. Denn zweifellos ist der Sokrates/Computer ein Modell für jene Technik, in der heute die öffentliche Meinung beherrscht wird. Man kann diese Technik als eine gewaltige, die gesamte Öffentlichkeit erfassende Maschinerie begreifen, die zur Beeinflussung und Erziehung der Bevölkerung eingesetzt wird. Die Bediener dieser Maschine erfüllen folgende Aufgaben: 1. sie formulieren einen Lehrstoff (den Inhalt einer Werbekampagne, einer PR-

Aktion), 2. sie gehen davon aus, daß sie nichts in den Schüler (den Kunden, den Konsumenten) hineinlegen, sondern daß sie an vorhandene Bedürfnisse appellieren, 3. sie bedienen sich zu diesem Zweck der Rückkoppelung (der Meinungsforschung), um die voraussichtliche Reaktion der Schüler zu erfassen und sie dadurch mit größerer Effektivität unterweisen zu können, 4. sie bringen den Lehrstoff in ein System von leicht faßbaren »Frames«, von denen sie wissen, daß die Schüler sie auf jeden Fall zu begreifen vermögen (die hohe Wirkungsquote von PR-Aktionen kann auf diese Weise gesichert werden). Und dann, nach der erfolgreich abgeschlossenen Aktion, behaupten sie, daß sie außerstande sind, dem Schüler Bedürfnisse aufzuzwingen, Reaktionen vorauszuplanen, denn der Schüler hat ja durch die Rückkoppelung bestätigt, daß er diese Bedürfnisse tatsächlich besitzt, daß er an dem angesprochenen Punkt »Wirkung zeigt«, daß er also nur dasjenige tut, was er ohnehin tun würde.

Der Fehler dieser Interpretation liegt darin, daß die Rolle des Sokrates nur begriffen wird als eine Vermittlerrolle von Lernstoffen und der Art und Weise, wie diese Lernstoffe am besten an einen Schüler weiterzugeben sind; Sokrates aber war nicht nur ein Mathematiklehrer. In dieser Figur werden zwei weitere Personen erkennbar, Sokrates, der Philosoph, und Sokrates, der einzelne, der den Meinungen der Menge die Meinung eines einzelnen Mannes entgegenhielt. Kurz: Sokrates war kein PR-Mann, der seine Erziehungsmethode dazu benutzte, für die anerkannten Götter Reklame zu machen und die Jugend im Sinne dieser Götter zu beeinflussen, Sokrates war also kein Mann der Vielen, Sokrates war der einzelne, der den Vielen entgegenstand. Sokrates war der Gegner der öffentlichen Meinung und der Gegner der Public Relations, die gegen ihn ins Feld geführt wurde. Seine wesentliche Erkenntnis, die durch sein Schicksal belegt wurde, war dies, daß die Erziehung ein Prozeß des Wiedererinnerns ist und (das wird bei der Betrachtung seiner Rolle übersehen) daß der Schüler immer nur so gut sein kann wie der Lehrer; denn an was sich der Schüler wiedererinnert, darüber entscheidet letzten Endes dieser Lehrer.

Diese Erkenntnis ist uralt und die Grundlage jeder Erziehung. Wer als nackter Affe angesprochen wird, der reagiert auch als nackter Affe. Das ist aber nicht etwa der wahre Wille des nackten Affen, sondern eine Anlage seines Wesens, die hervorgeholt wurde. Zwei Erziehungsmethoden (jede Beeinflussungsmethode ist zugleich auch eine Erziehungsmethode) stehen zur Wahl: sich den Händen der Kenner zu überlassen oder dem Gespräch mit Sokrates. Wobei wohl folgendes gilt, daß der Kenner, der ein Beauftragter der herrschenden Meinung oder der stärksten Bedürfnisse ist, nur immer dasselbe hervorruft: Ein Kenner kommt nicht etwa dem wahren Willen der Leute entgegen, ein Kenner produziert nur jene Haltungen, die auch seine eigenen sind. Der »wahre Wille« der Leute ist also nichts anderes als der Wille des Kenners. Die öffentliche Meinung ist die Meinung des Kenners.

Der Agent des Wandels

Die Figur des Weltveränderers tritt in verschiedenen Verkleidungen auf, als Umstürzler und Putschist, als Philosoph und Sektenprediger, als Wissenschaftler. Die Verkleidungen machen, daß man die Figur des Weltveränderers schlecht erkennt. Wenig Ähnlichkeit scheint der Machtausüber zu haben mit dem Philosophen, der über einem erkenntnistheoretischen Problem grübelt. Beide verändern an sehr unterschiedlichen Gegenständen. Der eine verändert die Sitzordnung, indem er die oberen Plätze mit Vertretern jener Personengruppe besetzt, die bisher unten, zu Füßen der Oberen gesessen haben, und der andere sucht nach Antworten auf Fragen wie jene, was ist das Glück? Beides sind auch sehr verschiedene Charaktere, der Machtausüber wirkt durch die Ausstrahlung, mit der gewalttätige Menschen andere zur Mittäterschaft veranlassen, der Philosoph dagegen wünscht, durch die Klarheit von Schlußfolgerungen zu überzeugen. Beide, Machtausüber und Systementwerfer, sind Weltveränderer. Der eine schafft neue Verhältnisse, der andere denkt über das Ändern von Verhältnissen nach, wobei oft eins auf das andere folgt. Erst wird Geschichte gemacht, dann wird über Geschichte reflektiert. Erst werden Menschen mit Gewalt zu ihrem Glück gezwungen, dann wird geprüft, ob auch »Glück« genannt werden kann, was zur sozialen Lebensform der »Glücklichen« geworden ist. Der zweite Schritt folgt auf den ersten. Ob diese Reihenfolge verändert werden kann?
In der amerikanischen Soziologie gibt es eine neue Figur des »Weltveränderers«. Ausgehend von dem Bedürfnis, Geschichte nicht mehr erleiden zu wollen, sondern Geschichte zu handhaben wie eine chemische Masse, deren Veränderungen der Handhaber durch die Versuchsanordnung jederzeit steuert, wurden die beiden nacheinander wirkenden Weltveränderer zu einer neuen, dritten Figur vereinigt. Die Machbarkeit der Welt wird in Amerika auch auf den Menschen bezogen. Längst gibt es in den Staaten eine begründete Wirtschaftspolitik, eine angewandte Sozialmedizin und einc weitverbreitete Psychotherapie. Alle diese Disziplinen lassen sich dadurch kennzeichnen, daß in ihnen jene beiden Figuren des Weltveränderers zu einer einzigen Figur zusammengeklappt wurden. »Lebenspraxis« in jeder Form

- und auch das Ausüben von Macht - wird sofort in Probleme der Wissenschaft übersetzt. »Wissenschaft« in jeder Form - und auch die frischesten Erkenntnisse einer jeden dieser Wissenschaften - wird sofort in der Praxis angewandt. Das Schlagwort dieser neuen Methode, die Welt zu verändern, heißt »geplanter sozialer Wandel«. Dies ist ein Wandel, »der seinen Ursprung in der Entscheidung hat, eine bewußte Anstrengung zu unternehmen, um das System zu verbessern und die Hilfe eines außenstehenden Agenten zu erringen, um die Verbesserung herbeizuführen«.
Der neue Weltveränderer ist der Agent. Er ist der mietbare Weltveränderer. Die Begriffsbestimmung seiner Rolle lautet (nach dem Lexikon): Agent (ital.), jeder im Auftrag und Interesse eines anderen Tätige.
Ein Beispiel für die Tatsache, daß Wissenschaft und Praxis heute »kurzgeschlossen« sind, daß also wissenschaftliche Methoden und Erkenntnisse nicht mehr in den Labors verbleiben, bis ihre Verwendbarkeit sich ergibt, sondern sofort in der Praxis angewandt werden, wurde im *American Journal of Psychiatry* veröffentlicht. Dort berichtete ein amerikanischer Armeeoffizier (Oberst William J. Tiffany) über die moderne Kriegspsychiatrie, d. h. über die Anwendung der Sozialwissenschaften in der Praxis. Der Ausgangspunkt für die Untersuchungen und die darauffolgenden Konsequenzen für die Kriegsführung waren die Erkenntnisse, die amerikanische Psychologen an den Fronten des Zweiten Weltkriegs gemacht hatten: Die Moral der amerikanischen Soldaten war dort zeitweise so schlecht, daß jeder zweite Mann, der die Krankenstube aufsuchte, psychischer Gründe wegen aus dem Kampf genommen werden mußte. Die Quote solcher psychisch bedingten Evakuierungsfälle lag bei 23 Prozent. In umfangreichen Untersuchungen, die mehrere Bände füllten, hatte man seinerzeit zu recherchieren versucht, welche Gründe es für das Versagen oder die Bewährung von Soldaten gibt. Das Ergebnis war für manche Kriegstheoretiker überraschend; denn es stellte sich heraus, daß es nicht die bekannten Stereotypen sind, die einen Soldaten zu einer guten »Kampfmaschine« machen, der Glaube also an das Va-

terland, der Haß auf den Feind oder das Gefühl, für die Angehörigen zu kämpfen, sondern das Gruppengefühl. Die gute Moral entsteht dort, wo die Gruppe in Ordnung ist, der »Haufen«, wo die schenkelschlagende Übereinstimmung einer Crew existiert.

Gestützt wurden diese Recherchen durch Parallelbefragungen deutscher Kriegsgefangener. Die Kampfmoral der Deutschen galt als vorbildlich und wurde von den Gegnern der deutschen Wehrmacht als Phänomen empfunden. Auch hier widersprach das Ergebnis manchen Vorstellungen, die man sich bisher von den deutschen Soldaten gemacht hatte. Gegenpropaganda etwa interessierte den deutschen Kriegsgefangenen nicht weiter, er tat sie als »Feindpropaganda« ab. Versprechen hinsichtlich einer besseren Behandlung oder baldiger Freilassung zeigten schon bessere Wirkung. Die größten Erfolge aber erzielten die amerikanischen Sozialpsychologen mit Argumenten, die das Schuldgefühl der Deutschen gegenüber ihren Kameraden betraf, das Gefühl, sie im Stich gelassen zu haben. Bei den deutschen wie bei den amerikanischen Soldaten war also eins vor allem entscheidend: die Kameradschaft.

Heute liegt die Zahl der psychisch bedingten Evakuierungsfälle in Vietnam bei 5 Prozent (gegenüber 23 Prozent im Zweiten Weltkrieg). Dies ist die Folge der Tätigkeit jener »Agenten des Wandels«, die sich mit dem »Material Soldat« befassen und hier die Ergebnisse wissenschaftlicher Forschung praktisch für die amerikanische Kriegführung nutzbar machen. Der amerikanische Soldat wird nicht mehr nur mit einer ideologischen Ausrüstung versehen, mit Vaterlands-Glaube und Freie-Welt-Verteidigen, er wird gruppen-psychologisch in den Kampf geführt. Zu den wichtigsten Neuerungen, die von den Agenten des Wandels durchgesetzt wurden, gehören die Verkleinerung der Einheiten, die Schaffung von Identitätssymbolen für jede dieser Einheiten (zum Teil bestimmter totemistischer Symbole), die Förderung der Rivalität zwischen den einzelnen Einheiten, um aus dem Einsatz und den Erfolgen des Einsatzes eine Art von Prestige zu machen, und schließlich die Ausnutzung des Bedürfnisses nach amerikanischem Komfort, um den GIs das Gefühl der Behaustheit zu geben. Hans Rudorf-Lohmann schrieb darüber in einem Aufsatz über »Wissenschaftliche Menschenführung und Manipulation«: »Jeden Abend werden auch die kleinsten Einheiten mit eisgekühlter Coca Cola versorgt. Selbst in der vordersten Linie fehlen die Matratzen nicht. In den Basen werden jeden Abend neue Unterhaltungsfilme gezeigt. Nach drei Monaten Einsatz hat jeder Soldat Anspruch auf 14 Tage »Rest and Recreation«, im Soldatenjargon »Love and Liquor« (Liebe und Schnaps) genannt. Ein schier unglaubliches Arsenal an Utensilien wird nach Vietnam geschafft, um dem Soldaten wirklich das Gefühl zu geben, er kämpfe dort mit dem ›American way of life‹ kompakt hinter sich. Kurz: Was hier geschieht ist der Wandel des Soldatenseins, vorgenommen von »Agenten« im Auftrag des amerikanischen Verteidigungsministeriums.

Solche Agenten steuern und regeln die Beziehungen zwischen der Einzelperson und der Gesellschaft im Auftrag eines Geldgebers. In Demokratien und freien Marktwirtschaften ist der Interessent ein Geldgeber, der die Ideale der Gemeinschaft zu verwirklichen vorgibt. Der Agent schafft in seinem Auftrag eine Übereinstimmung zwischen den egoistischen Interessen des einzelnen und dem Gemeinwohl der Gesellschaft. Dabei bedient er sich einer Faustregel, mit der er die philosophische Aufgabe seines Weltveränderer-Werks löst. Er spricht von »Veränderung zum Guten« (d. h. Effektivität, Anpassung, Schmerzlosigkeit), die ihrerseits natürlich eine Wegentwicklung vom Schlechten darstellt (d. h. der Ineffektivität, Fehlanpassung, Schmerz).

»Der Agent« selbst ist eine Figur hinter den Figuren, nämlich die ewige Figur des Weltveränderers, die sich hinter nicht ganz deutlichen Berufsbezeichnungen verbirgt. Der Soziologe Ralf Dahrendorf hält sie für einen »Kommentar zur amerikanischen Rationalität«: Psychiater, klinische Psychologen, Sozialarbeiter, Experten in menschlichen Beziehungen (human relations), Elternerzieher, Eheberater, Berater für seelische Hygiene, Gruppenarbeiter, Stabsberater, Führungsausbilder, Diskussionsspezialisten, Konferenzexperten, Produktivitätsanalytiker, Kommunikationsexperten, Arbeitgeber- und Arbeitnehmerspezialisten, Berater für Arbeitsbeziehungen (labour relations), Ausbildungsberater für Vorgesetzte und Manager, Verwaltungsberater, Gemeinderatsorganisatoren, Spezialisten für Beziehungen zwischen Gruppen (group relations), Berater für Selbstuntersuchungen von Gemeinden, Erwachsenenbilder im Bereich der Gemeinde-Entwicklung. Man darf hinzusetzen: der Public-Relations-Experte, der Agent aller Agenten.

Der »Weltveränderer« tritt aber noch auf einem anderen Plan in Erscheinung, auf dem Terrain der Politik. Auf diesem Gebiet herrschten bisher zwei Seinszustände, denen zwei Figuren entsprachen. Dem Zustand des Krieges entsprach die Figur des Soldaten, dem des Friedens der Diplomat, wobei der Krieg als aktiver Zustand, der Frieden als eine Zeit der Passivität galt. Zu diesen beiden Weltveränderer-Figuren ist jetzt eine dritte gestoßen, der technologische Agent. Er tritt als internationaler Beamter auf, als Technokrat, als Organisationstheoretiker, als Mitglied der internationalen Organisationen. Nicolaus Sombart definiert ihn so: »Er ist der Exponent des ›Community pole‹, der dem ›Power pole‹ entgegensteht, der Exponent des Gesamtinteresses der Menschheit gegenüber allen partikularen Machtinteressen, der Sachwalter des Friedens als ›der Überlebensbedingung der technischen Welt‹. Es ist U Thant, der eigentliche welthistorische Gegenspieler Nixons, de Gaulles und des Führerkollektivs im Kreml.«

Aus diesen Überlegungen heraus hat sich eine Bewegung gebildet, die unter dem Namen Friedensforschung arbeitet und für die Realisierung des Weltfriedens eintritt. Der axiomatische Grundbegriff dieser Bewegung ist die »Weltinnenpolitik« (Weizsäcker). Damit ist gemeint, daß der Staatsbürger nicht mehr seinen eigenen Staat als Lebensraum ansehen soll, sondern die Welt insgesamt. Weltinnenpolitik und Weltverwaltung gehen von dem Gedanken aus, daß es nicht mehr jene zwei entgegengesetzten Formen menschlicher Gesittung geben dürfe, die sich in einer staatlichen und einer außerstaatlichen zeigen: Innerhalb des Staates erkennt der Bürger jene sozialen Organisationsprinzipien an, die ein Zusammenleben möglich machen,

außerhalb seines Staates jedoch akzeptiert er die Vorstellung von einem Naturzustand, in dem sich die Staaten wie Tiere betragen und in dem das Überleben nicht durch soziale Formen des Zusammenlebens gesichert ist, sondern durch den Kampf ums Dasein.
Die Friedensforschung stellt den Gedanken der Weltinnenpolitik dieser doppelzüngigen Haltung des Menschen entgegen. Der Zustand des zwischenstaatlichen Friedens, den sie dadurch erreicht, ist ihrer Meinung nach ein aktiver Friede, er hört auf, die Erhaltung eines bestehenden Zustands zu ermöglichen, er wird zu einem Zustand, in dem die Veränderung stündlich und täglich stattfinden kann.
Diese Veränderung ist Sache der Agenten des Wandels. Soziale Veränderungen - etwa das Anwachsen der Mobilität, Arbeitsplatzwechsel, Berufswechsel etc. - können nicht mehr überraschen, da sie geplant, gesteuert und kontrolliert sind von diesen Agenten des Wandels. Veränderungen in der öffentlichen Meinung, die früher zu Vorurteilen gegenüber Staaten, Gesellschaftsformen oder Menschengruppen führten, können nicht mehr wirksam werden, da die »Agenten des Wandels« die Urheber dieser Veränderungen sind. Veränderungen schließlich auf technologischem Gebiet treten ohnehin nicht überraschend oder gefährdend auf, da es in jedem Fall »gemachte« Veränderungen sind und keine willkürlich auftretenden Neuerungen.
Dieser Weltveränderer - ist ein mietbarer Agent. Das Objekt seiner Veränderung - ist der Klient. Der Agent kann eine Person sein, ein Brain Trust oder eine Agentur, die Hunderte von Agenten und Unteragenten beschäftigt. Der Klient, dessen Effektivität und Schmerzlosigkeit der Agent zu steigern unternimmt, mag ebenso aus einer Person bestehen wie er auch eine Gruppe sein kann, eine Firma, ein Markenartikel, eine Partei. Selbstverständlich bedarf es bestimmter Voraussetzungen, damit die Weltveränderung stattfinden kann. Die beiden Voraussetzungen bestehen (auf seiten des Agenten) in einem wissenschaftlichen System und (auf seiten des Klienten) in der seelischen Bereitschaft, sich verändern zu lassen; denn dasjenige, was von den Agenten verändert wird, sind weder Besitzverhältnisse noch Formalgesetze. Etwas viel Kostbareres und Bedeutenderes für den

»sozialen Wandel« gilt als Objekt der Veränderung: das menschliche Bewußtsein.

Die »Revolution« als gewalttätiges Veränderungsmittel der Welt wird somit überflüssig; denn die letzte, persönliche, wirklich revolutionäre Revolution ist die Revolution, die das Bewußtsein verändert. Robespierre hat nur die oberflächliche Art von Revolution vollbracht, die politische. Die Agenten des Wandels dagegen revolutionieren die Seele des Menschen. Beschreibungen der beiden an dem Wandel beteiligten Personen können in der Literatur gefunden werden; denn hier treten sie noch lebend auf, noch nicht als Abstraktionen, als Teile in der Weltveränderungsmaschine. Obwohl schicksalhaft miteinander verbunden, kann man sie, die Veränderungsmethode und das formbare Objekt, getrennt beschreiben, den Agenten und sein Instrumentarium einerseits und die Klientel und deren unendlich weiche, unter dem Veränderungsdruck nachgebende Seele andererseits. Die Tätigkeit des Agenten wurde auch von der französischen Schriftstellerin Edmonde Charles-Roux beschrieben. In ihrem Roman »Palermo vergessen« besucht der Public-Relations-Spezialist Mac Maddox den Vorsitzenden einer kleinen, aber aufstrebenden Partei. Es ist sein erster Besuch in dem Parteibüro des Stadtviertels, und Mac Maddox ist entsetzt.

»Machen Sie ihren ›leaders‹ klar«, sagt er, »daß sie ihrer Tätigkeit einen neuen Rahmen geben müssen. Schauen Sie sich diese Korridore an! Was stellen sich Ihre Leute vor? Hier sieht es ja aus wie in einer Volksküche ... und dann, sagen Sie mir, was spielt sich hinter all diesen Türen ab? Verschlossene Türen! Mein Wort, das macht keinen soliden Eindruck. Lassen Sie alles hell streichen, sehr hell. Und dann bitte Glastüren. Aus Milchglas, jawohl! Diese scheinbare Durchsichtigkeit flößt Vertrauen ein und läßt dem Besucher die Illusion, an dem, was in Ihren Büros vor sich geht, teilzuhaben. Ich zum Beispiel komme mir vor, als wäre ich in eine Verschwörung hineingeraten. Nichts wird mich davon abbringen, daß hinter diesen Türen getuschelt wird ...«

Wer dem Agenten Mac Maddox bei der Präparierung seines Klienten zusieht, könnte meinen, daß es hier um eine recht oberflächliche Publicity für ein kleines Parteibüro geht. Der etwas schnoddrige Maddox scheint nichts anderes zu tun, als sich in die Lage eines möglichen Wählers hineinzuversetzen und die Ausstattung der Büroräume einer Partei zu beurteilen. Mac Maddox schüttelt seine Ratschläge aus dem Ärmel, eine Methode ist nicht erkennbar. Doch dieser Eindruck trügt. Bei genauerem Hinsehen kann man sogar das System erkennen, mit dem der »soziale Wandel« des »Klienten Parteibüro« eingeleitet wird.

»Was stellen sich Ihre Leute vor?« fragt Mac Maddox. Die Antwort auf diese Frage ist die Voraussetzung für seine Strategie: Er muß wissen, zu welchem Ergebnis der soziale Wandel führen soll.

»Hier sieht es aus wie in einer Volksküche«, sagt Mac Maddox. Damit beschreibt und definiert er das Verhältnis, das der Wähler zu der Partei seines Auftraggebers hat; das Verhältnis ist offensichtlich gestört, verbesserungsbedürftig.

»Lassen Sie alles sehr hell streichen«, sagt Mac Maddox, und damit beginnt er, Vorschläge zu machen, wie die Beziehungen zwischen Parteibüro und Wähler im Sinne des Parteibüros freundlicher zu gestalten sind. Man wird diese Vorschläge simpel nennen. Ein Topf heller Farbe und einige Quadratmeter Milchglas, ist das alles?

Es ist nicht alles, wenn auch ein Teil der Mittel, die in einem Sieben-Phasen-System (hier zitiert nach Dahrendorf) angewandt werden.

Erste Phase: Das Klientensystem entdeckt die Notwendigkeit einer Hilfe, manchmal angeregt durch den Agenten des Wandels.

Zweite Phase: Die Hilfsbeziehung wird festgesetzt und genau beschrieben.

Dritte Phase: Das Problem des Wandels wird dargestellt.

Vierte Phase: Alternative Möglichkeiten des Wandels werden untersucht, Ziele und Absichten des Wandels werden festgelegt.

Fünfte Phase: Bemühungen des Wandels in der »Realitätssituation« werden unternommen, eine Art Sandkastenspiel.

Sechste Phase: Der Wandel wird durchgeführt.

Siebente Phase: Die Hilfsbeziehung endet.

Die Mittel selbst sind unterschiedlich. Allein die Angemessenheit, d. h. ihr Verhältnis zu dem gesteckten Ergebnis des sozialen Wandels, entscheidet über ihre Benutzung. Im Jahr 1958 begann eine Public-Relations-Abteilung in den Vereinigten Staaten für eine Chemiefabrik PR zu machen. Die Chemiefabrik errichtete damals eine Zweigfabrik in Hamilton, Minnesota, und geriet in große Verlegenheit, weil die Einwohner von Hamilton bei dem Wort »Chemie« automatisch an »Gestank« dachten, »Rauch, Schmutz, Gefährlichkeit, Geheimwissenschaft, Alchemie«. Der Klient (Chemiefabrik) definierte das Ziel des sozialen Wandels: 1. Veränderung der öffentlichen Meinung zugunsten der Firma, 2. Bereitschaft der Bevölkerung, die unvermeidliche Belästigung zunächst durch den Bau, dann durch die Abgase in Kauf zu nehmen, und 3. Erhöhung der Zahl jener Arbeitnehmer, die für die Chemiefabrik zu arbeiten wünschen.
Der »Agent des sozialen Wandels« (die PR-Abteilung) entwickelte eine angemessene Strategie. Man schnitt runde Guckfenster in den Bauzaun, um den Bewohnern von Hamilton den Blick auf die Bauarbeiten freizugeben (und wirkte dadurch dem Image des Geheimnisvollen entgegen). Man schnitt ebensolche Gucklöcher für die Hunde der Hamiltoner, knapp über dem Erdboden, in den Bauzaun, was in ganz Minnesota belacht wurde (und zeigte dadurch, daß man auch Humor hat). Man lud einige Journalisten und Lokalpolitiker zu einem Abendessen ein und informierte sie so nebenbei über die Höhe der Steuern, die von der Firma Warrens-Chemical in Zukunft an die Stadt abgeführt werden würden (und appellierte damit an das Haushaltsdenken). Man erklärte, daß die Firma dem ersten Artikel, der in den neuen Laboratorien entwickelt würde, den Namen Hamiltons geben wollte (und verband sich dadurch mit dem Lokalpatriotismus der Einheimischen). Man startete eine Inseratenkampagne, um die Produkte von Warrens Ltd. bekanntzumachen.
Im Mittelpunkt dieser Inserate stand immer »ein altmodischer Kerl mit Bart, der den Feind der Chemie darstellte. Es ging uns bei den Geschichten darum, jedem, der an unserem Gebäude vorbeikam, einzuhämmern: Nur solche widerlich-altmodischen Typen können etwas

gegen Chemie haben«. Das Ergebnis dieser Strategie: Der Geruch des Geheimnisvollen, nach Säure und Schwefel schmeckenden verschwand. Der soziale Wandel glückte: Die neuerlichen Meinungsumfragen wiesen die größere Beliebtheit der Firma aus.

Der Agent des Wandels bearbeitet nicht selten Aufträge, die, obwohl sie für ein Produkt getan werden, auf die ganze Gesellschaft einwirken und sie dadurch verändern. Wenn mehrere solcher Agenten oder Agentengruppen im gleichen Sinne und mit derselben Zielrichtung tätig werden, so ergeben sich daraus Konsequenzen für die betreffende Gesellschaft. Wie so eine Parallelschaltung wirkt, konnte in den sechziger Jahren beobachtet werden, als verschiedene Firmen und Institutionen gleichzeitig ihr Produkt änderten; denn ein Produkt ist in keinem Fall nur ein bloßes Ding oder ein Kaufgegenstand, sondern immer auch etwas, dem ein gewisses soziales Verhalten zugehört. Wer das Produkt ändert oder auswechselt, ändert damit auch das Verhalten der Gesellschaft zu der Firma.

Zu den Firmen und Institutionen, die hier gemeint sind, gehören Mercedes Benz, die Deutsche Bank und die Firma Rollei. Sie stehen für andere, ihr Beispiel ist auswechselbar. Alle drei Institutionen standen an einem bestimmten Punkt ihrer Entwicklung, nämlich vor der Frage, ob sie neue Käuferschichten hinzugewinnen (und dadurch den Charakter ihres Produktes ändern) sollten oder ob sie ihren Marktanteil weiter in derselben Käufergruppe zu suchen (und deshalb die Art des Produktes beizubehalten) hätten. Alle drei Firmen hatten einen Ruf zu verlieren, einen Ruf, der in jener Zeit, als diese Firmen groß wurden, so viel bedeutete wie ein Titel. Mercedes galt als Wagen der Reichen. Die Deutsche Bank hatte unter ihren Kunden nur das sogenannte »seriöse« Publikum. Und die Firma Rollei produzierte kostspielige Kameras für Profis. Konnte man diesen Ruf aufs Spiel setzen?

Die von den Firmen befragten Agenten des Wandels haben diese Frage beantwortet, zunächst durch eine Recherche der heutigen Unternehmenspolitik. Sie erkannten, daß zwei Firmentypen, die sich im wesentlichen durch die Art ihrer Geschäftspolitik unterscheiden, um

die Marktanteile kämpfen. Die Firma der ersten Art wird traditionell geführt. Sie ist nicht selten ein Familienbetrieb mit hierarchischer Struktur. Der alte Herr entscheidet. Der alte Herr hat noch erlebt, wie aus kleinen Anfängen heraus das Unternehmen groß wurde. Der alte Herr, der auch sein kann »das alte Management«, hält an gewissen Prinzipien fest, die sich im Lauf der Zeit als richtig erwiesen haben, zum Beispiel am Prinzip der »Produkt-Treue«.
Die Firma der zweiten Art wird modern geführt, nicht selten durch ein Team. Anstelle der hierarchischen Struktur herrscht die »Zellstruktur«. Das Management ist der Meinung, daß sich das Unternehmen dauernd wandeln muß, um sich den geänderten Verhältnissen anzupassen. Das Management pflanzt dem Betrieb einen solchen Motor des Wandels ein, eine Art Unruh. Dies kann eine Entwicklungsabteilung sein, eine Creativ-Gruppe oder ein Brain Trust. Der erste Firmentyp, so erkannten die Agenten des Wandels, ist schwerfällig. Er stellt sich langsamer auf den Markt ein. Der zweite Firmentyp dagegen folgt den Veränderungen auf dem Fuß, wenn er nicht sogar die Veränderungen selbst steuert.
Nach der Untersuchung der Unternehmenspolitik wandten sich die Agenten des Wandels dem Markt zu, der Kaufgesellschaft. Dieser Markt wandelt sich ständig. Produkte, die gestern noch zur Kennzeichnung des sozialen Status verwendet wurden, gehören heute zum täglichen Gebrauch. Die Höhe des Bruttosozialprodukts, das gestern noch über die Kaufkraft einer Bevölkerung entschied, hat sich geändert. Die Konsumgewohnheiten, die man gestern noch als bestimmten Faktor in die Überlegungen einschließen konnte, wurden gewechselt.
Die wichtigste Änderung im Verhalten der Kaufgesellschaft aber war dies: Konsumprivilegien wurden in den sechziger Jahren abgebaut. Immer mehr Menschen vergnügten sich in ihrer Freizeit auf eine Weise, die früher den oberen Einkommensgruppen vorbehalten war. Immer mehr Menschen kauften sich Appartements im Ausland. Immer mehr Menschen kamen in die Lage, Geld in Aktien anzulegen. Eine immer größere Gruppe von Menschen hatte jetzt das Bedürfnis, sich einen, ihrem Status angemessenen Wagen zu kaufen, mit einer

Bank in Verbindung zu treten und sich eine Spiegelreflexkamera zu leisten. Kurz: Anstelle eines Marktes von Privilegierten (Mercedes-Käufern, Bank-Benutzern und Rollei-Käufern) trat ein Markt der Gleichrangigen. Hier bot sich für alle drei Firmen und Institute die Chance, entweder diese Kaufbereitschaft auszunutzen oder, aus Prestigegründen, diese Käufer abzulehnen.

Alle drei entschieden sich für den neuen Markt. Mercedes baute das erste Auto unter zehntausend Mark. Die Deutsche Bank wandte sich in großen Kampagnen an die Millionen »kleinen Sparer« und die Firma Rollei entwickelte eine preisgünstige Spiegelreflexkamera für das Heer der Fotoamateure. Zum Teil stürzten über diesen Entscheidungen ganze Managements; denn die Entscheidung für das Massenprodukt und gegen das Prestige-Produkt war auch ein Votum für eine völlig neue Geschäftspolitik. Soziologisch entspricht dies unter einem bestimmten Aspekt dem Vorgang der Demokratisierung. Und die Demokratisierung von Produkten oder Institutionen ist eine Entwicklung, die ohne die Tätigkeit der Agenten des Wandels undenkbar ist.

Zu den Mitteln des sozialen Wandels gehört alles, was die Haltungen der Öffentlichkeit beeinflussen kann, wobei es entscheidend ist, daß jedes ökonomisch meßbare Ergebnis nur zustandekommt durch eine Änderung im Bewußtsein der Menschen.

Als zum Ergebnis des sozialen Wandels bestimmt wurde, daß mehr Menschen als bisher Hüte tragen sollten (»Man-geht-nicht-mehr-ohne-Hut-Kampagne«), wurden zwei Kardinäle angeschrieben und gebeten, sie möchten doch wieder mehr auf die Beachtung einer Vorschrift drängen, wonach Frauen nicht ohne Kopfbedeckung zum Gottesdienst erscheinen; beigefügt war die Kanzelverkündigung eines holländischen Bischofs, der sich bereits in diesem Sinne geäußert hatte.

Als zum Ergebnis des sozialen Wandels bestimmt wurde, den Absatz einer Seife zu steigern (»Ivory«), organisierte der Agent einen um die nationale Würde und Sauberkeit besorgten Bürgerausschuß, der die verschmutzten öffentlichen Denkmäler reinigen ließ und einen Wettbewerb für Schulkinder ausschrieb, um aus Seifenresten ebensolche Plastiken zu formen. Als zum Ergebnis des sozialen Wandels der Ruhm von General Motors bestimmt wurde, organisierte der PR-Agent ein internationales Symposion über das Thema, ob der Motorsport ein Faktor für die internationale Verständigung sei; Generalkonsule und Konsule aus vierzig Ländern von Österreich bis Venezuela nahmen daran teil, sprachen über Gott und die Welt und mehrten den Absatz von General Motors.

Was manche Agenten des sozialen Wandels, Abteilung »Public Relations«, verwundert feststellen - daß die Geistesmenschen aus Politik und Wirtschaft sich heute drängen, um der Privatwirtschaft an die Hand zu gehen, durch Gutachten und Podiumsdiskussionen, durch Zeitungsartikel und Rundfunkkommentare - das ist der Kern jenes Prozesses, den man sozialen Wandel nennt. Er besteht darin, daß die sozialen Pflichten sich geändert haben. Früher hieß diese Pflicht in erster Linie Arbeit. Die meisten Arbeitnehmer arbeiteten in der Grundindustrie, in Fabriken, auf dem Lande, im Güterverkehr. Heute geht die Zahl der Schwerarbeitenden mehr und mehr zurück, prozentual steigt dafür der Anteil der Büroangestellten und der Dienstleistungsberufe.

Die in diesen Berufen Tätigen können lesen und schreiben, verdienen spielend das Lebensnotwendige und wenden sich in erhöhtem Maße dem »tertiären« Bereich der Wirtschaft zu, dem Konsum an Bildung und Freizeit und an Luxus, an den verschiedensten öffentlichen und privaten Dienstleistungen, einschließlich dem Genuß von Informationen durch die Massenkommunikationsmittel. Der soziale Wandel besteht darin, daß der Bürger, der auf einmal den Konsum als die allerhöchste Tugend ansehen soll, einen Überbau an Ideen braucht, um sich in seiner Haut wohlzufühlen. Es konsumiert sich besser, wenn das ein »marktwirtschaftliches Erfordernis« ist. Es verbraucht sich besser, wenn das dem »Gemeinwohl« nützt. Es wandelt sich leichter, wenn das die Demokratie stärkt.

Die Agenten des Wandels stellen die Verbindung her zwischen solchen von der Gesellschaft anerkannten Ideen und dem Interesse ihres

Klienten. Weltveränderung - selbst, wenn sie nur der Absatzsteigerung einer Zigarettenmarke dient - wird somit zu einer Art demokratischer Karitas.

Das eindrucksvollste Beispiel für eine Public-Relations-Kampagne, an der sich Agenten der unterschiedlichsten Branchen beteiligten, stammt von dem hier schon oft zitierten E. L. Bernays. Im Frühjahr 1934 wurde Bernays aufgefordert, dafür zu sorgen, daß mehr Frauen als bisher die Zigarette »Lucky Strike« rauchen. Ein Grund für die frostige Haltung der Frauen gegenüber der Lucky lag, wie eine Umfrage ergeben hatte, in der Farbe der Zigarettenpackung, sie war grün und trug einen roten Kreis. Leider paßte das nicht zu den üblichen Modefarben. Blaue Kleider und grüne Zigarettenpackungen waren »unmöglich«! Es gab eigentlich nur eine Chance: das Aussehen der Zigarettenpackung zu ändern. E. L. Bernays wählte aber die zweite: Er machte Grün zur Modefarbe.

Die Kampagne wurde von einigen Tausend, zum Teil ahnungslosen Gehilfen des »sozialen Wandels« unterstützt, von Wissenschaftlern, von Unternehmern, von Psychologen und Kunstdirektoren, von Journalisten und Regierungsvertretern in zwei Erdteilen. Sie halfen alle, dem Konsumenten das komfortable Gefühl zu vermitteln, er übe eine demokratische Tugend, falls er sich in dieser Saison in eine Orgie aus Grün stürze. Der Konsument sollte nicht etwa glauben, er katapultiere damit eine Zigarettenmarke in die Umlaufbahn höheren Umsatzes. Im Gegenteil: Er kleidet sich in Grün, weil das die Farbe der Hoffnung ist, weil er damit die Krebsforschung fördert, weil die Psychologen das für ein Stimulans zu friedlichem Verhalten ansehen, weil damit die internationale Verständigung zunimmt und weil dadurch Trinkern, Krüppeln und ledigen Müttern geholfen werden kann. Die Grün-Schlacht durchlief folgende Phasen:

1. Eine New Yorker Frauenklinik veranstaltete auf Anregung des Agenten des Wandels einen »Ball in Grün«. Der Erlös dieses Balles kam der Klinik zugute, die Kosten trug »ein Mäzen, der ungenannt bleiben wollte«. Die Farbe Grün war das Motiv des Balles und die Pflichtfarbe aller Kleider. Dem Einladungskomitee standen unter

vielen anderen vor: Mrs. Roosevelt, Mrs. Harriman und Mrs. Chrysler.
2. Der Präsident der Onondaga Silk Company lud auf Anregung des Agenten die führenden Moderedakteure der Staaten zu einem »Herbst-der-grünen-Mode-Essen« in das Waldorf-Astoria und plädierte bei dieser Gelegenheit für die neue Modefarbe. Die Redakteure aßen dabei grüne Gerichte (Bohnen, Spargelspitzen, Pistazien, grüne Minze und crème de menthe), nahmen zur Erinnerung eine grüne Speisekarte mit nach Hause, hörten einen Vortrag von dem Direktor der Kunstabteilung des »Hunter College« über die Bedeutung der Farbe Grün in der Kunst und den eines Psychologen über die Wirkungen der Farbe Grün auf das Gemüt des Menschen. Muß man erwähnen, daß sich die Presse für das schöne Essen in Form von Grün-Artikeln revanchierte?
3. Der Agent errichtete ein Modefarbenbüro, das die Presse von nun an systematisch mit Grün-Informationen belieferte, auf grünem Briefpapier natürlich. Das Büro schrieb Zehntausende von Briefen an Innenarchitekten, Kunstgewerbegruppen und Clubs, an Warenhäuser und Einkaufchefs und registrierte nach einiger Zeit erfreut, daß grüne Artikel auf dem Markt erschienen, grüne Bleistifte und grünes Schreibpapier, grüne Hüte, grüner Nagellack und grüne Strümpfe.
4. Auf Anregung des Agenten reiste eine Mrs. Vanderlip nach Paris, um die französische Haute Couture davon zu überzeugen, daß die amerikanischen Frauen die Farbe Grün erst dann akzeptieren würden, wenn Paris auf Grün setze, und um die Unterstützung der französischen Regierung für eine Ausstellung der Grün-Gemälde Barbisons zu gewinnen. Auf einer Teegesellschaft für Mrs. Vanderlip versprachen die französischen Modezaren von Patou bis Chanel, in dieser Saison für Grün zu schneidern.
5. Auf dem Höhepunkt der Kampagne zeigten die Schaufenster in der Fifth Avenue grüne Kleider, die Kunstzeitschriften bevorzugten grüne Bilder, die Modezeitschriften fotografierten Mannequins in extra grünen Dekorationen, eine Galerie veranstaltete eine »Grüne Ausstellung« aus Leihgaben, und ein Wohltätigkeitsball für Hilfsbedürftige machte der Prominenz das Tragen grüner Kleider zur Pflicht.

›Feldzüge‹ dieser Art, in denen sich egoistisches Interesse und Gemeinwohl mischen, Produktabsatz und Ideal verbinden, gehören zum Alltag des in der modernen Öffentlichkeits-Demokratie lebenden Menschen. Je nachdem überwiegt in diesen Kampagnen das altruistische Ideal (»Aktion Gemeinsinn«), die Absichten einer Interessengruppe (ADAC-Aktion »Deutlich fahren«) oder die nackte Absatzvorbereitung (»Man geht nicht mehr ohne Hut«). An der Durchführung dieser Kampagnen sind jeweils alle Agenten der zu dieser Berufsgruppe gehörenden Menschen beteiligt, nicht zuletzt die eigentlichen Gestalter, die die Ziele einer solchen Kampagne in das Medium übersetzen. Wie eine solche Aufgabenstellung aussieht, zeigte im Frühjahr 1969 eine Anzeige des »Art Directors Club für Deutschland«, der einen Wettbewerb ausschrieb für eine Aktion »Geh zu Fuß durch die Stadt«. Die Ausschreibung hatte folgenden Wortlaut:

»1. Das Problem: Von morgens bis abends sind unsere Cities zu eng. Dann kann man auf den Straßen kaum noch fahren und auf den Parkplätzen kaum noch parken. Von abends bis morgens sind unsere Cities zu leblos. Dann sind auf den Straßen kaum noch Menschen und auf den Parkplätzen kaum noch Autos. Schuld an diesen Zuständen ist die Teilung der Städte in Arbeitsbezirke und Wohnbezirke. Diese Teilung hat zur Folge, daß die Wohnbezirke in künstlicher Isolation liegen, daß sich die Bewohner nach ihrem eintönigen Arbeitstag passiv verhalten und Ereignisse nicht erleben, sondern über die Medien nur miterleben. Erlebnisse aber, die nur noch über die Medien zu den Menschen gelangen, lassen die Fähigkeit zur kritischen Distanz verkümmern und machen unaktiv.«

»2. Die Zielsetzung: Die Aktion ›Geh zu Fuß durch die Stadt‹ will gegensteuern. Sie möchte den Menschen aus seiner Isolation, auch aus seinem Auto herauslocken und zum ›Wieder-Gehen‹ animieren. Wer spazierengeht, ist nicht mehr von der Umwelt abgekapselt, ihm wachsen Erlebnisse und Gespräche zu. Details der Stadt, Details an Häusern, Gesichtern, Inschriften, Reklamen und Schaufenstern sti-

mulieren eigene Gedanken, schaffen die Spannung, die der Mensch braucht, um schöpferisch in den gemeinsamen Gesellschaftsprozeß einzugreifen.«
»3. Die Aufgabenstellung: Wohlverstanden, wir suchen keine neuen Städtebaukonzeptionen. Sie sollen Sache der Fachleute bleiben. Was wir suchen, sind intelligente, zündende Aufforderungen an jedermann, sich wieder ein wenig ›normaler‹ zu verhalten. Wir suchen Ideen; die Gestaltung ist selbst zu wählen: Plakate und/oder Anzeigen, Schilder, Fotos, Filme (Story-board), Wortreportagen.«

Solche Kampagnen sind das normale Beeinflussungsmittel der »Agenten des Wandels«, die durch die unwiderstehliche Symbiose zwischen dem kommerziellen Nutzen ihres Klienten und den demokratischen Idealen der Gesellschaft zu überzeugen vermögen. Der Agent (der ja keine Reklame macht), wirbt nicht für eine Biermarke, indem er sagt, dies ist das beste Bier, das es je gab, sondern indem er das Bier »in Verbindung mit Mäßigung, Gesundheit, Zurückhaltung und Legalität« bringt, »also mit gesellschaftlich konstruktiven Ideen«.
Der Agent, aufgefordert, die Rückgliederung von zwei Millionen Kriegsheimkehrern vorzubereiten, malt nicht das Bild einer Wirtschaft an die Wand, die dahinsiecht, weil es nicht gelungen ist, die Arbeitslosenziffern zu senken, sondern er spricht von den großen menschlichen Problemen, von dem Schicksal »unserer Jungs«.
Der Agent, vor der Aufgabe stehend, Jahr für Jahr einige Hunderttausend Berufstätige in einen neuen Beruf umzuschulen (in Zukunft wird jeder Mensch, wie die Futurologen errechnet haben, in seinem Leben mehrere Berufe ausüben), spricht nicht von dem Nutzen, den die Wirtschaft davon hat, sondern arbeitet an den »Images« der neuen Berufe, die samt und sonders etwas Fortschrittliches an sich haben, Karrieristisches, Schickes.
Der Agent, der seinem Klienten helfen soll, mit einer geringen Gefängnisstrafe davonzukommen (Beispiel: die Verhandlung gegen die pharmazeutische Industrie in den USA Ende der dreißiger Jahre), besticht heute nicht mehr die Richter, er verändert das Meinungs-

klima, wie ein PR-Mann es zynisch ausdrückte: »Ein Meinungsklima hilft, Gerichtsurteile zu formulieren. Das Recht ist ein Ausdruck veränderlicher Zeiten und Gewohnheiten.«
Kurz: Der Agent des sozialen Wandels macht Ökonomisches, Kommerzielles, unangenehm Wirtschaftliches ebenso vertrauenswürdig durch Hinzufügung bestimmter Ideen wie früher der Machtausüber seine Machtpolitik vertrauenswürdig zu machen verstand, indem er die Politik mit metaphysischen Notwendigkeiten, mit Idee und Ethos umkränzte. Nur unterscheidet sich die neuere Art der Weltveränderung von der alten, klassischen, dadurch, daß sie versucht, den Zufall auszuschalten und eine bestimmte Bereitschaft des modernen Menschen auszunutzen, die Bereitschaft zum Wechsel überhaupt. Ohne diese Bereitschaft könnte der »Agent des Wandels« nicht tätig werden. Ob dieser Wandel »sozial« ist, mag dem Leser anheimgestellt bleiben.

Eine der frühesten exakten Beschreibungen dieser Haltung stammt von Leo Tolstoi, der in seinem Stefan Arkadjewitsch Oblonskij (»Anna Karenina«) einen solchen Menschen vorstellte: wechselhaft aus Veranlagung eher denn als Neigung, und sicher wechselhaft nicht aus einem persönlichen Bedürfnis, sondern weil er damit einer Erwartung der Gesellschaft entgegenkommt. »Stefan Arkadjewitsch hielt sich eine liberale Zeitung, nicht von schärfster Farbe, sondern eine von jener Richtung, der die Mehrzahl folgt. Obwohl ihn weder Wissenschaft noch Kunst oder Politik besonders anzogen, so verfolgte er doch aufmerksam alle jene Fragen, mit denen seine Zeitung sich befaßte, und änderte seine Meinungen, sobald dies die große Masse tat, oder besser, er veränderte sie nicht, sondern sie veränderten sich in ihm, ohne daß er selbst es merkte. Stefan Arkadjewitsch wählte sich weder Richtung noch Ansichten, sondern solche kamen ihm von selbst, ganz ebenso, wie er selbst nicht die Fasson des Hutes oder Überziehers wählte, sondern nahm, was man ihm brachte . . .«

Dies, die Wandlungsfähigkeit und Wandlungsbereitschaft, kennzeichnet den modernen Menschen stärker als irgendeine andere seiner Eigenschaften, und sie ist zugleich ein Charakterzug, mit dem die Agenten des Wandels rechnen. Die Willfährigkeit, seinen Kopf in jede Richtung drehen zu lassen, ist eingeplant. Für diesen neuen psychologischen Mechanismus wurden sehr viele Bezeichnungen gefunden, die überzeugendsten fand der Soziologe David Riesman in den Begriffen »Kreiselkompaß« und »Radarschirm«.

Riesman unterscheidet zwei grundsätzliche Haltungen, die ein Mensch zu seiner Umwelt einnehmen kann; die eher traditionelle Haltung (»Kreiselkompaß«), die er auch als »innengeleitet« bezeichnet, und die mehr wankelmütig-moderne Haltung (»Radarschirm«), die im Gegensatz zu der ersten als »außengeleitet« beschrieben werden kann.

Kreiselkompaß und Radaranlage sind mechanische Teile einer Steuerungsanlage. Der seelische »Kreiselkompaß« wird in Gang gesetzt von Autoritäten, den Eltern oder der Schule, übergeordneten Mächten wie einer Gottesvorstellung oder dem Gewissen. Er wird einmal in Gang gesetzt und hält von nun an den innengeleiteten Menschen »auf Kurs«. Einflüsse, die von außen hereindringen, können den Kreiselkompaß des innengeleiteten Menschen nicht außer Kraft setzen, und »so ist der innengeleitete Mensch in der Lage, immer wieder jenes empfindliche Gleichgewicht zwischen den durch seine Lebensziele gestellten Forderungen und den Stößen, die er bei der Auseinandersetzung mit der Außenwelt empfängt, herzustellen«.

Ganz anders jener Mensch, dessen Steuerungsanlage in dem Radarschirm besteht, also in Signalen, die er in sich aufzucken spürt. Der außengeleitete Mensch, Weltbürger der Definition nach, nimmt Signale von einem sehr viel weiteren Kreis auf, einem Kreis, der die ganze Welt umfaßt. Die Grenzen zwischen dem Bekannten und dem Fremden sind für ihn gefallen. Er ist überall zu Haus und nirgends: »Schnell verschafft er sich jenen vertraulichen, wenn auch oberflächlichen Ton und kann mit jedermann leicht verkehren. Der außengeleitete Mensch ist in der Lage, Signale von Nah und Fern zu empfangen, es gibt viele Sender und häufigen Programmwechsel. Der

Kontrollmechanismus wirkt jetzt nicht in der Art eines Kreiselkompasses, sondern wie eine Radaranlage.«
Dieser schnelle Wechsel bezieht sich nicht nur auf Modefarben, sondern auf alles, auf Weltanschauungen und Markenartikel, auf Meinungen und Berufe, auf Kunstrichtungen und Rocklängen. Man darf diesen Wechsel freilich nicht so verstehen, als wenn es nur »Radar-Menschen« gäbe; denn, wie in jeder Kultur, so gibt es auch in der modernen Industriekultur Spätgeborene oder einfach Übergangsformen, halb noch innengeleitet und mit jenem Kreiselkompaß ausgestattet, halb schon außengeleitet, weil sie bereits lustvoll die vielen Signale, die ihnen die Agenten des Wandels zufunken, wahrnehmen.

Carl Améry hat in einem Essay über den »Provinzler« diese Situation als das Gegensatzpaar »Provinzler - Städter« dargestellt, wobei der radargesteuerte Städter viel schneller auf die Signale der Agenten reagiert: »Da baut ein eifriger Provinzler ein modernes Café mit Resopal-Bar, indirekter Beleuchtung und Mixdrinks - und muß erfahren, daß inzwischen das formlose Espresso schick geworden ist. Er redet vom Autofahren nach Italien und hört, daß ›man‹ jetzt nach Mallorca fliegt. Er beeilt sich, eine Chartermaschine zu heuern, und muß zur Kenntnis nehmen, daß ›man‹ bereits in Sardinien Ferien macht, ohne fließendes Wasser und Strom.«
Die Weltveränderung, gesteuert durch den Agenten des Wandels, der die Radarschirme seiner Klienten mit Signalen beschickt, die sein soziales Verhalten ändern, ist heute ein fortwährender Vorgang. Veränderung und Bewegung wird zu einem positiven Wert. Der Künstler macht Neues, Unerhörtes, nie Dagewesenes - und erhält dafür Preise. Manche rebellierenden Studenten verkünden das Wort von der »Bewegung und Veränderung, die schon an und für sich besser ist als das Beharren« - und zeigen dadurch, wie sehr sie der Fernlenkung unterliegen und durch die allgemeine modische, fast sozio-genetische Veränderungsbereitschaft geprägt sind. Die Arbeitnehmer leben in einer Welt, für die die amerikanische Soziologie den Begriff »Mobili-

tät« gefunden hat; denn in nie dagewesenem Maß wechseln die Arbeitnehmer heute Wohnorte und Dialekte, Stellungen und Positionen, persönliche Bindungen und Wohnungseinrichtungen - und werden gerade dadurch überwältigt von Gefühlen der Unsicherheit und der Angst.

Veränderung, und zwar Veränderung von außen, ist zum sozialen Schicksal des modernen Menschen geworden. Deshalb bestimmt die Anpassung, und zwar Anpassung an das von der Gesellschaft Geforderte, die Lebenshaltung dieses Menschen, weil er nur durch Anpassung (Dabeisein, Informiertsein, »to be in«) jenes bißchen Sicherheit findet. Dieser Verhaltensmechanismus ist so stark, daß er schon in den Kindern wirkt wie ein installierter Apparat. David Riesman belegt dies durch ein Interview mit einem zwölfjährigen Mädchen: »Ich mag Supermann lieber als die anderen«, sagt das Mädchen, »weil die anderen nicht alles das können, was Supermann kann. Batman kann nicht fliegen, und das ist sehr wichtig.« Frage: »Möchtest du denn fliegen können?« Antwort: »Ich möchte wohl fliegen können, wenn alle anderen es auch können, aber so wäre es verdächtig.«
An dieser Entwicklung ist eines erstaunlich, und zwar ihre Beurteilung. Veränderung wird heute kaum noch als eine Veränderung des Ich, sondern als eine Veränderung der sozialen Rolle einer Person angesehen, mit dem Ziel eines idealen Verhältnisses zur Gemeinschaft (d. h. Effektivität, Anpassung, ›Schmerzlosigkeit‹), während die Veränderung des Ich, das von der Gesellschaft wegstrebt zum individuellen Verhalten (d. h. der auf die soziale Anerkennung bezogenen Ineffektivität, Fehlanpassung, ›Schmerz‹) nicht mehr als ein Ziel der Persönlichkeitsentwicklung gilt. Für Riesmann ist deshalb der voll Angepaßte zugleich immer »über-angepaßt«. Jemand, »der versucht, sich den Charakter anzueignen, den man von ihm erwartet«, ist ein Mensch, den die Gesellschaft (die »Agenten des Wandels«) schafft, der sich aber noch nicht selbst geschaffen hat. Man kann dies alles auch mit anderen als soziologischen Ausdrücken benennen. Etwa

mit Begriffen der Psychologie, was heißen würde, daß anstelle der »Individuation«, der Selbst-Werdung des Menschen, gegenwärtig unter dem Alibi der Verwirklichung angeblich demokratischer Ideale die Kollektivierung vorgenommen wird.

Können Fotos die Welt verändern?

Redakteure der amerikanischen Illustrierten *Life* hielten vier Fotos in der Hand. Sie zeigten eine Erschießung. Der Polizeichef der Stadt Saigon, kalt entschlossen wie einer der Goyaschen Füsiliere, legt auf einen gefangenen Vietcong an. Nur eine Handbreit ist zwischen dem Pistolenlauf und dem in Todesangst weggedrehten Kopf des Delinquenten. Ein Schuß muß gefallen sein; denn die Aufnahmen zwei bis vier zeigen eine Leiche. Alle vier Aufnahmen, vor allem aber die erste, die Kopfschußaufnahme, wurden berühmt. Sie gingen, wie es im Jargon der Nachrichtenagenturen heißt, »um die Welt«.
Die Redakteure von *Life* betrachteten diese Aufnahmen sehr lange und fanden, daß sich mit ihnen die Welt verändern läßt. »Wären wir früher in der Lage gewesen, rechtzeitig Bilder von der Judenvernichtung durch die Nazis zu drucken«, so schrieben sie, »Millionen wären vielleicht gerettet worden.«
Sie sind nicht gerettet worden, und die Bilder kamen zu spät. Die Frage der *Life*-Redakteure ist aber deshalb nicht platonisch; denn heute erscheinen die Bilder rechtzeitig. Der Zeitungsleser sieht die Zerstörung Saigons und er weiß, daß die Stadt am Mekong jetzt zerstört wird, heute, in diesem Augenblick, fast erreicht ihn der Widerhall der Schüsse. Der Fernsehzuschauer kennt die Verwüstungen, die der Hunger auf den Körpern biafranischer Kinder hinterlassen hat, und er weiß, daß das Todesurteil über Biafra vollstreckt wird, jetzt, in diesem Augenblick, vor seinen Augen.
Diese Bilder erreichen ihn rechtzeitig, und sie gestatten nicht mehr die Ausrede des »Wir haben das nicht gewußt«. Rechtzeitig ist der Zeitgenosse an Ort und Stelle. Rechtzeitig erfährt er, was vorgeht. Er kommt immer gerade zur rechten Zeit. Er könnte noch eingreifen.
Das Verhältnis zur Geschichte und dem Prozeß, der Geschichte macht, hat sich dadurch grundlegend geändert; denn der geschichtlichen Tat folgen augenblicklich und fast gleichzeitig die Abbilder dieser Tat. Die Konsequenzen des Denkens (der Ideologien) werden sofort ruchbar im Bild (in den Fotos). Und dies, die beunruhigende und verwirrende Existenz der Bilder, hat das Verhältnis des Menschen zur Wirklichkeit verändert. Er ist durch sie, durch den doku-

mentarischen Beleg der Fotografie, in der Lage, die auch fern, »weit im Osten«, stattfindende Geschichte sinnlich zu erfahren. Muß dies nicht dazu führen, daß die Fotos in den geschichtlichen Prozeß eingreifen? Müssen also die herrschenden Mächte den Fotografen nicht fürchten, weil er zeigt, was wirklich ist, wie Nguyen Thanh Tai, südvietnamesischer Kriegsfotograf der UPI-Agentur, der von einem südvietnamesischen Sonderkriegsgericht zu zwei Jahren Gefängnis verurteilt wurde. Er hatte Bilder gemacht, die für das »öffentliche Interesse von Nachteil« waren. Die Fotos zeigten südvietnamesische Soldaten, die einen Vietcong mißhandeln. Auch der Hinweis des Verteidigers auf Tais Patriotismus - er fotografierte fast ausschließlich südvietnamesische Kriegshandlungen - und auf seinen Mut - er wurde häufig verwundet - nützten dem Reporter nichts. Er mußte seine Strafe antreten.

Es gibt Tatsachen, die für diese These sprechen; denn das Wesen des Fotos besteht gerade darin, daß es wirklich zu sein scheint. Diesen Eindruck hatte zum Beispiel Präsident Roosevelt, als er zum erstenmal ein Pressefoto über ein American-football-Spiel sah. Damals spielte man dieses Spiel mit der ganzen Rauhbeinigkeit amerikanischer Großstädter, die von ihren Gladiatoren den Kampf bis zum Umfallen fordern. Das Foto vom Spiel zwischen Pennsylvanien und Swarthmort zeigte den bis zur Unkenntlichkeit entstellten Spieler Bob Maxwell. Seine Nase war gebrochen, das Blut lief ihm über das Gesicht, nur eins der beiden Augen war noch offen. Der erschrockene Roosevelt schickte dem amerikanischen Sportverband ein Ultimatum, indem er drohte, er werde das Spiel auf dem Erlaßwege verbieten lassen, wenn die Regeln nicht geändert würden. Sie wurden geändert. Doch die Wirkung der Fotos beschränkt sich nicht nur auf die Regeln eines Männersports. Mit ihrer Hilfe lassen sich Revolutionen und Umstürze machen.

Den Beweis dafür lieferten die Ereignisse in einem südostasiatischen Staat, Anfang Oktober 1965. Damals versuchte eine Gruppe von kommunistischen Putschisten, die Macht in Indonesien durch einen einzigen Gewaltstreich zu übernehmen. Entscheidend für den Ausgang dieses Putsches war, zu verhindern, daß sich Teile der Armee den Putschisten widersetzen würden, man mußte also den Widerstandswillen ausschalten. Die Putschisten versuchten dies durch zwei Dinge zu erreichen. Sie ermordeten sechs Generäle und bestellten einen Fotografen.

Die sechs Generäle wurden in der Nacht vom 30. September zum 1. Oktober auf dem Truppenübungsplatz »Krokodil-Loch« in Djakarta in ausgesucht widerlicher Weise ermordet und verstümmelt. Nach der Tat erschien der Fotograf und machte seine Aufnahmen. Diese Bilder, so rechneten sich die Techniker des Umsturzes aus, müßten, im ganzen Land verteilt, eine solche Angst verbreiten, daß sich kein Widerstand regen würde. Es kam anders, aber die Fotografien der ermordeten Generäle spielten auch nach der Wendung der Ereignisse ihre Rolle weiter. Die Armee gewann nach 24 Stunden die Oberhand und ließ nun ihrerseits die ominösen Aufnahmen mit entsprechenden Kommentaren veröffentlichen. Die Aufnahmen von dem Krokodil-Loch-Mord führten zu einer der größten Kommunistenverfolgungen aller Zeiten. Das Ergebnis der fotografischen Anklage konnte die Armee nach einem Jahr statistisch feststellen: Es hatte vierhunderttausend Tote gegeben.

Dem Bildhunger des Bewohners des Bild-Museums »Welt«, der mit der Wirklichkeit nur noch über jene 18 Milliarden Fotos, die täglich gemacht, vervielfältigt und angeboten werden, in Kontakt tritt, und hier vor allem über das erregende Bild, das Sensationsfoto, entspricht also auch ein neuer Fotografentyp. Es ist nicht mehr eine fotografische Meditation über die Wirklichkeit, wie sie noch der französische Fotograf Cartier-Bresson anstellte, sondern die professionelle Jagd nach »den letzten Worten der Fotografie«, wie sie von den Reportern der Nachrichtenagenturen abgehalten wird.

Die Geschichte der Fotografie ist notwendig eine Geschichte des Fotomachens. Die Geschichte der Erregung der öffentlichen Meinung beginnt nicht erst beim Zeitunglesen, sie beginnt beim Klicken der Kamera. Sie ist eine Geschichte der Profis und ihrer Jagd nach Bildern. Der Jagd-Atavismus spielt eine große Rolle in der Fotografie,

wie schon die Terminologie beweist: die Kamera »schießt«, das Bild gilt als »Beute«, und demnach versorgt auch die »illustrierte Presse den domestizierten Europäer mit seinem täglichen Fetzen Fleisch« (Karl Pawek).
Die Profis zeigten der Welt die Leiche des sizilianischen Banditen Giuliano G. Einige dieser berühmten Aufnahmen kamen so zustande: Nachdem die Fotografen und Kameraleute aufgenommen hatten, wie die Mutter und die Schwester Giulianos ins Leichenhaus geführt wurden, um die Leiche zu identifizieren, bat die alte Mutter, auf die Bitte eines Journalisten hin, in den Hof des Hauses von de Maria geführt zu werden, »und während die Verschlüsse von fünfzig Kameras klickten, ließ sie sich auf Knie und Hände fallen und küßte - einige sagten: leckte - das getrocknete Blut von den Pflastersteinen«. Leider kamen einige der Presseleute zu spät. Für sie wurde noch ein paar Tage lang ein schwarzverhülltes Weib bereitgehalten, das für ein paar Lire jene wahnsinnige Szene wiederholte . . .
Zwanzig Jahre später gingen in der zerstörten Stadt am Mekong-Delta Amateure auf Fotojagd nach toten Vietcong. Ein *Stern*-Reporter hat dies mitgeteilt, als er Amerikanerinnen und junge Vietnamesen beobachtet hatte. Sobald die Schießereien vorbei waren, verließen die Amerikanerinnen ihre eisgekühlten Hotels und suchten nach erschossenen Vietcong. »Erregt kamen die Damen nach ihren Ausflügen zurück: ›I have got one - Ich habe einen erwischt!‹« Wenige Tage später traf der *Stern*-Reporter den vermutlich jüngsten Pressefotografen der Welt. Er heißt Lo Manh Hung, ist zwölf Jahre alt »und schon ein knallharter Reporter«. Als der *Stern*-Reporter das Hotel verläßt, steht Lo Manh Hung dort, mit zwei Kameras, einem Sturzhelm und einer Armbinde mit der Aufschrift »Bao Chi« (zu deutsch: Presse) und bietet ihm Fotos zum Kauf an. »Zehn Dollar das Stück«, sagt er. Aber die Fotos zeigen keine nackten Frauen aus dem großen Soldaten-Bordell Saigon, sondern Szenen aus dem Straßenkrieg. Gefallene Vietcong, Trümmer, Flüchtende mit den Resten ihrer Habe, Todesangst, Panik. Als Einheimischer und als Kind kann Lo Manh Hung bei Freund und Feind fotografieren, und er wagt sich

in Stadtviertel hinein, aus denen ein Agenturfotograf lebend nicht zurückkehren würde.

Die Profis arbeiten mit den modernsten Mitteln der bildlichen Nachrichtenbeschaffung. Japans Pressekonzerne halten sich große »Luftflotten« für die Kampfeinsätze ihrer Reporter. Nichts entgeht diesen journalistischen Kamikazefliegern, die oft schneller am Tatort sind als die Polizei. Vier Tage und Nächte hatte Kim Hi-ro, ein Koreaner, der das Land und die Nation Japan haßte, die Öffentlichkeit dieses Landes terrorisiert, indem er 16 Geiseln zusammentrieb und sich mit ihnen in einem Zimmer des Hotels »Jujimi« in Tokio verbarrikadierte. Kim war schwer bewaffnet: automatisches Gewehr, tausend Schuß Munition und 50 Dynamitstangen. Kim bedrohte in der Halle des Hotels den Besitzer, seine Frau und deren drei Kinder, und er zwang elf weitere Hotelgäste in ein Zimmer des zweiten Stocks. Kim empfing zunächst niemanden, keine Verwandten der Eingeschlossenen, keine Abgeordneten der Stadtverwaltung. Schließlich ließ er aber doch jene Leute herein, die zu Hunderten Einlaß begehrten, um den Terroristen zu sehen und zu sprechen: Journalisten. Wie ein Fürst hielt der Amokläufer Hof und empfing Reporter, Fotografen und Kameraleute des japanischen Fernsehens. Während die 16 Geiseln um ihr Leben zitterten, unterbrach das japanische Fernsehen sein Programm und sendete direkt aus dem Zimmer des Mörders. Die Zeitungen brachten Funkbilder heraus und veröffentlichten Fotos.

Die Profis arbeiten also auch mit der Geschichte zusammen. Sie »stellen« Objekte und arrangieren Wirklichkeit, um zu ihren Nachrichten zu kommen, wie in folgendem Fall, als ein Leutnant der nigerianischen Armee, Macauley Lamurde, für die Kamerateams und Fotografen der internationalen Presse hingerichtet wurde. Der Leutnant hatte einen jungen Ibo ergriffen, ihn binden lassen, in den Straßengraben gestoßen und mit vier Schüssen aus seiner Maschinenpistole getötet. Für dieses Verbrechen wurde er von einem nigerianischen Kriegsgericht zum Tode verurteilt. Am Mittag des betreffenden Tages wurde Leutnant Lamurde an einen Baum gefesselt und vor das Peloton gestellt: die schußbereiten Soldaten und die schußbereiten Fotografen. Es gab Verzögerungen. Erst bat ein britischer Kameramann um Aufschub, weil er eine neue Batterie in die Kamera einlegen mußte, dann nahmen die Fotografen dieses Geschenk des Himmels wahr und richteten Zweitkameras her, um auch Aufnahmen in Farbe machen zu können. Als der Offizier des Hinrichtungskommandos die Journalisten fragte, ob sie fertig seien, nickten sie. Dann wurde geschossen.

Aber auch etwas anderes können die Profis; das zeigten die beiden letzten Augustwochen des Jahres 1968, in denen eine europäische Regierung die Bürger ihres Staates und die Journalisten der Welt aufforderte, mit Fotos die Welt zu verändern. Am 22. August rief der Prager Rundfunk Tschechen und Slowaken auf, Beweise gegen die Truppen des Warschauer Pakts zu sammeln. Wörtlich hieß es: »Nehmt Fotoapparate, Filmgeräte und Tonbänder und nehmt alles auf, was ihr bekommen könnt. Wir werden es als Beweise für die Vereinten Nationen gebrauchen«, das heißt: Um die Welt zu verändern durch den Druck auf die öffentliche Meinung dieser Welt. Können Fotos das?

Eine Antwort auf diese Frage kann nur durch die Betrachtung von drei Faktoren gegeben werden. Erstens: Was ist die Wirklichkeit? Zweitens: Wie wird die (eben geschilderte) Inbesitznahme dieser Wirklichkeit durch den Fotografen vorgenommen, und drittens: Wie »sieht« der Zeitungsleser Fotos an?

Das Foto hat einen Doppelcharakter. Es ist zugleich Dokumentation, also ein *Ausschnitt* aus der Wirklichkeit, und eine Abstrahierung dieser Wirklichkeit, also ein Symbol. Die Problematik entsteht aus diesem Doppelcharakter, nämlich zunächst der Fähigkeit des Lesers, die Aussage eines Fotos für wahr zu halten. Um was es hier geht, ist ein quasi vorbewußtes Fürwahrhalten, das ein Foto und den Inhalt dieses Fotos akzeptiert, bevor überhaupt die intellektuelle Kontrolle eingesetzt hat, die allein in der Lage ist, das Foto als Ausschnitt aus der Wirklichkeit zu sehen. Wie weit dieses Fürwahrhalten geht, wird am Beispiel des Films deutlich; denn dieses Medium ruft in noch stärkerem Maß das Fürwahrhalten des Sichtbargemachten hervor.

Man darf sich eine abfallende Linie jener Kommunikationsmittel und Informationsträger vorstellen, die im Sinne des Fürwahrhaltens den stärksten Zuschuß des Publikums erhalten. Obenan würde der spontane und fast reflexhafte, nämlich zu physiologischen Reaktionen des Publikums führende Film stehen, darunter käme die Fotografie und an dritter Stelle erst, auf der untersten Sprosse der Leiter, stände die Sprache. Daß der Film jene suggestive Überredungskraft ausüben kann, ist selbstverständlich, da er - scheinbar - die Wirklichkeit, zu deren Definition gehört, daß sie ein Prozeß ist, der ständig andauert und nicht unterbrochen werden kann, direkt überliefert.

Ein Beispiel für diese Überredungskraft lieferte vor einigen Jahren eine Sendefolge der BBC mit dem Titel: »Coronation Street«. Nach den Berichten zu urteilen, dürfte es sich hier um eine soziologisch auf ein größeres soziales Feld erweiterte »Familie Hesselbach« gehandelt haben. Die Sendung wurde zweimal in der Woche ausgestrahlt. Sie gehörte zu den beliebtesten Fernsehsendungen in Großbritannien und schilderte das Leben im nordenglischen Industriegebiet. Tatorte dieser Sendung waren einige typische »social appointments« des Mittelstandes, des Kleinbürgertums und des Proletariats der »Coronation Street«: Immer wiederkehrend der Laden an der Ecke, ein Missionshaus, die Stammkneipe, eine Gruppe von sieben Häusern mit ihren Schrebergärten, vermochte sich das Fernsehpublikum nicht nur an ein typisch englisches Milieu zu gewöhnen, es erhielt auch Gelegenheit, sich selbst mit dem Alltag von Leuten zu identifizieren, Leuten wie es selbst. Dazu gehörte ein Mädchen mit Namen Elsie Tanner, ein Seemann, das alte Weib Ena Sharples, eine Kellnerin.

Obwohl kein Zweifel bestehen konnte daran, daß diese Geschichten eben Geschichten waren und keine Wirklichkeit, passierte es, daß viele Engländer die »Coronation Street« und ihre Bewohner für wahr, für wirklich hielten. Die dargestellten Personen hatten Bewunderer, die an ihre Existcnz glaubten. Als sich die wackere Elsie Tanner mit einem Seemann einließ, der verheiratet war, ohne daß sie es wußte, bekam sie massenhaft Briefe, in denen aufmerksame Engländer die Elsie vor dieser Person warnten. Der Schauspieler Jack

Watson, der den Seemann darstellte, wurde auf der Straße von einem Mechaniker angehalten, der ihm eine Tracht Prügel für den Fall androhte, daß er die Hände nicht von Elsie lasse. Zierteller wurden ins Fernsehstudio geschickt, als in einer dramatischen Szene der Sendereihe die Kellnerin einen solchen Teller zerbrochen hatte. Und als Ena Sharples, das alte Weib, das eine riesige Anhängerschaft besaß, ihre Stelle als Hausmeisterin in dem Missionshaus verlor, schrieben ihr Zuschauer aus dem ganzen Land und boten ihr eine neue Stellung an.

Die Zuschauer hielten also das, was sie sahen, für wahr.

Vor der Fotografie geht es ihnen nicht anders. Der Unterschied zwischen diesen beiden Medien ist groß, aber nur graduell. Der Leser kann tausend Nachrichten über Folterungen in Vietnam gelesen haben, das erste Foto über dieses Thema erschüttert und beeinflußt ihn mehr als die verbal gelieferte Information. Hat er bisher wohl gehört davon, daß es das Kalb mit zwei Köpfen gibt, so glaubt er ganz daran, nein, er ist überzeugt von diesem Monstrum, sobald er das erste Foto des zweiköpfigen Kalbes gesehen hat. Und das Porträtfoto des Verbrechers in der Zeitung ruft seine ganze emotionelle Entrüstung auf den Plan, dann nämlich, wenn er entweder feststellen kann, »dem hätte ich das auch nicht zugetraut, der sieht ja ganz harmlos aus«, oder wenn er das Umgekehrte formuliert: »Typisch, der stechende Blick, die abstehenden Ohren, der grausame Mund, kann ja gar nicht anders sein«, oder: »Dem hätte ich im Dunkeln auch nicht begegnen mögen«.

Der Leser *realisiert* also in seiner ersten, spontanen Reaktion auf das optische Bild weiter nichts. Er *reagiert*. Er macht sich - um bei dem letzten Beispiel zu bleiben - weder bewußt, daß es auch von ihm selbst Aufnahmen gibt, die ihn als Finsterling zeigen, noch realisiert er, daß ja die Zeitungsredaktion bewußt ein »schwarzes« Foto ausgesucht haben könnte, noch auch, daß ja gerade Paßfotos oder die Karteiaufnahmen der Polizei, und um die handelt es sich meistens, wegen ihrer Überprägnanz und dem gleichzeitigen Mangel an Tiefe, der Physiognomie immer ein leicht starres Aussehen geben.

Das Foto wirkt dokumentarisch. Das ist gewissermaßen die Vorderseite des Doppelkopfes. Das Foto ist »gemacht« worden, und zwar »nach der Natur«, und also, scheinbar, wahr. Wie wenig ein Foto, das heißt das Zeitungsfoto wahr sein kann, erhellt aus einer Betrachtung der Rückseite des Doppelkopfes, nämlich der Tatsache, daß das Foto ein subjektiver Ausschnitt ist mit der Tendenz, die Wirklichkeit zu abstrahieren, auf *einen* Nenner zu bringen.

Einzufügen wäre hier, daß eine besondere Richtung der Fotografie, eben die »subjektive«, im Unterschied von der Reportage-Fotografie Fotos macht, die von vornherein nicht als Abbilder der Wirklichkeit gelten wollen. Der bisher konsequenteste Vertreter dieser »Fotografie« ist ein Maler, Salvador Dali, der mit verschiedenen Fotografen Aufnahmen machte, die mit Wirklichkeit überhaupt nichts mehr zu tun haben. »Um halb zwölf Uhr breche ich mit zwei festumrissenen Vorhaben vom Hotel auf«, schreibt Dali, »bei Philippe Halsman ein Foto von der irrationalen Sorte machen zu lassen . . .«

Irrational sind auch die Objekte, die Dali für sich fotografieren läßt, Gott und die Engel. Der Fotograf spielt dabei die Rolle eines Ausführers der intuitiven Idee, die Dali mit allerhand fotografisch-alchimistischem Zauber in Szene setzen läßt. Engel will er zum Beispiel durch folgenden anatomischen Trick darstellen lassen: »Ich spiele auf die Schulterblätter der Frauen an. Wenn man daraus zwei Milchstrahlen hervorschießen läßt, in der Verlängerung der Schulterblätter, und wenn man von dem Ganzen eine Zeitlupenfotografie anfertigt, so erhält man genau die ›Engel mit Tröpfchenflügeln‹, wie etwa Hans Memling sie gemalt hat.

Mit dieser Engelsidee in der Tasche begibt sich Dali zu dem amerikanischen Fotografen Philippe Halsman. Doch Halsman hat zunächst nicht das nötige Gerät für diese Art Fotografie, und Dali beschließt, »die haarige Geschichte des Marxismus« zu fotografieren. Zu diesem Zweck läßt er sich, anstatt der Tröpfchen, sechs Papierscheiben an den Schnurrbart hängen. Auf diese Scheiben prägt Halsman nacheinander die Porträts von Karl Marx, mit Löwenbart und Löwenmähne; Engels, mit dem gleichen, nur beträchtlich geringeren Haarschmuck; Lenin, praktisch kahl, Schnurrbart und Kinnbärtchen schütter; Stalin, dessen Borsten sich auf den Schnurrbart beschränken, Malenkow, ganz glatt rasiert. Da er noch eine letzte Scheibe übrig hat, reserviert er sie prophetisch für Chruschtschow mit seinem Mondkopf. So abstrus dies alles klingt, zeigt es doch den eigentlichen Kern der sogenannten »subjektiven Fotografie«. Sie ist nämlich nichts weiter als eine Fortsetzung malerischen Tuns, primär nicht in der Art der Manipulation, sondern der Imagination.

Das zeigt Dali auch in der Weise, mit der er ein Porträt von Gott anzufertigen gedenkt. Man nehme, so schlägt Dali vor, fünf Säcke voll Kichererbsen, stopfe sie in einen noch größeren Sack, der sie alle faßt. Mit einem genügend starken elektrischen Licht projiziere man auf die fallenden Erbsen ein Bild der Heiligen Jungfrau; jede einzelne Erbse wird, da sie wie ein Atomteilchen von den anderen räumlich getrennt ist, einen Bruchteil dieses Bildes aufnehmen; danach projiziere man das Bild verkehrt herum; dank der durch die Schwerkraft bedingten Beschleunigung wird der in umgekehrter Richtung stattfindende Fall der Kichererbsen den Himmelfahrtseffekt bewirken; man erhält so ein Himmelfahrtsbild, das den reinsten physikalischen Gesetzen gehorcht. »Wer noch weitergehen will, kann jede Kichererbse mit einem Material überziehen, das ihr die Eigenschaften einer Filmleinwand verleiht.«

Die subjektive Fotografie hat letzten Endes nie etwas anderes gemacht als Dali selbst. Ihre Tätigkeit besteht entweder in der extremen Betonung der formalen Eigenschaften eines Bildes oder in technischen Manipulationen: Übereinanderkopieren von Negativen, Unterbelichten, Aufstellen von Staffagen. Dali ist der konsequenteste subjektive »Fotograf«.

Alexander Kluge, einer der beiden Leiter der Filmabteilung an der Hochschule für Gestaltung in Ulm, hatte die Absicht, mit Hilfe des Films eines jener Bunkerexperimente aufzuzeichnen. Bei diesen Experimenten geht es darum, das körperliche und seelische Verhalten von Personen und Personengruppen zu testen, die längere Zeit in einem Bunker einsitzen; das Experiment selbst ist real bis auf die

Tatsache, daß die Personen wissen, daß das ganze ein Test ist. Der Anlaß wird simuliert; nämlich ein angenommener Atomkrieg, dessen Auswirkungen die Einwohner eines bestimmten Areals zwingen, für gewisse Zeit unter der Erdoberfläche in vorbereiteten Schutzräumen zu existieren.

Wie zeichnet man in einem Dokumentarfilm einen solchen Test auf? Auf welche Weise erhält man eine »wahre« Überlieferung von zehn Tagen Bunkerexistenz, an der zehn Personen teilnehmen? Wie ist hier das Verhältnis zwischen Tatsächlichem, Geschehenem und der darüber zu fertigenden filmischen Konserve, die diese Wirklichkeit überliefern soll? Wann kann ein Dokumentarfilm nur total, d. h. objektiv sein?

Die zwei technischen Voraussetzungen dafür wären:

1. Der Film müßte mit zehn Kameras zugleich arbeiten; denn da zehn Personen an dem Bunkerexperiment teilnehmen, existieren zehn Standpunkte, zehn Möglichkeiten, die Welt, und wenn es in diesem Fall auch nur ein Weltausschnitt, eine Welt-Zelle ist, zu erleben und zu sehen.

2. Der fertigzustellende Film müßte eine Spieldauer haben nicht nur von 1200 Stunden, sondern darüber hinaus noch von einigen tausend Stunden mehr, da in diesem Film nicht nur individuelle Weltausschnitte gezeigt, sondern auch noch gruppenpsychologische Bewegungen und Verhaltensweisen studiert werden sollen und also mindestens eine Kamera in der Totale die gesamten 1200 Stunden aufzuzeichnen hätte.

Und selbst wenn diese, natürlich utopischen, Voraussetzungen geschaffen würden, selbst dann, wenn man also mit zehn bis zwölf Kameras 2000 Stunden Film filmen und auch ansehen würde, selbst dann hätte der Regisseur die innere Wirklichkeit der Personen nicht mitgeteilt; denn zu dieser inneren Wirklichkeit gehören gerade der historische und individuelle Kontext, das heißt, die Antworten auf die Frage, woher die Personen kommen, und wohin sie nach dem Experiment entlassen werden.

Der Film müßte also wiederum erweitert werden auf zehnfache Weise, um diese Zusammenhänge mitzuteilen. Kurz, jede normale, d. h. mögliche filmische Aufzeichnung eines solchen Bunkerexperiments, die vielleicht einen fertigen Film von 45 Minuten ergibt, ist nicht Wirklichkeit schlechthin, sondern die subjektive Ansicht eines Autors oder Regisseurs *über* ein Ereignis. Der betreffende Film mag sich so dokumentarisch gebärden, wie er will, er ist so zutreffend wie der Regisseur oder Autor zutreffend beobachten können, er ist so richtig oder so falsch, wie Regisseur oder Autor richtig oder falsch interpretieren und urteilen können, oder vielmehr, er ist niemals ganz richtig oder ganz falsch, da die subjektive Äußerung des Regisseurs oder des Autors wegen ihrer Subjektivität niemals ganz richtig oder falsch sein können.

Das Foto hat es unvergleichlich viel schwerer, Wirklichkeit mitzuteilen, und die Möglichkeit des optischen Betruges über diese Wirklichkeit ist hier noch viel größer als beim Film, da das Einzelfoto einen Doppelkopf hat, ein ganz kleines dokumentarisches Profil und ein ganz großes abstrahierendes Profil. Daß man sich der umgestaltenden Kraft der Fotografie in Wirklichkeit bewußt ist, kommt in Anekdoten zum Ausdruck wie etwa der über die Freundin, die bewundernd sagt: »Ach, haben Sie da ein schönes Kind.« Darauf die Mutter: »Oh, das ist noch gar nichts, da sollten Sie erst mal seine Fotografie sehen.«

Wie wenig das einzelne Foto an Wirklichkeit mitteilen kann, läßt sich an einem Agenturfoto zu dem Thema »Verhör eines südvietnamesischen Bauern durch amerikanische Soldaten« zeigen. Voraussetzung: Dieses Foto wird als Einzelfoto zu einem Artikel veröffentlicht, der sich mit dem Einsatz oder dem Engagement der amerikanischen Streitkräfte in Vietnam beschäftigt. Die informativen, d. h. die äußeren Konturen dieses Fotos sind leicht zu beschreiben. Man hat es hundertmal gesehen: *wie groß* der amerikanische Soldat im Vergleich zu dem kleinwüchsigen Südvietnamesen wirkt, ein Riese. Man hat es hundertmal gesehen: *wie unenträtselbar* der Gesichtsausdruck, der fragende, der mißtrauische, der ängstliche, der schicksalsergebene ist, zumal die übrigen Dimensionen fehlen; denn: *Wir hören* keine

Schüsse, wissen also nicht, wie weit von der eigentlichen Front entfernt diese Szene spielt; wir nehmen nicht an dem Gespräch teil, wissen also auch nicht, was im einzelnen verhandelt wird; *wir erkennen* nur durch die Bildunterschrift: Da wird einer verhört.

Aber damit ist der Bildgehalt nicht erschöpft; denn da die Wirklichkeit ihrer Definition nach als Prozeß gilt, ist der Betrachter dieses Fotos auf Vermutungen angewiesen, auf das, was im nächsten Augenblick geschieht, Sekunden später, und auf das, was vorher geschehen ist, Sekunden früher. Da er beides nicht kennt, muß er spekulieren. Die einfachste seiner Reaktionen wäre: »Schrecklich, dieser Krieg!« Hat er eine politische Meinung, so wird dieses Foto zur Bestätigung dieser Meinung herhalten müssen. Gegner des Vietnamkriegs werden das mutmaßliche Umfeld dieses Fotos in die Betrachtung miteinbeziehen, d. h. es in das Foto mithineinsehen, nämlich das Imperfekt und das Futurum, das, was vorher war und das, was später geschieht. Sie werden noch mehr in diesem Bild wahrnehmen, nämlich den Geruch des Verhörs, den Geschmack von Blut, und vielleicht einen assoziativen Strudel von vagen und undeutlichen Vokabeln und Begriffen wie Gestapokeller, Bogerschaukel, Schwedentrunk, Soldateska, unschuldige Bevölkerung, Napalm.

Sympathisanten mit dem amerikanischen Engagement werden ein mutmaßliches Umfeld mit in die Betrachtung einbeziehen, d. h. es in das Foto hineinsehen, nämlich - und hier wiederum Imperfekt und Futurum - eine Genese, wie es zu dieser Szene kam, vielleicht, so werden sie denken, ist dieser Vietnamese ein Nachrichtenzuträger, ein Verräter, ein Auslieferer von Menschen, Attentäter, Heckenschütze, Partisan. Und schließlich verhören die Nordvietnamesen auch. Das hat man gelesen. Und schließlich ist Krieg Krieg. Das weiß man. Kurz: Das Foto mit dem Thema »Verhör eines südvietnamesischen Bauern durch amerikanische Soldaten« vermittelt ihnen das an Information, was sie bereits wissen oder zu wissen glauben.

Man müßte also die optische Information ausweiten. Die einfachste Form ist das zweite Bild. Veröffentlicht man zu diesem Foto das Pendant, also ein Verhörfoto auf seiten der Nordvietnamesen, so heißt der Titel dieser Bilder: »Verhör im Vietnamkrieg«. So gefaßt, wird das einseitige Engagement aufgrund eines Emotionen wachrufenden Bildes verhindert und macht einer übergeordneten, allgemeineren Betrachtung Platz. Die quasi dialektische Gegenüberstellung beider Fotos wirkt objektiv in bezug auf das Thema Verhör, das Thema Krieg dagegen oder noch genauer »Vietnamkrieg« vermag den Leser, der diese beiden Fotos betrachtet, zu Stellungnahmen anzuregen wie »Vietcong oder Amerikaner - das sind doch alles die gleichen« oder zu der Emotion, die man formulieren kann mit »Man sollte endlich Schluß machen mit diesem Krieg« oder »Immer müssen die Unschuldigen leiden, dagegen die im Pentagon.« »Verhör im Vietnamkrieg« durch zwei Fotos dargestellt, ist also auch noch nicht die maximale optische Information.

Dazu müßte man die »Verhöre im Vietnamkrieg« in eine fotografische Story von der Kriegführung beider Parteien überhaupt einkleiden, wobei der Aspekt des Verhörs nur ein Gesichtspunkt unter anderen wäre. »Kriegführen im Vietnamkrieg« aber scheint wiederum irreführend, da hier weder ein Zusammenhang zu der Kriegführung schlechthin noch zu der Historie des Vietnamkriegs gegeben ist, von der die Art der Kriegführung abhängt. Verfolgt man auf diese Weise das Ausgangsfoto »Verhör eines südvietnamesischen Bauern durch amerikanische Soldaten« weiter, so endet man bei einem fotografischen Konvolut von einigen tausend Aufnahmen, in denen, um dieses eine Foto zu legitimieren, fotografisch informiert wird über: Kriegführung, Strategie, Verhörmethoden. Ferner: Weltgeschichte, Geschichte des Vietnamkriegs, Perspektiven dieses Kriegs. Ferner: Die kriegführenden Parteien, die Amerikaner, die Nordvietnamesen, China, die Sowjetunion, die übrige Welt, und so weiter.

Die Antwort auf die erste Frage heißt also: Das Foto vermag keine objektive Wirklichkeit mitzuteilen. Wenn die Fotografie das aber nicht vermag, was löst sie dann bei dem Zeitungsleser aus, an welchem Punkt vermag sie sein Bewußtsein zu verändern, welche Wirkung hat überhaupt ein Bild auf die öffentliche Meinung? Das Problem ist nicht neu, aber es ist von neuem aktuell, weil der Mensch heute einem Ansturm von Bildern ausgesetzt ist, den es in der Geschichte noch nicht gegeben hat. Man muß deshalb danach fragen, ob die Welterfahrung durch das Bild eine andere Qualität besitzt, ob sie, wie die *Life*-Redakteure glauben, das Handeln auslöst, oder ob sie es hemmt, ob sie der begrifflichen Welterkenntnis überlegen ist, oder ob sie einen Rückfall darstellt in eine frühere Bewußtseinsform.

Die Frage nach dem Verhältnis von Bild und Begriff, von Anschauung und Denken, bezeichnet ein Grundproblem der abendländischen Geistesgeschichte. Goethe war der Auffassung, daß der bild- und gestalthafte Ausdruck der primitivere sein muß, weil er zeitlich früher liegt. Goethe nannte es »Urphänomen«, Freud sprach von den Bildern des kollektiven Unbewußten, C. G. Jung von den »Archetypen« und Jakob Burckhardt von »urältesten Erinnerungen«.

Das Bild selbst taucht in der Vorzeit an die Oberfläche unseres archäologischen Erinnerungsvermögens, als Umrißkunst in der Eiszeit, als Höhlenbild im Diluvium und Paläolithikum. In höchster Naturtreue kratzte der Mensch der Vorzeit das wilde Tier in den Fels: das Tier ist lebendig, es springt, verharrt und sichert wie in der Natur. Kein Bewußtsein schaltete sich zwischen die Natur und das Gehirn des wilden Menschen, von dem F. Schultze sagt: »Es ist, als ob alle äußerlichen Erscheinungen seinem, des Wilden, mit keinem abstrakten Gedanken beschäftigten Gehirn einfotografiert würden.«

Die Wissenschaft hat diese Fähigkeit das »eidetische Vermögen« (»eidos« - Gestalt, Bild) genannt. Der Paläolithiker malte aus dem Schwung der Hand, er fühlte das Bild, er war es selbst im Augenblick, im Akt des Malens. Tanzend erlebte er das Wesen des Tieres, tanzend übertrug er seine Gestalt, in die er verwandelt war, tanzend wurde er selbst zu Tier, Bild und Beschwörung. Doch diese Zeit war kurz, und eigentlich tritt der Mensch bereits im Neolithikum und der Bronzezeit aus seiner Identität mit dem Bild heraus. Im Neolithikum nabelt der Mensch sich ab zu seinem Ich. Seine Bilder werden zu »Urteilen über die Wirklichkeit«. Die Trennung zwischen Ich und Welt, zwischen dem warmen Hier und dem kalten Dort, wird vollzogen. In dieser Zeit werden die Zeichen geboren, die ersten Symbole, die Runen, die Hieroglyphen. Im Neolithiker wird die Fähigkeit geboren, ein Erlebnis zu abstrahieren. Der Mensch, der für den springenden Hirsch das Zeichen des springenden Hirsches setzt, ist nicht mehr identisch mit dem Wild. Denn er hat einen Begriff davon. Er ist der Jäger, der Hirsch sein Opfer. Triumphierend erlebt er diese Tatsache und verewigt sie durch die zeichenhafte Gebärde.

Damit sind die beiden grundsätzlichen Positionen bezeichnet. Sie haben sich bis heute wohl entwickelt, aber nicht eigentlich geändert. Immer noch und gerade heute steht das Bild gegen den Begriff, die Formen der Sinnlichkeit gegen die des Verstandes, die Anschauung gegen das Denken, der Mythos gegen den Logos.

Denn obwohl die Philosophie und die Wissenschaftsgeschichte der Neuzeit geradezu als Kampf um den höheren erkenntnismäßigen Wert von Anschauung oder Denken verlief, hat sich die magische Kraft des Bildes von Anbeginn erhalten. Die Kraft des Bildes ist selbst in der Neuzeit so stark, daß wohl keine der gewaltsamen gesellschaftlichen und politischen Veränderungen ohne den gleichzeitigen Sieg der Bilderstürmer über die Bilderverehrer stattgefunden hat. Wer einen Tyrannen stürzt, wer neue Götter auf den Thron setzt, beginnt damit, die Bilder des alten Tyrannen zu zerbrechen, die Bildnisse der alten Götter zu zerstören, das reicht bis zu den Beamtenstuben und Schulzimmern im sowjetischen Teil Deutschlands nach 1945. An die gleiche, beim Abnehmen des Hitler-Porträts blaß gebliebene rechteckige Stelle der Wand wurde das Porträt Stalins gehängt.

Das Problem zeigte sich aber erst in seiner ganzen Schärfe, als zu den Urbildern, die der Mensch in sich trägt, jene fotografischen Bilder kamen, die durch Ablichtung der Wirklichkeit entstehen. Und das ist ein Paradox: Während sich scheinbar die Bewußtheit und Bilderfeindlichkeit naturwissenschaftlichen Denkens durchsetzt, erlebt der Mensch des zwanzigsten Jahrhunderts nicht nur eine gewaltige Rehabilitation der Unbewußtheit des Bildes (durch Kunstrichtungen wie den Surrealismus und durch Wissenschaften wie die Psychologie Sigmund Freuds und C. G. Jungs), sondern wird auch in ein imaginäres Museum ungeheuerlichen Ausmaßes versetzt, in eine von Stellwänden umgebene Welt, an deren Wände täglich Milliarden neuer Bilder genagelt werden: die brennenden Mönche von Saigon und die Rückseite des Mondes, der Stilettstoß eines japanischen Attentäters und ein im Weltraum fliegender Mensch, der Embryo im Mutterleib und die Leichen vietnamesischer Bauern, die letzten Sekunden im Leben eines amerikanischen Präsidenten und der Steinwurf eines Prager Demonstranten, der einen sowjetischen Panzer attackiert.

Er erhält Bilder angeliefert, die seinen Bedarf nach Erregungen systematisch stillen, mit großen Bränden, kleinen Schiffsuntergängen und schön fotografierten Katastrophenopfern. Und er hat selbst mittlerweile einen Hunger nach solchen Bildern, der doch nicht gestillt werden kann. Dieser Bildhunger verläßt ihn selbst in den ausgefallensten Situationen nicht. Das hat der Weltumsegler Wilfried Erdmann an sich erfahren, wie es in einem Bericht geschildert wird: »Wie lange noch bis Tahiti? Er pumpt und pumpt, er dichtet ein schwer zu füllendes Leck nach dem anderen. Er lernt tüchtig Französisch, um sich mit den Südseeschönheiten verständigen zu können. Er läßt sich sogar mit einem zusammenklappbaren Beiboot an langer Leine achteraus treiben, um seine »Kathena« mitten im Stillen Ozean zu fotografieren.«

Diese Bilder aber sind nicht nur dokumentarisch und werden auch gar nicht als Dokument verstanden. Sie entstammen dem Reservoir an Urbildern und werden von den Bildredakteuren auf das Maß dieser Urbilder reduziert, auf bestimmte ewige antinomische Bildgebärden wie Geburt und Tod, Trauer und Freude, Glück und Unglück. Ihr Anblick befriedigt den Zeitungsleser ebenso wie ihn ein Roman befriedigt. Er fühlt sich gar nicht aufgerufen zur Weltveränderung.

Das Bild hat einen Doppelcharakter, ein ganz kleines dokumentarisches Profil und ein großes symbolisches Profil. »Weltverändernd« könnte das Foto nur wirken, wenn der Zeitungsleser das Bild als Dokument und Wirklichkeitsausschnitt begreifen würde. Betrachtet er die Bilder so, auf diese Weise?

Das Symbol stellt den Zusammenhang zwischen zwei Welthälften her, den Zusammenhang zwischen dem inneren und dem äußeren

Kosmos. Es wirkt als Klammer, die das, was dem Menschen von außen, durch die Fotos, zugeführt wird, mit dem verbindet, was ihm an innerlich präformierten Gestalten und Möglichkeiten gehört. Dem Bild innen entspricht das Bild außen. Goethe hat hierfür den Begriff der Antizipation benutzt: »Hätte ich nicht die Welt durch Antizipation bereits in mir getragen, ich wäre sehenden Auges blind geblieben, und alle Erforschung und Erfahrung wäre nichts gewesen als ein ganz totes und vergebliches Bemühen. Das Licht ist da und die Farben umgeben uns; allein trügen wir kein Licht und keine Farben im eigenen Auge, so würden wir auch außer uns dergleichen nicht wahrnehmen.«

Man kann dies, die Erkenntnis, daß der Zeitungsleser in dem Bild immer nur das erkennt, was er bereits weiß (aber auch, daß der Fotograf immer nur das Bild macht, das er bereits in sich trägt) auch soziologisch begründen; denn die intuitiven Beweise der goetheschen Weltanschauung klingen heute nur dem überzeugend, der auch das nichtnaturwissenschaftliche Denken akzeptieren kann. Was hiermit gemeint ist, hat Karl Pawek an einem Beispiel beschrieben: In der ersten Weltausstellung der Fotografie zeigte Pawek eine Aufnahme von den Rassenkrawallen in Birmingham. Polizisten hetzten scharfe Polizeihunde auf eine Gruppe von Negern: »Es war das Bild einer bedrängten Kreatur, vor der sich eine Bestie aufbäumt, während sich eine andere Bestie von rückwärts in den Körper des Negers verbeißt.« John F. Kennedy hatte damals diese Vorgänge durch den Satz kommentiert, daß die »Hunde von Birmingham das Gewissen der amerikanischen Nation wachgebellt« hätten. Die Weltausstellung der Fotografie wurde aber nicht nur in Amerika gezeigt. Sie kam nach Basel und löste, wie eine Basler Zeitung mitteilte, auch andere Kommentare aus. Lange stand ein Schweizer Ehepaar vor dem Bild. Schließlich sagte der Mann zu seiner Frau: »Schau dir diesen prächtigen Schäferhund an, wie er leibt und lebt.« Dann ging das Paar weiter.

Der Mensch erblickt in dem Bild das, was er weiß, und das Bild kann seine Welt und die öffentliche Meinung dieser Welt nur verändern, wenn diese Veränderung bereits begonnen hat. Das Bild kann keine

Veränderungen auslösen, es kann die bereits eingesetzte Veränderung höchstens beschleunigen. Soziologische Untersuchungen haben bestätigt, daß die Meinungen der Massenmedien - Nachrichten, Fernsehberichte, Fotografien - gar nicht so meinungsbildend wirken. Der Mensch orientiert sich nicht nur an den alphabetischen oder optischen Nachrichten, vor allem orientiert er sich an den Haltungen und Meinungen, die um ihn herum sind, an dem Habitus seines Milieus oder, wie die Soziologie formuliert, der »Primärgruppe«. Das Problem der Meinungsbildung ist also nicht so sehr, mehr Nachrichten herzustellen oder mehr Wirklichkeit zu fotografieren. Das Problem ist, konkret, wie es gelingt, daß ein Katholik protestantische Argumente zur Kenntnis nimmt, wie ein CDU-Abgeordneter durch einen SPD-Abgeordneten beeinflußt werden kann, wodurch einem SDSler die Ansichten eines Vertreters des Establishment glaubhaft gemacht werden können (und umgekehrt), oder wie einem Baseler Schäferhundefreund die Position eines Negers in Birmingham klargemacht werden kann. Durch Multiplizierung von Nachrichten und Fotos kann dies nicht erreicht werden.

Der Mensch orientiert sein Verhalten an seinem Nächsten. Fernsehnachrichten und Fotos aus Amerika liegen ihm weit, sie beeinflussen ihn nicht. In Deutschland bilden sich 60 Prozent der Bevölkerung ihre Meinung in den Primärgruppen (Familie, Beruf, Verein) und nur 23 Prozent direkt durch die Massenmedien. In der amerikanischen Durchschnittsfamilie als der wichtigsten Primärgruppe für die Meinungsbildung, gilt, wie Untersuchungen ergeben haben, immer noch die Autorität des Vaters.

Die deutsche Hüttenindustrie hat in einer Untersuchung Arbeiter nach ihren Auffassungen befragt und festgestellt, daß Fragen, die sich auf Gebiete bezogen, die außerhalb des primären Erfahrungsbereichs lagen (Vietnam, Biafra, die Negerfrage), nur blaß, allgemein, stereotyp beantwortet wurden. Themen jedoch, die mit der unmittelbaren Erfahrung der Arbeiter zusammenhingen, mit Arbeitsrecht und Freizeit, Entlohnung und Altersversicherung, wurden nicht nur klar formuliert, sondern auch im Sinne der Gruppenzugehörigkeit entschieden. Von dieser sozialen Bestimmtheit der Ansicht ist ebenso auch der deutsche Student betroffen: Wie politisch aktiv ein Student ist, hängt zum Beispiel damit zusammen, wie er wohnt. Von Wohnheiminsassen beteiligen sich 63 Prozent an den Demonstrationen, von den Budenbewohnern und Studenten mit eigener Wohnung dagegen bereits etwa je die Hälfte, und von denen, die noch zu Hause leben, bei den Eltern, gar nur ein Drittel.

Als die *Life*-Redakteure meinten, daß sie die Welt mit Fotos verändert hätten, falls »wir früher in der Lage gewesen (wären), rechtzeitig Bilder von der Judenvernichtung durch die Nazis zu drucken«, gingen sie davon aus, daß die Fotografie der Nabel der Welt sei. Dies ist ein verständlicher Irrtum von Menschen, die ihren Beruf und ihre Funktion überschätzen. Weltveränderung und Meinungsbildung aber, ob durch Nachrichten oder durch Fotos, ist nicht nur Sache der Spezialisten, sondern ein Vorgang von einer ungeheuren Komplexität. Sie ist es noch; denn bis jetzt ist das Milieu des Menschen, sind seine Nester noch intakt. (Wieviel Menschenleben hat *Life* wohl gerettet durch die Veröffentlichung jener Aufnahmen, die die Erschießung eines Vietcong zeigen?)

Die Furcht vor der Macht der Meinungsmacher bezieht sich darauf, daß die traditionellen Wir-Gruppen und Primär-Milieus langsam ihre Anziehungskraft verlieren. Die ungeheure Technologie, die »Implosion« der Welt (Marshall McLuhan) durch die Existenz der Massenmedien, die soziale Angleichung der Klassen - das alles macht aus der Welt ein globales Dorf. Das neue Milieu ist nicht mehr die Wohnung, das Haus, die Stadt, sondern das Fernsehgerät, das Warenhaus, der Sozial-Status des Konsumbürgers. Kurz: das neue Milieu ist das Massenmedium. Die nächsten Jahrzehnte werden zeigen, ob der Mensch in ihm heimisch wird, dann werden Fotos auch die Welt verändern können.

Das zweite Schwert

In manchen Märchen wird einer von zweien gefragt, welches der beiden Schwerter er wählen will. Das erste Schwert ist von schneidender Schärfe, blank und hell. Kein Zweifel, daß, wer mit diesem Schwert zuschlägt, den Kampf gewinnen wird, denn verrostet ist das zweite Schwert. Es scheint stumpf zu sein und kaum einen Hieb zu vertragen. Doch der Schein trügt. In Wirklichkeit verbirgt sich hinter der Antiquität die bessere Waffe, und wer diese Waffe wählt, kann den Kampf gewinnen.

Das alte Gleichnis ist wie gemacht, um jene Situation zu beschreiben, in der sich heute zwei militärische Gegner befinden. Der eine mag zwar ein schimmerndes Schwert besitzen und der andere nur einen alten Säbel. Gewinnen kann auch der zweite, vorausgesetzt, daß unter der scheinbar scharfen Waffe die materielle Überlegenheit eines militärischen Potentials verstanden wird und unter dem verrosteten Säbel die Kunst, Öffentlichkeitsarbeit zu treiben. Im Westen ist offiziell noch nie zugegeben worden, daß der moderne Krieg nicht nur gewonnen wird durch die Addition von Sozialprodukt plus Bevölkerungswachstum plus Anzahl von zur Verfügung stehenden Raketen, sondern durch die Multiplikation von öffentlichen Meinungen.

Oberst Grivas Dhigenis zum Beispiel, der die Zyprioten zum Sieg über die Engländer führte, focht nie mit etwas anderem als mit dem rostigen Schwert. In den besten Zeiten verfügten die zypriotischen Partisanen über 100 Maschinenpistolen, 40 Karabiner und 311 Pistolen, aber sie nahmen es trotzdem mit 40 000 gutausgerüsteten britischen Soldaten auf und warfen sie nach vierjährigem Kampf von der Insel. Das Beispiel dieses Kampfes zweier scheinbar nicht ebenbürtiger Gegner, die mit zwei verschiedenen Schwertern antraten, ist nicht nur deshalb lehrreich, weil hier die Schneide des zweiten Schwertes ihre Überlegenheit über die Schärfe des ersten bewies. Es ist doppelt lehrreich, weil General Grivas als der erste nichtkommunistische Europäer, der einen Partisanenkrieg persönlich plante und organisierte, seine Erfahrungen und Lehren nach den Kämpfen niederschrieb. Er wird dadurch zum Mao Tse-tung Europas.

Das Ziel des Obersten Grivas war dem strategischen Ziel der klassi-

schen Kriege entgegengesetzt; denn da eine physische Vernichtung des Gegners nicht möglich war, konnte die Schlacht nur auf einem anderen Terrain gewonnen werden, auf dem Feld der Moral. Dies war die Überlegung des sechsundfünfzigjährigen Obersten im Ruhestand, als er sich im Oktober 1954 nach Zypern begab und dort die EOKA, die »Ethniki Organosis Kypriakou Agonos« gründete und unter dem Namen Dhigenis in den Kampf gegen die Engländer führte. Militärisch gesehen mußten die mangelhaft ausgebildeten Zyprioten als Amateure gelten, aber auf dem Gebiet der Public Relations waren sie nicht zu schlagen. Das zeigte sich bereits in dem sogenannten »strategischen Kampfziel«, das ihr Führer im Hauptplan der revolutionären Aktion folgendermaßen formulierte: Es gehe darum,
»... durch heroische und selbstaufopfernde Taten das Interesse der internationalen Öffentlichkeit, vor allem der Verbündeten, auf die Zypernfrage zu lenken,
... durch fortwährende, wirksame Beunruhigung der Engländer auf Zypern unsere Entschlossenheit und den Willen zu bekunden, daß wir keine Opfer scheuen und nicht nachgeben werden,
... den Kampf fortzusetzen, bis die internationale Diplomatie - die UN - und insbesondere die Engländer sich genötigt sehen, die Zypernfrage zu untersuchen und sie in Übereinstimmung mit den Wünschen des zypriotischen Volkes und der griechischen Nation zu lösen.«
Der Kampf zwischen den beiden Schwertern, zwei Prinzipien, nach denen ein Konflikt entschieden werden kann, mutet an wie das Anrennen Davids gegen den Goliath. Während die Engländer heimlich dreihundert ihrer besten Agenten nach Zypern schickten, um Dhigenis zu verhaften, revanchierte sich Dhigenis öffentlich, indem er die Fehlschläge dieser Fahndungen an die Weltpresse weiterleitete. Während die Engländer in großen Suchaktionen das zyprische Bergland nach Partisanen durchkämmten, ließ Dhigenis die unvermeidlichen Folgen dieser militärischen Aktionen für die Zivilbevölkerung publizieren: Über einen eigenen Nachrichtendienst gelangten diese Berichte an das Kampfkomitee in Griechenland und von dort weiter an die internationalen Nachrichtenagenturen.

So kam es, daß die Weltpresse bald genußvoll über die Taten des kleinen, tapferen David gegen den ungeschlachten Goliath berichtete, ebenso genußvoll, wie sie im Jahre 1968 über die Siege der Vietcong schrieb; denn der Kampf der Zyprioten gegen die Engländer war zum Symbol geworden. Die Nachricht über ein von den Engländern evakuiertes Dorf oder über Repressalien gegen die Zivilbevölkerung, fügte den Engländern größeren Schaden zu als fünf Partisanen, die bei einem Kampf erschossen wurden. Entscheidend ist, daß Grivas nichts dem Zufall überließ. In allem, was er auf dem Gebiet der Öffentlichkeitsarbeit tat, spürt man die »Hand des Kenners«, die das zweite Schwert dem ersten vorzieht. Oberst Grivas war sich dessen vollkommen bewußt, so daß er, nach bestandenem Kampf, schreiben konnte, daß »der Westen bis heute dieser Form des Krieges nichts entgegenzusetzen hat, weil er ihr aus organisatorischen, psychologischen und anderen Gründen nicht gewachsen ist«.

Einen Instinkt für das zweite Schwert besaß auch der sizilianische Bandit Giuliano, der zweitausend Mann einer Spezialeinheit in den Bergen nach sich jagen ließ und zur gleichen Zeit Interviews gab und für den Dokumentarfilm »Ein Tag im Leben Giulianos« posierte. Sein Verhalten wirkt, obwohl die Wirkung auf die Moral der Carabinieri nicht weniger groß war, pfiffig, wie das eines besonders schlauen Bauern, der seinen Verfolgern ein Schnippchen schlägt. Trotzdem ist es nur ein gradueller Unterschied zu der Öffentlichkeitsarbeit des Obersten Grivas Dhigenis oder den Public Relations des Vietcong.

In seiner großen TET-Offensive im Frühjahr 1968 griff der Vietcong zu dem Mittel der psychologischen Kriegsführung, deren strategisches Ziel für ihn darin bestand, die Weltöffentlichkeit für sich zu gewinnen. Die Worte, mit denen der *Spiegel* diesen Plan kommentierte, hätten von Oberst Grivas geschrieben sein können: »Zwar können die Vietcong eine halbe Million erstklassig ausgerüsteter US-Soldaten nicht physisch vom hinterindischen Festland vertreiben ... die Vietnam-Kommunisten bauen vielmehr darauf, daß Amerikas Politiker an Amerikas allzu optimistischen Generälen verzweifeln und

daß Amerikas Bevölkerung ihren Präsidenten zum Abbruch des aussichtslosen Vietnam-Abenteuers drängt.«
Der Vietcong beeinflußte die öffentliche Meinung, indem er Ereignisse schaffte, die in einem Sinn interpretiert werden mußten, der dem Vietcong nützte. Um diese Ereignisse in ihrer Wirkung noch zu verstärken, lud er in dieser Zeit westliche Journalisten zu Informationsgesprächen ein, nicht anders, als dies auch eine Agentur tun würde. In einem Pressebericht aus Saigon wurde solch ein Informationsgespräch geschildert, das sich von einem Empfang auf der Kölner Herrenmodewoche nur dadurch unterschied, daß kein Sekt gereicht wurde. Zwei Journalisten sprachen mit einem Offizier des Vietcong und »fragten ihn, ob wir ihn fotografieren dürften. Er war sofort einverstanden. Er führte uns ins Freie und ging mit uns von einem Soldaten zum anderen. Er benahm sich fast wie ein amerikanischer Informationsoffizier. Die einzige Schwierigkeit bestand darin, daß die Soldaten vor der Kamera sofort Heldenposen einnahmen. Einer schwenkte grimmig eine Granate, ein anderer stemmte einen amerikanischen Granatwerfer. Sie stellten sich an einem abgeschossenen Panzer auf, der im Garten des Nachbarhauses stand. Alle lächelten wie Soldaten einer siegreichen Armee.«
Die gezielte Anwendung des zweiten Schwertes durch Oberst Grivas, den Vietcong und andere Heerführer der neueren Geschichte gleichen sich so stark, daß man daraus auf eine Taktik schließen muß, der eine beschreibbare, lehrbare und erlernbare Methodik zugrundeliegt. Tatsächlich existiert diese Methode auch, und tatsächlich ist diese Methode, die zunächst von Minderheiten gegenüber Mehrheiten im politischen und militärischen Kampf benutzt wurde, die Voraussetzung für die moderne Öffentlichkeitsarbeit.
In den Hinterhalten der Guerillakriege wurden die Waffen dazu entwickelt. In den Propagandaministerien wurden diese Waffen perfektioniert und in den Führungsstäben des »psycho war« wurde die Waffenführung von Wissenschaftlern und Spezialisten in Begriffe gefaßt. Aus dem zweiten Schwert des Märchens wurde das Handbuch der psychologischen Kriegführung, und aus den Handbüchern der

Von Sokrates bis Francis Powers, vom Athener Gerichtshof bis zum Moskauer Schauprozeß: Die Öffentlichkeit als Ankläger.

Die Gesellschaft kennt einen Grundkonflikt, den zwischen dem Ich und der Menge. Die Ur-Szene, in der sich dieser Konflikt in klassischer Weise zeigte, war der Prozeß gegen Sokrates. Der Athener, angeklagt, andere Götter zu verehren als die von der Gesellschaft akzeptierten Götter, wußte, daß er dem Urteilsspruch der Gesellschaft unterliegen wird: »Und das ist es auch, dem ich unterliegen werde, wenn ich unterliege, nicht dem Melitos, nicht dem Anytos, sondern der üblen Meinung und dem Haß der Menge, dem auch schon viele andere treffliche Männer unterliegen mußten . . .«

Die Welt sieht zu: Über fünfhundert Fotoreporter berichten täglich aus Vietnam.

Der Krieg in Vietnam wird nicht nur in den Niederungen des Mekong-Deltas entschieden, sondern ebenso in den Spalten der Weltpresse. Das gilt für alle kriegerischen Ereignisse, für den Vietnamkrieg ebenso wie für den Krieg in Biafra und den zwischen Israel und den arabischen Staaten. Der geschichtlichen Tat folgen heute die Belege für diese Tat auf dem Fuß. Sie gestatten die Ausrede des »Wir haben das nicht gewußt« nicht mehr. Bilder wie diese, auf denen ein hoher südvietnamesischer Polizeibeamte einen Vietkong erschießt, gehen heute innerhalb von wenigen Tagen um die Welt. In den Vereinigten Staaten haben solche Fotos »die größten innenpolitischen Krisen der letzten Jahre« ausgelöst.

»Wären wir früher in der Lage gewesen, Bilder von der Judenvernichtung durch die Nazis zu drucken, so hätten Millionen Menschen gerettet werden können«.
Life, 1969

Propaganda gibt es, seitdem es den »homo politicus« gibt, den politisch agierenden Menschen. Die Geschichte der Propaganda ist eine Geschichte der Propagandamittel. Im Altertum wurden als Träger der Propaganda die Münzen benutzt, später reitende Boten, Cäsar führte die »Acta Diarna« ein, Regierungsbulletins. Das Mittelalter erfand das politische Lied und die Karikatur. Im siebzehnten Jahrhundert erschienen die ersten Zeitungen, d. h. Informationsträger, durch die der Bürger in der Lage war, Gegenpropaganda zu treiben, öffentliche Meinung gegenüber der Staatsmeinung zu artikulieren. Seit dieser Zeit wird um die als unabhängig geltenden Informationsträger gekämpft. Adolf Hitler schaffte die Presse nicht etwa ab, er benutzte sie, da sie als das Sprachrohr der öffentlichen Meinung gilt. Er ließ seine Reden drucken, seine Siege feiern, die Zustimmung der Massen abbilden. An diesem Interesse derjenigen, die die öffentliche Meinung brauchen, hat sich bis heute nichts geändert, nur sind die Methoden der Propaganda subtiler geworden. Ihre verfeinertste Form hat die Propaganda in den Methoden der Public Relations gefunden.

Der Kampf der Alten gegen die Jungen, des Establishments gegen die APO, der Falken gegen die Tauben, ist ein Kampf um Öffentlichkeit. Um Sendezeiten, um Zeitungsspalten, um Abdrucke von Fotos.

Die Vereinigten Staaten erleben seit einem Jahrzehnt die Auswirkungen dessen, was die Medienforscher die »totale Öffentlichkeit« nennen. Damit ist gemeint, daß neben die drei traditionellen Gewalten, die noch Montesquieu beschrieben hat, eine vierte an die Seite getreten ist, die den angestrebten Gewaltenausgleich zum Teil aufhebt. Die neue Öffentlichkeit ist »total«, weil sie nicht mehr aus informierten Gruppen besteht, sondern aus der gesamten Gesellschaft. Diese Gesellschaft ist offen, d. h. sie gibt jedem die Chance, eine Öffentlichkeit für seine Absichten herzustellen, indem er die Aufmerksamkeit der Massenmedien für sich gewinnt. Die beiden entscheidendsten Mittel, dies zu erreichen, sind die Konfrontation und die Herstellung von Ereignissen. Beides führt dazu, daß die Medien mit Nachrichten besetzt werden, die im Sinne des Beeinflussers wirken. Wer also die Konfrontation mit der Polizei sucht, erreicht, daß die Medien Bilder von Prüglern und Geprügelten veröffentlichen. Wer eine Demonstration arrangiert, erreicht, daß die Medien den Verlauf der Demonstration kommentieren. Zum ersten Mal in der Geschichte ist damit den verschiedensten Gruppen in der Gesellschaft die Möglichkeit gegeben, die totale Öffentlichkeit ihrer Absichten zu erzeugen. Die innenpolitische Krise der Vereinigten Staaten wurde durch dies verursacht: durch die von jedermann, also auch der Opposition, herzustellende totale Öffentlichkeit, pro und kontra Johnson.

AC-26-95

Man kann auf zwei Arten Krieg führen, mit Gewehren oder mit Hilfe der öffentlichen Meinung.

Mahatma Gandhi, M. Luther King und die Bevölkerung von Prag kämpften auf die zweite Art: »Nehmt Fotoapparate und Tonbänder«, rief der Prager Rundfunk am 22. August 1968 seinen Hörern zu, »und nehmt alles auf, was ihr bekommen könnt. Wir werden es als Beweise für die UN gebrauchen.« Der »gewaltlose Widerstand« hat eine lange Geschichte, er reicht von den Aktionen Mahatma Gandhis bis zu dem Widerstand der Prager Bevölkerung wider die sowjetische Okkupation. Gewaltloser Widerstand ist symbolischer Widerstand. Symbolisch widerstand Gandhi: Er schickte am 1. August 1920 seine Verdienstorden an die britische Regierung zurück. Symbolisch widerstanden die Jugendlichen während des Zweiten Weltkrieges in Norwegen, die Büroklammern im Rockaufschlag trugen, um zu demonstrieren, daß sie gegen die Fremdherrschaft zusammenstehen. Symbolisch widerstanden auch die Schüler des Thomas-Gymnasiums in Leipzig: Nach der Niederschlagung des ungarischen Aufstandes von 1956 erschienen sie in Trauerkleidung. Die Nachricht ging durch die Weltpresse.

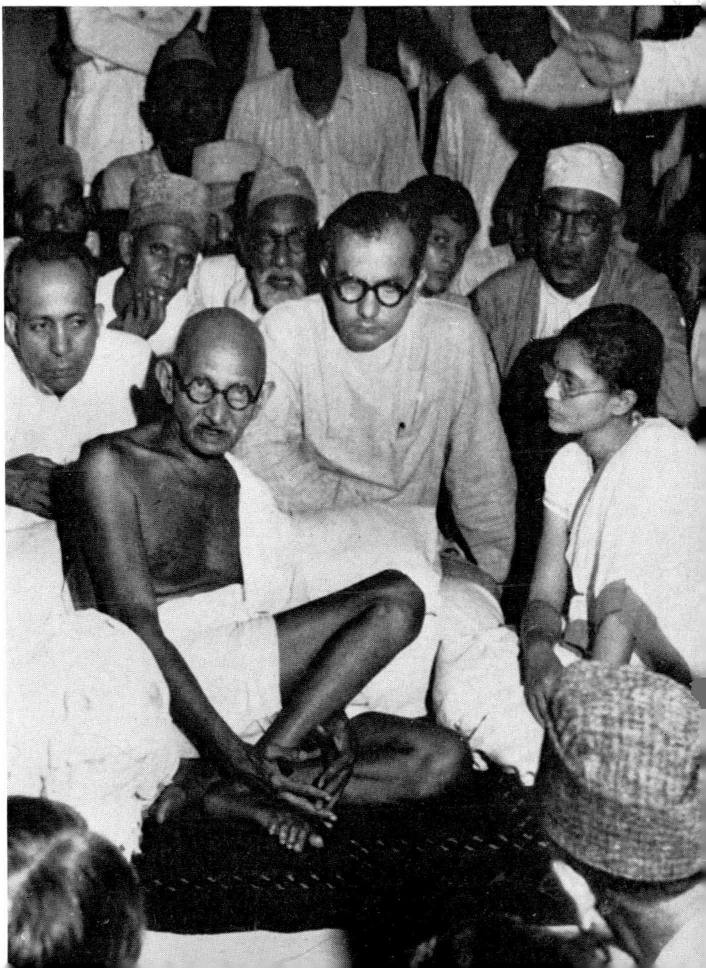

Wer war der erste PR-Mann? Der »Rede-Häuptling« bei den Polynesiern, meint Time. Eva unter dem Apfelbaum, sagt Ernest Dichter. Sie hat in Adam »ein latentes« Bedürfnis geweckt.

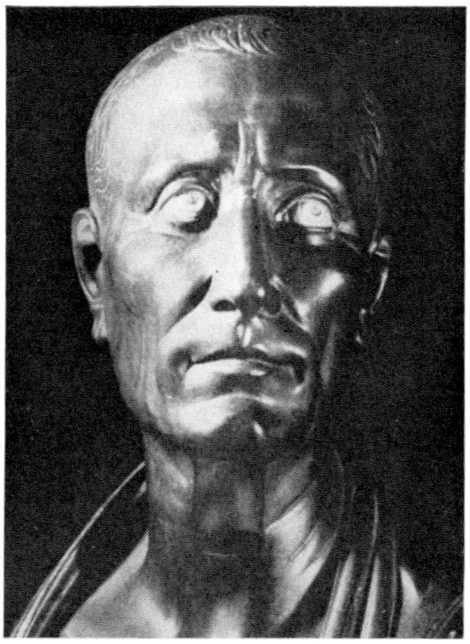

Die großen Männer der G schichte machten auch die be PR. Alexander der Große l sein Bild auf Münzen prä und in seinem Reich verbrei Gajus Julius Caesar besch tigte bezahlte Claqueure, Ja Fugger pflegte sein »Ima mit der »Fuggerei«. Alf Krupp schickte 1851 zur W ausstellung in London den w größten Stahlblock, der ur heures Aufsehen erregte. U von Henry Ford stammt Leitspruch der PR: »Für je Dollar, den ich produzi muß ich einen Dollar öff liche Meinung hinzulegen.«

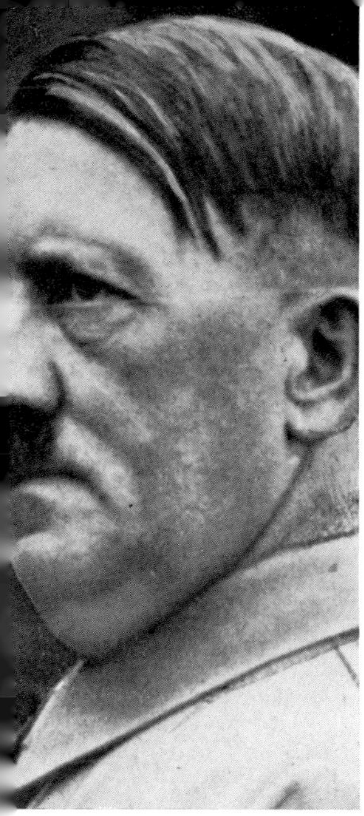

Die öffentliche Meinung, sagte Hitler, »ist eine fürchterliche Waffe in der Hand des Kenners.«

PR trieb auch Oberst Grivas Dhigenis, der die Zyprioten zum Sieg über die Engländer führte. Von ihm stammt der Satz: »Es geht uns darum, durch heroische und selbstaufopfernde Taten das Interesse der internationalen Öffentlichkeit auf die Zypernfrage zu lenken.« Auf ähnliche, jedoch gewaltlose Weise, operierten die Bürgerrechtskämpfer in den USA, die, wie Martin Luther King, im Sinne ihres Lehrmeisters Gandhi vorgingen, der gesagt hatte: »Wir haben die Absicht, die Meinung des Volkes durch gewaltlose Aktionen zu ändern.« Edward L. Bernays dagegen, der als der Vater der Public Relations gilt, definierte PR mit drei Worten: »Information, Überzeugung, Anpassung.«

Alle Kreter lügen, hieß es im Altertum. Alle Deutschen sind brutal, heißt es heute. Vorurteile zwischen den Völkern sind so alt wie die Völker selbst. Die moderne Forschung hat Erklärungen für dieses Phänomen gefunden. Eine dieser Erklärungen heißt: Territorialtrieb.

Was können die Public Relations erreichen, um die Vorurteile zwischen den Völkern zu beseitigen? Sie stellen dem anderen Volk das eigene Volk möglichst sympathisch dar. Sie tauschen Botschafter aus und verabreden Staatsbesuche, sie arrangieren Kunstausstellungen und transportieren warme Decken an den Ort einer Katastrophe, sie drucken Broschüren und laden Studenten zu einem Sprachkurs ein, sie tun das alles und hoffen sehnlich, daß es bei dem nächsten Fußball-Länderspiel nicht zu einer Schlägerei zwischen den Spielern der beiden Mannschaften kommt. Denn dann war die ganze Arbeit umsonst. PR zwischen den Völkern ist die schwierigste Form der Öffentlichkeitsarbeit. Die besten

rgebnisse erzielen die PR-Männer noch mit ampagnen, die ein kurzfristiges Ergebnis zum iel haben. Das bekannteste Beispiel einer solıen Kampagne ist die berühmte Kuba-Zuckerampagne der New Yorker Agentur Samuel E. :avisky. Damals, im Jahr 1955, sollte der Zuk-:rimport aus Kuba drastisch gekürzt werden.
ie Agentur machte zunächst die importfeindhen Senatoren ausfindig und wandte sich dann 1 die Wählerschaft dieser Senatoren und rechte ihr vor, wieviel Industriegüter Kuba aus merika importiert und wieviel Zucker die Vernigten Staaten dafür aus Kuba beziehen. In nem Fall (Quebec) standen einem Zuckerimport Werte von 25 000 Dollar ein Warenexport im Werte von 12 Millionen Dollar gegenüber. Das Ergebnis: Die von verschiedenen Senatoren geforderte Kürzung der Zuckerimporte kam im Kongreß nicht durch. Im Gegenteil: Kuba erzielte aus der Kampagne einen Gewinn von einhundert Millionen Dollar. Die Quoten wurden erhöht. Der Alltag der Public Relations zwischen den Völkern sieht grauer aus, als dieses Beispiel zu demonstrieren scheint. Er besteht aus biederer journalistischer und organisatorischer Arbeit, aus Veranstaltungskalendern und Empfangsterminen, aus Kongressen, Förderkursen, Rundfunksendungen in fremden Sprachen, aus der Arbeit von Firmenvertretungen, Touristik-Unternehmen und Luftverkehrsgesellschaften.

‹rieg als PR-Aktion: Die Agentur Bernhardt ıat in einem triumpha-en Werbefeldzug die ⁻rontseiten der Welt-ɔresse erobert. Bern-ıardt buchte ausge-vählten Reportern und ⁻otografen einen Platz n den Transportern, die 3iafra anflogen.« Zur ‹riegführung gehören ıeute Public Relations.

Die Mittel der Public Relations im Krieg sind sehr unterschiedlich. Der Vietkong erteilt bestimmten Journalisten die Erlaubnis, in Nordvietnam zu arbeiten. Die Rebellenregierung von Biafra mietete sich eine Schweizer PR-Agentur, die die Aufgabe übernahm, die Weltöffentlichkeit im Sinne Biafras zu informieren. Aus militärischen Siegen Nigerias machte diese Agentur moralische Siege für Biafra. Die Agentur organisierte und veranstaltete Rundreisen für interessierte Journalisten, sie buchte Plätze in Transportern, die von Lissabon aus mit Waffen und Medikamenten vollgeladen Biafra anflogen. Sie wußte, daß die Journalisten der Welt ein Bild Nigerias zeigen würden, das im Sinne ihres Auftraggebers wirkte. Lange Zeit hatte sie damit Erfolg. Die Situation des Krieges ist für PR-Aktionen »ideal«: Die Bundesrepublik schickte das Lazarettschiff »Helgoland« nach Saigon . . .

Public Relations gibt es heute für alles, für Produkte und Parteien, für Krupp und die Kirche, für Markenartikel und Messen, für Polizisten und Politiker, für Vereine und Verlage. Die bekanntesten PR-Veranstaltungen sind die Kirchentage und Polizeisportfeste.

Was sind das: Public Relations? Es gibt zweitausend verschiedene Definitionen dieses Begriffs, umstritten sind sie alle. Die Übersetzung des im Jahre 1897 zum ersten Mal genannten Wortes (im »Yearbook of Railway Literature«) bereitete solche Schwierigkeiten, daß man heute auch in Deutschland eher von PR spricht als von der »Öffentlichkeitsarbeit«. PR sind eine Methode, die Beziehungen zwischen einem Auftraggeber und der Öffentlichkeit im Sinne des Auftraggebers zu regeln. Das Ziel der PR ist die Herstellung eines günstigen Klimas, eines »good will«. Im Gegensatz zur Werbung geht es den PR nicht um das Produkt, sondern um das Ansehen der Firma, der Institution oder der Partei. Die theoretische Grundlage der PR besteht in verschiedenen Disziplinen wie der Kommunikationsforschung oder der Informationstheorie. Der Berufsstand selbst hat einen Ehrenkodex entwickelt, dessen Einhaltung die PR-Gesellschaften überwachen. Trotzdem konnten die PR den Vorwurf der Manipulation der Öffentlichkeit nicht abwehren. Ihr umstrittenstes Mittel ist: die Publicity.

ʼR-Fotos sind für den edaktionellen Teil der Zeitungen bestimmt. Außergewöhnliche Auf-ahmen haben eine grö-ßere Chance, gedruckt u werden. Der PR-Erfolg wird an der Ab-druck-Quote gemessen. Bei dem Röntgenbild des Tut Ench Amon ınd den Magnetkernen var der Erfolg maximal.

Die besten PR-Fotos aus dem industriellen Bereich stammen von der Firma IBM. Sie sind originell und informativ wie dieses Foto, das der Presse mit folgendem Text offeriert wird: »Spielzeug für Ameisen? Fast so sehen die extrem kleinen Magnetkernringe für elektronische Datenverarbeitungsanlagen aus. Nur 0,2 Millimeter Durchmesser haben die neuartigen Speicherelemente, sie sind kaum stärker als ein Menschenhaar. Die Magnetringe sind so klein, daß nicht einmal der Fühler einer Ameise hindurch gezwängt werden kann. Hergestellt werden diese kleinen Einheiten für Speicherung nach einem sehr alten Prinzip: Die Methode der Kerzenmacher wurde wieder ausgegraben und der modernen Technik nutzbar gemacht. Wo die landläufige Fertigung versagte, halfen sich Wissenschaftler und Techniker der IBM mit einem mittelalterlichen Trick: Ein Nylon-Faden wird mehrmals durch Bäder aus Lack und Magnetpulver gezogen. Das Ergebnis: äußerst kleine Magnetringe ...« PR-Fotos sind informativ, aber sie pflegen das Image besser als Anzeigen.

PR-Fotos zeigen Firmenzeichen, Ereignisse und Produkte. Oft illustrieren sie aber auch PR-Aktionen der Firmen selbst, wie die Tour d'Europe von Veith Pirelli, die Rundfahrt des FDP-Wahlkampfbusses oder die PR-Aktion der Kaufhof-AG: »Prominente schmükken Weihnachtsbäume«.

Firmen, die PR-Fotos vertreiben, liefern gewöh
lich Texte gleich mit. Wichtiger noch als dies
Text ist ihnen aber der Urheber-Vermerk, d.
der Hinweis auf die Foto-Quelle. Hier wird fa
nie der Fotograf genannt, sondern immer d
Firma selbst. Das zeigt auch der von der Kau
hof-AG formulierte Begleittext zu dem (umseit
abgebildeten) PR-Foto: »Prominente schmück
Weihnachtsbäume. Prominente Sportler, Kün
ler und Politiker wurden zu ideenreichen G
staltern, zu Meistern des schmückenden B
werks. Zeit der Handlung: Vorweihnacht 196
Ort der Ausstellung: 700 Schaufenster in 50 Hä
sern der Kaufhof-AG. Sie zeigen 700 von Pr
minenten gestaltete Weihnachtsbäume. Hier i
Bild Ernst Huberty, Sportreporter des Fer
sehens, Vermittler olympischen Geschehens, d
seinen Baum mit Sportemblemen schmückte u
einer Fernsehantenne krönte. Mit den Worte
›nun spielt man schön!‹ scheint er dem F
schauer einen großen ›König Fußball‹ entgege
zuwerfen. Bitte Urhebervermerk beachten: Ka
hof-Pressebild.«

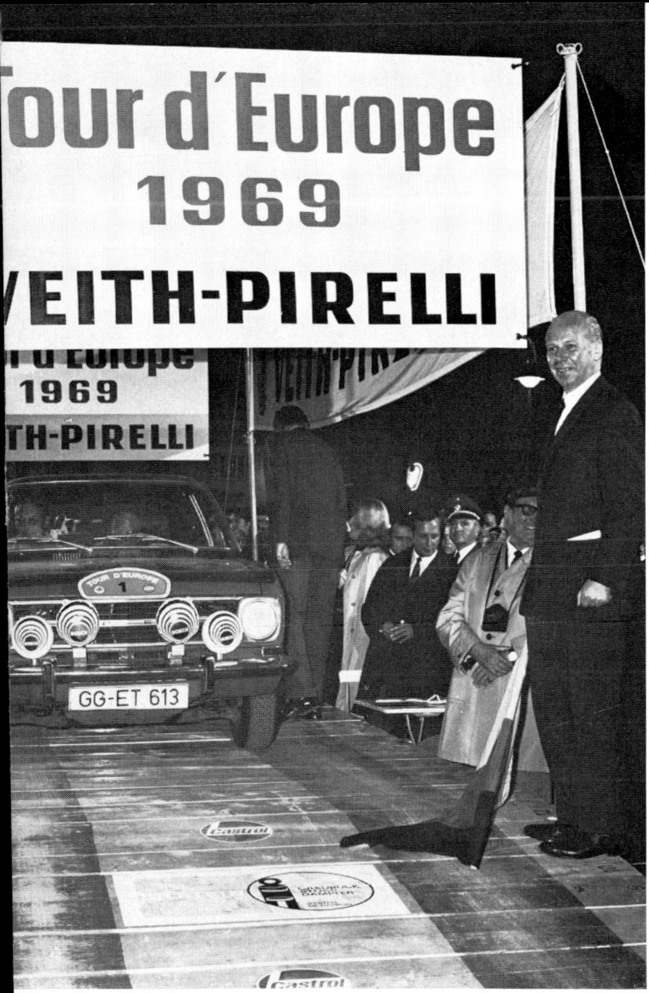
our d´Europe
1969
VEITH-PIRELLI
1969
TH-PIRELLI
TOUR D'EUROPE
1
GG-ET 613

OV
Lufthansa

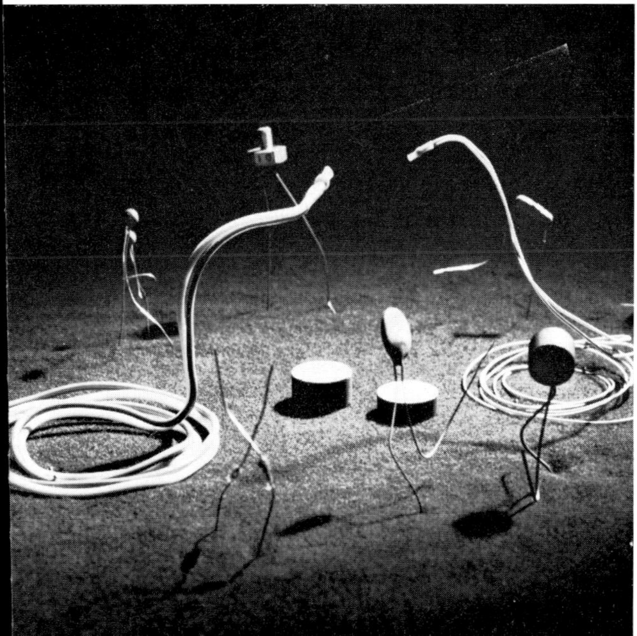

ffen die alten Zöpfe ab

psychologischen Kriegführung wurden die Lehrbücher der Public Relations. Das ist allein schon durch den Wortschatz der Public Relations nachgewiesen: Man spricht dort, in den friedlichen Büros von Düsseldorf, Frankfurt und Hamburg, von Aktionsplan und Taktik, vom Planungsstab und Kampagne, von der strategischen Konzeption und dem strategischen Ziel.

Der Begriff der strategischen Information oder Unterrichtung (strategic intelligence) zum Beispiel stammt direkt aus den Erfahrungen, die die militärische Propaganda im Zweiten Weltkrieg gemacht hat. Im einzelnen kann man die Analogie zwischen »psycho war« im Krieg und »psycho war« im Frieden, zwischen Öffentlichkeitsarbeit auf dem Schlachtfeld und im Supermarkt, soweit führen wie in Japan, wo die Geschäftsleute die klassische Kriegführung und Taktik studieren, um ihre Geschäfte mit einer größeren Aussicht auf Erfolg zu betreiben. Es wird berichtet, daß eine der größten japanischen Werbeagenturen ihren Angestellten das Studium militär-strategischer Bücher zur Pflicht gemacht hat.

Die Theoretiker der Public Relations sind sich dieses Zusammenhangs wohl bewußt und haben auch gar nicht die Absicht, das zu leugnen. H. Korte zum Beispiel, Unternehmensberater und Public-Relations-Propagandist aus Hamburg, vergleicht das Wirken eines Unternehmens in der Öffentlichkeit »mit dem Einsatz einer militärischen Truppe. Der Verkauf als die wichtigste Funktion des wirtschaftlichen Wirkens, würde gleichzusetzen sein der Krone aller Waffen, der Infanterie. Auch sie hat die Aufgabe, zu erobern und zu halten. Allein geht das im modernen Krieg nicht. Infanterie wie Verkauf brauchen Hilfstruppen, vor allem schwere Waffen, Artillerie, Panzer und Bomber. Ihnen fällt die Aufgabe zu, das Gelände sturmreif zu machen, den Durchbruch zum Erfolg zu erzwingen oder das Vorgehen zu unterstützen. Für den Verkauf ist die Werbung eine solche Hilfstruppe. Damit ist sie kämpfende Truppe. Sie schaltet sich laut und offen in den Konkurrenzkampf ein und erleichtert, ja ermöglicht oft erst den Weg zum Ziel«.

Korte fährt fort: »Public Relations ist Stabsarbeit. Sie vollzieht sich leise und unauffällig. Sie wirkt möglichst im Geheimen. Es geht um das Vertrauen der Öffentlichkeit. Die Aufgaben dieses Stabes - Frontaufklärung, Abwehr, Propaganda, aber auch die Truppenbetreuung usw. - finden ihre Pendants in den Funktionen einer Public-Relations-Aufgabe.«

Im übrigen haben verschiedene Theoretiker der Wirtschaftswelt versucht, eine Gleichung aufzumachen, die darauf hinausläuft, daß sich Kriege sowohl zwischen Staaten ereignen können als auch zwischen Großunternehmen.

Antony Jay, Industrieberater in England, ist einer der eifrigsten Verfechter dieser Idee. Er meint, daß man Staaten und Großbetriebe auf nahezu gleiche Weise definieren kann, als »Einrichtungen zum wirkungsvollen Einsatz von Kräften und Mitteln durch eine Regierung (oder einen Aufsichtsrat), um den Reichtum der besitzenden Klasse (oder der Aktionäre) zu vergrößern und um die wirtschaftliche Sicherheit der Bürger (oder der Betriebsangehörigen) zu erhalten«. Der Streik ist nach dieser Theorie als Bürgerkrieg zu bewerten, Preisabsprachen sind nichts anderes als Bündnisverträge und die Ankündigung einer anderen Firma, sich auf dem gleichen Markt zu betätigen, dasselbe wie der Aufruf zur Mobilmachung. Versucht eine Firma in einen Exportmarkt einzudringen, der bis dahin von einem Konkurrenzunternehmen beliefert worden ist, schreibt Jay, »so ist die Situation mit Krieg und Invasion vergleichbar«.

Jay weiter: »Ein Verkaufsdirektor, der einen Angriff auf den Markt eines Rivalen plant, muß die gleichen Voraussetzungen mitbringen, die ein General für eine Invasion haben muß; nicht nur Mut und gute Nerven, sondern darüber hinaus noch Kenntnis der Stärken und Schwächen des Gegners. Er muß wissen, wie groß dessen Reserven sind und wie schnell sie mobilisiert werden können (er muß sich fragen, ob er genug Kapital hat, seine Werbung durchzuhalten; ob er seine Produktionskapazität vergrößern kann, ob die Größe der Gewinnspanne eine Preissenkung zuläßt, und ob seine Verkaufstruppe in der Lage ist, den Absatz zu steigern). Er muß die Schlagkraft und die Ausdauer seiner eigenen Truppen kennen, wissen, wie weit er anstacheln kann und auf welchem Boden sie am besten kämpfen (welche Produkte sie am besten, welche sie am schlechtesten verkaufen); an welcher Stelle der zu erwartende Gegenangriff (Preissenkung, Werbung usw.) einsetzen wird, und wie er ihm begegnen kann. Es lassen sich zahllose Vergleiche dieser Art finden, die alle zutreffen, weil die wesentlichen Züge auf beiden Gebieten gleich und nur die Äußerlichkeiten verschieden sind. Objektiv betrachtet ist der Unterschied zwischen Verkaufen und Töten keineswegs unbedeutend, doch in bezug auf die Fähigkeiten, die diejenigen haben müssen, die eine Kampagne planen und durchführen, spielt er keine Rolle.«

Die Taktiker des zweiten Schwerts operieren, ob im Krieg, ob im Frieden, mit drei Methoden. Die erste ist die Schaffung von Symbolen in jener Art, in der auch der Markentechniker in der Marktwirtschaft Symbole zu kreieren versucht. Hier sind es Symbole für Markenartikel und Firmen, dort solche für Freund und Feind. Die zweite ist die Verschärfung eines Konflikts zu einer Konfrontation, einem Auge-in-Auge also, einer Gegenüberstellung, wodurch die Entschiedenen noch entschiedener und die Unentschiedenen erst entschieden gemacht werden sollen. Die dritte ist das Produzieren von Ereignissen, die gegen den Feind zeugen können und die auf den Berufskodex der Journalisten abgestimmt sind; denn über Ereignisse, selbst ferngelenkte, muß dieser Journalist berichten.

Das Symbol

Das Symbol ist eine Form der Übertragung von Informationen. Schon der Überblick über die Welt der Symbole zeigt, daß die Auffassung von der Sprache als dem wichtigsten Vermittler von Informationen falsch ist. Das extremste Beispiel bietet der Taubstumme. Wenn er über den Charakter der Deutschen spricht und »Deutscher« sagen will, so benutzt er ein Zeichen mit Symbolcharakter: Er hebt eine Hand über den Kopf, legt die Faust auf die Haare und stellt den Zeigefinger hoch, so als »formuliere« er zeichenhaft das Einhorn. Was er damit zeigt, ist das Bild von der Pickelhaube, das alte Symbol für »den Deutschen«. An diesem Zeichen läßt sich das Wesen der

Symbole ablesen. Es ist verkürzt. Es schließt, beschäftigt man sich mit ihm, eine ungeheure Bedeutung auf. Es wird widerstandsloser aufgenommen, weil es keine Mißverständnisse geben kann. Es kann immer nur in einem Sinn verstanden werden. Und es wird so schnell verstanden, wie ein Augenaufschlag braucht.

»Symbol« wurde ursprünglich ein Ding genannt, das zu einem andern Ding paßte, weil es ein Teil dieses Dings war. Als Symbol galt der Splitter eines Würfels, der sich fugenlos in das größere Würfelstück einpassen ließ. Als Symbol galt die Scherbe, deren schartiger Bruchrand sich mit dem Bruchrand des Tellers zu einem ganzen Stück ergänzte. Der Zweck solchen Bruchstück-Spiels mit Symbolen war zunächst praktischer Natur: Gastfreunde tauschten untereinander die Hälften eines ganzen Dings, um sich später wiederzuerkennen. Im antiken Griechenland waren die Symbole kleine Ausweise, Legitimationen, »Erkenntnis«-Stücke. Später wurden die Symbole durch Siegel ersetzt. So übertrug sich die Bedeutung des Symbols, stellvertretend als Teil für einen andern Teil zeugen zu können, von der materiellen Gleichartigkeit der Teile auf zwei unterschiedliche Werte: Jetzt vertrat das Symbol (Bruchstück) nicht mehr das gleichgeartete Ergänzungsteil, jetzt vertrat das Symbol als ein Stückchen Realität das ihm Ähnliche, aber anders beschaffene Geistige. Das Einhorn wurde zum Symbol von Reinheit und Jungfräulichkeit, das Getreide jeder Art zum Symbol der Fruchtbarkeit, das Rad zum Symbol der Sonne, das Salz zum Symbol der Dauerhaftigkeit.

Das Symbol ist also die anschaubar gemachte, uns zugewandte Seite einer Sache, deren unanschaulicher, uns abgewandter Teil erst durch das Symbol sichtbar wird. Man kann die beiden, im Symbol sich treffenden Erkenntnisstücke auch umschreiben mit Ausdrücken wie Vordergrund - Hintergrund, Form - Inhalt, Außen - Innen, Erscheinung - Idee, Realität - Transzendenz. Durch dies - den Hinweis auf etwas anderes, Dahinterliegendes - wird das Symbol zu einem Träger von Information. Man kann, ohne viel Worte zu machen, doch durch das Symbol reden, und zwar um so leichter, je unkonkreter und allgemeiner der Symbolbezug ist. In der Praxis geschieht das dadurch, daß die beiden Formen der Symbole zu einer neuen Form verschmolzen werden, das Ursymbol (wie Stern und Tier) mit dem künstlich hergestellten Symbol (dem Tier auf der Nationalflagge, dem Stern im Markenzeichen). Die ursprünglich mythischen und religiösen Symbole werden so profaniert zu staatlichen Symbolen, zu Symbolen für eine Form von Gesellschaft und schließlich zu Symbolen für ein Unternehmen, für einen Markenartikel. Zu den naturgegebenen Symbolen, die den Menschen umgeben, tritt auf diese Weise eine Welt künstlicher Symbole, in der sich der Mensch (nicht als Geschöpf, sondern in seiner Funktion) als Staatsbürger und als Konsument orientiert und bewegt.

Der amerikanische Designer Paul Rand hat dies in einer Einleitung zu einer Sammlung von Warenzeichen, die er entworfen hat, mit folgenden Sätzen erläutert: »Ein Warenzeichen ist ein Bild. Es ist ein Symbol, ein Zeichen, ein Emblem, ein Wappenschild - eine Verkörperung. Es gibt gute Symbole - wie das Kreuz. Es gibt andere - wie das Hakenkreuz. Symbole sind Doppelwesen. Sie gewinnen ihre Bedeutung aus einem Etwas - etwas Gutem oder etwas Schlechtem. Und wir verleihen einem Etwas - etwas Gutem oder etwas Schlechtem - Bedeutung. Die Fahne ist Symbol eines Landes. Das Kreuz ist Symbol einer Religion. Das Sonnenrad war ein Glückssymbol, bis seine Bedeutung verändert wurde. Die Lebenskraft eines Symbols entspringt seiner wirkungsvollen Verbreitung durch die Kirche, durch den Staat, durch die Gemeinschaft, durch ein Unternehmen. Man muß es aufmerksam auswählen, damit es Aufmerksamkeit erregt. Das Warenzeichen ist das Symbol eines Unternehmens. Es ist kein Zeichen für Qualität schlechthin - es ist das Zeichen für eine bestimmte Qualität. Das Warenzeichen von Chanel ›duftet‹ so gut wie das Parfüm, für das es steht. Dies ist die Verschmelzung von äußerer Form und Inhalt. Im Idealfall illustrieren Warenzeichen nicht, sie deuten an. Sie sind nicht zurückhaltend, sondern suggestiv. Ein Warenzeichen wird geschaffen von einem Entwerfer, doch es wird getragen von einem Unternehmen. Ein Warenzeichen ist ein Gesicht, eine Verkörperung eines Unternehmens.«

Exkurs: Das Tier-Symbol

In den Berichten über Hiroshima wird ein Ereignis immer wieder beschrieben. Dieses Ereignis betrifft ein Pferd. Als die japanische Stadt am 6. August 1945 in Blitz und Finsternis unterging, haben Überlebende, so heißt es in den Berichten, ein Pferd erblickt. Nach diesen Berichten war es haarlos und augenlos. Aber es war nicht deshalb augenlos, weil der Blitz seine Augäpfel geblendet hätte. Blind und augenlos wie die in unterirdischen Seen lebenden Kaltblütler, die Olme, sei es aufgetaucht und über die glatte Fläche Hiroshima gelaufen. Einige sahen es auf Straßen, andere erblickten es in den Ruinen, die es anscheinend mühelos erstieg.

Diese Geschichte hat verschiedene Deutungen erfahren. Wer an die Existenz dieses Pferdes glaubte, fand überzeugende Gründe für das Überleben dieser Kreatur. Wer nicht an das Pferd aus Fleisch und Blut glaubte, fand ebensolche überzeugenden Gründe für eine Vision, die hysterisch und kollektiv gewesen sein muß; denn das blinde Pferd von Hiroshima ist in mehreren Berichten, unabhängig voneinander, bezeugt. Letzten Endes ist es daher wohl unerheblich, ob dieses Pferd tatsächlich existierte oder nur Phantasie war.

Entscheidend scheint vielmehr, daß die Späteren, selbst jene, die den Untergang Hiroshimas nicht erlebten, das »Pferd von Hiroshima« als ein Symbol verstanden: An dem blinden Pferd, das dort durch die Ruinen Hiroshimas geht, erkannten sie jenes Tier wieder, das den apokalyptischen Reitern als Reittier dient, das dem Schimmelreiter half, der Sturmflut auf den Wellenkämmen vorauszujagen, und das in dem Gemälde Picassos über Guernica einen fürchterlichen Tod stirbt. Das Pferd von Hiroshima wurde als das symbolische Pferd der Mythologie verstanden.

Das Tier der Mythologie gehört zu den umfassendsten Themen der Welt. Man könnte eine Kulturgeschichte schreiben, die sich auf das Verhältnis des Menschen zum Tier beruft, das er einst mit seinem Jagdzauber zu bannen versuchte und das er heute in »Tierfabriken« zur weiteren Verwertung produziert. Man könnte eine Geschichte jener Religionen schreiben, die ein besonderes Verhältnis zum Tier gewannen, wie die christliche Religion, die das Tier mit der Endlichkeit des Menschen verband: Angesichts der Sintflut trifft Mensch und Tier das gleiche Schicksal. Das gleiche Schicksal sichert aber auch die biologische Fortexistenz von Mensch und Tier: Noah rettet ein Paar von jeder Art. Man könnte schließlich eine Kulturgeschichte der Tierdarstellungen schreiben, der frühchristlichen Darstellungen von Fisch und Vogel, der Tier-Monster, die als Wasserspeier von den mittelalterlichen Domen blicken. Kurz, es gibt kaum einen Bereich menschlichen Geistes, der nicht auf das Tier bezogen werden könnte.

Das Tier befindet sich in dem mythologischen Besitz der Menschheit. Wir haben Distanz zu ihm. Es ist uns fern. Aber es gibt auch andere Tiere. Sie sind uns näher, sie befinden sich in unserem Bewußtsein, mit nichts ausgestattet als mit ihrer Anwesenheit, und wir erkennen deshalb nicht so leicht wie bei dem Hiroshima-Pferd ihre Verbindung zur Mythologie. Wir kennen Tiere, die degeneriert sind bis zur Lächerlichkeit, aber auch Tiere, die einen metaphysischen Bezug haben. Wir kennen die Vögel Hitchcocks, aber auch den metaphysischen und interstellaren Vogel Loplop von Max Ernst, wir kennen den Schallplatten-Hund, der »his master's voice« verbellt, aber auch die Pawlowschen Hunde, die zum Ruhme der ärztlichen Wissenschaft von Chirurgen zerfleischt werden, wir kennen die drei gußeisernen Affen, aber auch den Weltraumschimpansen Ham, der als erster Beauftragter des Menschen den Weltraum beflog, wir kennen die Seeschlange von Loch Ness, aber auch den Fisch, mit dem Hemingways alter Mann kämpft und an ihm sein Greisentum erkennt. Wir kennen die Wüstenexotik Disneys und Grzimeks, aber auch die brennende Giraffe des Surrealisten Dali, wir töten die Insekten, die wir mit DDT bekämpfen, und wir lesen von jenem Käfer, in den Kafkas Erwachender sich eines Morgens verwandelt fühlt.

Bei all der Menagerie ist natürlich nicht immer ein Bezug zu dem mythologischen Tier vorhanden, noch seltener ist die Sichtbarkeit der Verbindungslinien. Unsere Tiere sind banal im Gegensatz zu den Tieren der früheren Hochkulturen der Menschheit. Nehmen wir den Affen, jenes Tier, dessen Rolle von C. G. Jung als »nachahmender

Schatten Gottes« bezeichnet wurde. Der Affe trat in den östlichen Weltreligionen als einer der exemplarischsten Gegenspieler Gottes auf. Nach einem chinesischen Gleichnis war der Affe Wang das stärkste Tier der Welt. Es knickte Eisen und Stahl und sprang in großen Sprüngen durch Himmel und Erde. Eines Tages forderte der Affe Wang den großen Buddha heraus, er solle ihn, den Affen Wang, doch festhalten, wenn er das könne. Buddha nahm ihn in die Hand, aber der Affe Wang entwand sich ihm und sprang heraus. Er lief bis an das Ende der Welt, wo fünf Säulen seine Flucht aufhielten. Um seinen Affen-Triumpf auf Affen-Art zu verewigen, schlug er an einer dieser Säulen sein Wasser ab in Form von Schriftzeichen, in denen zu lesen stand, daß der Affe Wang bis an das Ende der Welt gelangt sei. Als Wang jedoch aufblickte, öffnete der Buddha den Handteller und zeigte Wang einen seiner Finger: Dort war das Schriftzeichen, das Triumphzeichen des Affen Wang, zu lesen. Der Affe Wang mußte erkennen, daß er die Hand Buddhas nie verlassen hatte.

Im Vergleich zu Legenden dieser Größe und Kraft sind die nachfolgenden Ereignisse um das Tier nur schwächliche Nachempfindungen. Am Anfang standen Schicksale um das Tier wie jene des Prometheus, von dessen Leber sich ein Vogel nährte, oder des Drachen, deren Überwindung zu den klassischen Ruhmestaten gehört: für Herkules und Sigurd, für den Erzengel Michael und den Ritter St. Georg. Am Ende dieser Tradition steht die Aktion Eichhörnchen und der Geißbock des 1. FC Köln, wenn er auch als Talisman eine magische Funktion zu erfüllen hat.

Zwischen diesen Extremen liegt eine lange Entwicklung, in der das Tier zunächst bekämpft, dann domestiziert und schließlich wegen eines Nutzens oder aus Gleichgültigkeit ausgerottet wurde. Das Tier als heraldisches Zeichen auf dem Wappen einer Adelsfamilie zeugte noch für eine innere Beziehung zwischen dem Träger des Wappens und seinem Wappentier. Der Bär, der für Bärenmarke wirbt, hat keinerlei Funktionen mehr außer der, daß er den wichtigsten Milchkonsumenten, das Kind, gefühlsmäßig an einen Markenartikel binden soll. Das Tier ist uns fern und, so scheint es wenigstens, zu einem

Objekt unter anderen Objekten der Dingwelt geworden, doch beim genaueren Hinsehen zeigt sich, daß das Tier zum Beispiel in der Welt der Markenartikel und Ideologien eine Rolle spielt, die weit über die bloße Kennzeichnung eines Produkts hinausgeht. Freilich geschieht das auf unterschiedliche Weise. Der Pelikan, Symbol für das Selbstopfer, wird lediglich als Zeichen verwandt (Pelikanol), ebenso der Kranich (Symbol für Wachsamkeit), der von der Lufthansa als Markenzeichen gewählt wurde, der Papagei (für Glasurit), der Salamander (Schuhe), die Schildkröte (Puppen). Als deutliches Symbol dagegen wird die aufgerichtete Schlange (Apotheke) als Lebenssymbol verwandt, das Zeichen des Löwen (Metro Goldwyn Mayer) als Symbol für Macht, Stärke und Pathos. Die Taube, die im Orient als Symbol für das Prinzip der weiblichen, aphroditischen Liebe und im Christentum als Symbol für Unschuld, Reinheit und göttliche Inspiration und Geist gilt, wurde zum Symbol des kommunistischen Internationalismus.

In Zeiten des Kriegs ist das Symbol das gebräuchlichste Mittel zur Übertragung von Informationen. Der Heerführer oder die militärische Führung haben weder die Zeit noch das Bedürfnis zu diskutieren. Reden ist eine Sache der Schwächlinge, Sätze konstruieren eine Angelegenheit der Denker. Eine militärische Führung wünscht keine »Denker«. Sie begnügt sich mit klaren, militärisch auswertbaren Leidenschaften, und sie weiß, daß in solchen Zeiten auch der Bürger, schwankend zwischen Furcht und Tapferkeit, leicht und widerstandslos Symbole für Freund und Feind rezipiert.

Diese Weisheit ist im übrigen uralt. Schon der griechische Geograph Strabo meinte, daß der Volksführer, wenn er über die Kraft und Unbezwinglichkeit der Götter spricht, diese Information in Mythen verpacken sollte: »Denn es kann der Philosoph den Haufen der Weiber und des übrigen gemeinen Volkes nicht durch Gründe überzeugen«, belehrt Strabo die unverbesserlichen Verstandestheoretiker, »sondern er bedarf dabei der Scheu vor den Göttern: Diese aber beruht auf Mythen und Wundern, Donnerpfeil, Ägide, Dreizack . . .«

Mit dieser »Scheu vor den Göttern« und dem Charisma, durch das eine Persönlichkeit zu herrschen vermag, lassen sich auch dauerhafte Führerschaften begründen. Eine dieser seltsamsten, weil widersprüchlichen Führerschaften entstand in China. Sie ist seltsam aus zwei Gründen. Einmal, weil sie zu einer Zeit entstand, da die Staatsführerschaft im westlichen Teil der Welt jedes Charisma verlor, während sie selbst durch eben dieses Charisma unbesiegbar wurde, und zum zweiten, weil sie ihre Führerschaft mit - für die Verhältnisse eines Kommunisten - geradezu unverzeihlich traditionellen Mitteln durchsetzte. Dieses Mittel ist: Führerschaft durch Schaffung von Symbol und Mythos. Mao Tse-tung hat dieses Mittel so bewußt benutzt wie vielleicht kein anderer Volksführer in der Geschichte vor ihm. Seine Führerschaft gewinnt dadurch religiöse Qualitäten. Mao erscheint als der große Buddha, dessen Existenz eher in der Volksferne als in Nähe zu ihm liegt.

Ganz anders als in den demokratischen Staaten der westlichen Welt. Dort wurde die Politik versachlicht in einem Maße, das die Schaffung von Symbolen überflüssig zu machen schien. Der aufgeklärte Europäer hält die Staatsrepräsentation für übertrieben, die Verleihung von Ehrendoktorhüten findet er peinlich, die Ehrung von Flaggen und Nationalitäts-Symbolen kann er nur noch als Fetischismus erklären und höchstens anderen, südlicheren Staaten zubilligen, doch auch selbst dort kommt ihm die symbolische Folklore wie ein Überrest aus dem 19. Jahrhundert vor. Doch der aufgeklärte Europäer täuscht sich, wenn er glaubt, in einer Welt ohne Sinnbilder zu leben, ohne jene magische Bindung an eine Institution, an eine Regierung, an ein Objekt. Die Symbole sind nicht verschwunden, sie haben nur das Terrain gewechselt. Der Europäer begegnet ihnen nicht in den Rathäusern, er findet sie im Warenhaus. Das vorherrschende Symbol ist nicht das Familienwappen, sondern der Mercedesstern, nicht die Figur des Landesvaters, sondern der weiße Riese.

Was aber hier der Mammon bewirkt, der nicht minder große symbolerzeugende Götze, schuf dort der große Buddha Mao, und wie hier die Objekte der Warenwelt und die Werkstücke der industriellen

Produktion zu Symbolen erhoben wurden, so dort die Person und das Wirken des großen Stifters der chinesischen Revolution. Das läßt sich an einigen bezeichnenden Einzelheiten seines Lebens zeigen, zum Beispiel der Bewertung des »Langen Marsches«. Mao hat über diesen Marsch verschiedene Gedichte geschrieben, unter anderem auf den Sitzungen der Sowjetregierung in Yenan, wo er Verse auf das vor ihm liegende Papier kritzelte, wie andere Leute Männchen malen. »Niemand in der Roten Armee fürchtete die Leiden des Langen Marsches«, schrieb Mao. »Wir blickten weit über die tausend Gipfel und auf die zehntausend Flüsse. Dann war auch der letzte Paß besiegt, und es lächelten die drei Heere.« Dieser Vers ist interessant, weil Mao hier einen alten poetischen Topos benutzt, dessen Verwendung eine innere Kontinuität herstellt zwischen Mao, dem Revolutionär, und den chinesischen Kaisern. Denn in Wirklichkeit waren es vier Heere, die da nach Überschreiten des Passes »lächelten«. Die Ziffer drei hat in diesem Zusammenhang keinen faktischen, sondern lediglich symbolischen Wert. Drei Heere - das waren jene drei Heere, welche die Kaiser der Chou-Dynastie besaßen, und ist seit dieser Zeit die Symbol-Ziffer, wenn es darum geht, die göttlichen Heere des Kaiserreiches China zu bezeichnen.

Der Vers ist aus dem zweiten Grund interessant, weil Mao hier den »Langen Marsch« wider besseres Wissen verklärt, denn die strategischen Ergebnisse dieses Feldzuges waren gering. Mao war bereits zu dem Schluß gekommen, daß dieser Marsch unnötig gewesen war, eine rationale Überlegung, die ihn nicht daran hinderte, diesen Mythos weiter und weiter zu nähren. Mao wußte um die realitätenschaffende Kraft dieses Mythos, im Sinne des von ihm verehrten Konfuzius, dessen Lehrmeinung zu den Kräften, die einer Revolution zum Siege verhelfen, ihm bekannt war. Auf die Frage, welche drei Dinge ein Herrscher braucht, hatte Konfuzius geantwortet: »Genügend Nahrung, genügend militärische Macht und ein genügender Glaube des Volkes an seinen Herrscher.« Auf die weitere Frage, welches dieser drei Dinge man am ehesten entbehren könne, hieß die Antwort: »Die militärische Macht.« Und als man ihn fragte, auf welches Ding allein, wenn es denn nicht anders ginge, sich eine Macht stützen könne, antwortete Konfuzius: »Laßt sie ihre Nahrung verlieren, aber ihren Glauben an dich behalten.« Und das war auch die Situation, in der sich Mao befand, als er mit seinem Bauernhaufen China zu erobern auszog. Militärische Macht besaß er kaum. Nahrungsmittel gab es wenig, aber etwas konnte er: Symbole schaffen.

Die größte Symbol-Figur war er selbst auf der Bühne des chinesischen Theaters oder vielleicht auch des Welt-Theaters, auf dem die Schurken, die da auf hohen Kothurnen daherschreiten, die Maske des Wallstreet-Kapitalismus tragen, also entweder die Fratze Tschiangkaischeks oder die des amerikanischen Präsidenten. Das begann mit der Kleidung; der Arbeitsmütze und der hochgeschlossenen Sun Yatsen-Jacke, dem Gewand eines Asketen. Dazu gehörten die Bezeichnungen, die Mao wählte, um den mythischen Anspruch seiner Führerschaft darzutun, Begriffe wie »Fang Shen«, was »den Körper erneuern« bedeutet und ein Wiedergeburtsmotiv enthält, und Titulationen wie »Chiu Hsing« - der »rettende Stern« - oder »Lao Tai-tai«, die traditionelle chinesische Anrede für die alte, geachtete Frau, die Großmutter. Auch in den Liedern, die, in ganz China gesungen, den Revolutionär Mao feiern, klingen solche uralten chinesischen Epitheta an wie das vom »Retter«, das einem berühmten Vers aus dem konfuzianischen »Buch der Lieder« nachgeschaffen wurde: »Die Sonne geht rot im Osten auf / In China entstand ein Mao Tse-tung / Er müht sich für das Wohl des Volkes / Aiyayo, er ist der Retter des Volkes.« Die Legende, d. h. der chinesische Mensch, sieht ihn heute so wie zu jener Zeit, als er von Yenan aus die Eroberung des Riesenreiches befehligte. »Unnahbar und unerreichbar«, schreibt Robert Payne, »wohnte er in einem kleinen Haus im Schatten der Berge, nicht weit von dem Rundfunksender, der den Strom durch einen Generator mit Fußantrieb erhielt, pflegte sorgsam einen kleinen Garten mit Tabakpflanzen und Tomaten, verbrachte die Nächte mit dem Studium der Telegramme, die ihn aus allen Teilen Chinas erreichten, und jede von ihm getroffene Entscheidung hatte unabsehbare Folgen.« Mao war und ist ein Mythos.

Mythos - das bedeutet in diesem Zusammenhang jedoch nicht nur Uraltestes, aus der Erinnerung der Völker Heraufgeholtes. Zum Mythos gehört jede symbolische Tat, die zu dem Kreis der archetypischen Gesten zu zählen ist. Das wußte auch die von einer britischen Public-Relations-Agentur beratene griechische Regierung, als ihr von einem Brautpaar ein unerwartetes Geschenk gemacht wurde; die Heirat auf griechischem Boden. Die Verbindung zwischen dem Reeder Onassis und Jacqueline Kennedy wurde zu einer der größten Werbeaktionen der Athener Obristenregierung, wie es die *Welt am Sonntag* formulierte: »In ganz Hellas herrschte am Samstag ›Jackie-Fieber‹. Offenbar empfinden die griechischen Machthaber die Märchenhochzeit als ein Geschenk des Himmels. Dementsprechend ließ man Samstagabend überraschend sechsundsiebzig auf den Ägäischen Inseln Leros und Jaros inhaftierte politische Gefangene frei. Die regierungstreue *Akropolis* zog das Fazit der Trauung Onassis-Kennedy: ›Der beste Public-Relations-Mann der Welt hätte sich so etwas nicht ausdenken können, um für Griechenland zu werben . . .‹«
Es war eine symbolische Geste, als Mahatma Gandhi am 1. August 1920 seine englischen Verdienstorden der britischen Regierung zurückschickte. Während des Zweiten Weltkrieges, als in den europäischen Ländern physischer Widerstand gegen die deutsche Besatzungsmacht nicht mehr möglich war, widerstand man symbolisch: Norwegische Schulkinder trugen Büroklammern im Rockaufschlag, um zu zeigen, daß sie gegen die Fremdherrschaft zusammenstehen, französische Studenten demonstrierten am Tag des Waffenstillstandes mit Angelruten auf den Champs Elysées: Die Deutschen hatten das Symbol des Widerstandes, das lothringische Kreuz, verboten, weshalb man zur Angelrute griff, die auf französisch »la gaule« (Anspielung auf de Gaulle) heißt. Ein Symbol, das in allen europäischen Ländern als Ausdruck des Widerstandes gebraucht wurde, war der erste Takt von Beethovens Fünfter Symphonie (kurz, kurz, kurz, lang). Sonst Erkennungszeichen des Europadienstes der BBC, benutzten es die Autofahrer, um ihren Glauben an den Sieg der Alliierten kundzutun.
Durch diese Symbole wurden Informationen übertragen, die sich nur

schwer, umständlich oder nur bei Gefahr für Leib und Leben in Worte kleiden lassen. Und das ist auch heute noch eine Verwendungsform des Symbols. Die nordvietnamesischen Reisbauern benutzen einen symbolischen Begriff, wenn sie beim Abschuß eines amerikanischen Flugzeuges davon sprechen, sie hätten »einen Johnson« abgeschossen. Die nordvietnamesischen Delegierten auf den Pariser Friedensverhandlungen taten eine symbolische Geste, als sie ihren amerikanischen Gesprächspartnern als Souvenir Metallkämme in Flugzeugform überreichten mit der Inschrift: »Hergestellt aus den Resten von Flugzeugen, die über der Demokratischen Republik Vietnam abgeschossen wurden.« Diese Beispiele zeigen, daß ein Symbol stellvertretend verwendet werden kann. Es ist eine Ersatz-Tat, aber diese Ersatztat ist nicht etwa nur das Anzeichen für Ohnmacht und Schwäche, sondern gleichzeitig ein moralisches Siegeszeichen. Der erste Neger, der an einer weißen Universität in den Südstaaten Amerikas zugelassen wird, hat dadurch quantitativ noch nichts erreicht, aber die Rassentrennung wurde dadurch symbolisch aufgehoben (eine Technik, die von Martin Luther King »Zeichentun« - »tokenism« genannt wurde). Die Schüler des Thomas-Gymnasiums in Leipzig, die nach der Niederwalzung des ungarischen Aufstandes von 1956 am nächsten Morgen zum Fahnenappell in schwarzer Trauerkleidung erschienen, hatten dadurch keine öffentliche Verurteilung des sowjetischen Vorgehens erreicht, aber der symbolische Protest war vielleicht gerade deswegen um so wirkungsvoller: Die Schule wurde sofort geschlossen, aber die Nachricht von dem Trauerappell ging durch die Weltpresse.

Die Mittel des zweiten Schwertes sind schwach, aber nur scheinbar. In Wirklichkeit schlagen sie tiefere Wunden im Bewußtsein der Menschen. Das symbolische Bild ist als Übermittler von Informationen dem Wort überlegen; denn das symbolische Bild überträgt immer zugleich auch eine Bedeutung. Das Wort jedoch muß erst aus der grammatikalischen Verflechtung mit dem Satz, dieser aus seiner Verbindung mit dem übrigen Text, der Text wiederum aus dem Zusammenhang mit den anderen Erkenntnisformen gelöst werden. Die Experten der Öffentlichkeitsarbeit wissen das. Als die »Beratungsstelle für Stahlverwendung« das Image des Stahls - stahlhart, stählern - zu ändern unternahm, tat sie das nicht durch große Schriftsätze, durch Propaganda. Sie entwickelte ein neues Symbol und publizierte es, um zu zeigen, »daß auch leichte und elegante Konstruktionselemente aus Stahl gefertigt werden können«. Das Symbol ist die Erkenntnisform des typographischen, des modernen Menschen.

Die Überlegenheit des symbolischen Bildes über den Begriff, die Überlegenheit der Anschauung über das Denken, des Mythos über den Logos, der Formen der Sinnlichkeit über die Formen des Verstands, ist heute eine anerkannte und nutzbar gemachte Erkenntnis. Während die klassischen Wissenschaften noch über den höheren Erkenntniswert von Anschauung oder Denken diskutieren, haben die Praktiker der Informationsübertragung schon längst begriffen, daß sich mit dieser archaischen Erkenntnisform Meinungen beeinflussen und Haltungen verstärken lassen. Die gesamte Markentechnik, die Methode also, ein Marken- oder Firmenzeichen zu entwickeln und durchzusetzen, »ist eine zum Zwecke der Publikumsbeeinflussung erfundene Technik, die den massenpsychologischen Hang zur Fetischbildung systematisch nutzbar machen will« (Hans Domizlaff).

Die Markentechniker nutzen hier die moralische und kultische Bedeutung aus, die Hausmarken und Besitzzeichen seit Jahrtausenden haben. Sie sind unverletzlich und zeigen den quasi metaphysischen Anspruch des Eigentümers auf sein Eigentum an. Ein solches Besitzzeichen kann im Bruchteil einer Sekunde erkannt und identifiziert werden, wie der Mercedes-Stern, das Zeichen für die Firma IBM, aber ebenso auch wie der nur symbolisch zu verstehende Schlachtruf der deutschen Studenten nach »Che« Guevara und Ho Tschi Minh und die Zahl 4711, die ein »vertrautes Symbol für den Durchschnittsdeutschen ist, vertraut wie die Glockengasse oder die Postkutsche. Davon profitieren die deutschen Hersteller«.

Der Sinn dieser Symbole liegt darin, daß sie die mögliche Fülle von Assoziationen und Gedanken reduzieren auf eine einzige Empfindung, und zwar auf eine solche, die dem Schöpfer des Symbols nutzt, Gewinn einbringt oder ihm Mitläufer zuträgt. Hans Domizlaff, von dem die bisher genauesten Anweisungen zur Herstellung eines Markenbildes stammen, schrieb darüber: »Die Kunst der Erzeugung eines zuverlässigen Markenvertrauens ist nicht nur innerhalb der Weltwirtschaft für den Wettbewerb in Leistungssteigerung und der Ideenauslese von größter Wichtigkeit, sondern zugleich auch für die Selbstbehauptung größerer Gemeinschaften der Politik, der Wissenschaften und der Kultur. Leider ist diese schwerwiegende Tatsache fast unbekannt, und nachdem die klassischen Kristallisationspunkte der alten Denkordnung fast gänzlich verlorengegangen sind, scheint es dringend notwendig zu sein, massenpsychologische Gesetzmäßigkeiten mit kaufmännischen Gebrauchsanweisungen darzustellen, die auf das ganze menschliche Dasein übertragen werden können.«

Domizlaff meint, es komme darauf an, »das blinde Vertrauen des Verbrauchers« (des Kunden, des Wählers), wie er es nennt, durch die Bindung dieses Verbrauchers an ein Symbol herzustellen, und daß dazu eine Technik benötigt werde, die die Schaffung und die Pflege von Symbolen rationalisiert. Tatsächlich rezipiert der moderne Mensch immer mehr über Symbole, lernt über Symbole und verständigt sich durch Symbole. Der alphabetische Mensch wird mehr und mehr abgelöst durch den typographischen Menschen, und das alles nicht etwa trotz des Widerstands der mehr an der Sprache interessierten Informationsübermittler, sondern gerade gefördert durch die Massenmedien, die einer immer größeren Zahl von Menschen dieselben Symbole vermitteln. Das ist bereits eine Realität in der europäischen Textilindustrie, die sich auf die Verwendung bestimmter Pflegesymbole für die richtige Pflege von Textilien geeinigt hat, und muß eine Realität werden in der Europäischen Wirtschaftsgemeinschaft, deren Existenz davon abhängt, daß sie Symbole für Europa entwickelt und durchsetzt.

Vor allem in der Politik zeigen heute die Techniker der Symbole-Herstellung, wie man den symbolischen Wert eines Ereignisses entwickelt.

Es war nicht nur ein nach Länge und Breite, nach Knoten und Tiefgang beschreibbares Schiff, das im Hafen von Saigon festmachte, sondern es war mehr. Das deutsche Hospitalschiff »Helgoland«, das »sich durch die Reihen der rostigen alten Seelenverkäufer wie ein weißer Riese durch den Schmutz dieser Welt« *(Der Spiegel)* in den Hafen von Saigon zwängte, war ein Symbol, und der Chefarzt Nonnemann schrieb darüber: »Dem Hospitalschiff war das Phänomen widerfahren, für die Presse lange Zeit Schlagzeilenwert zu haben. Ein weißes Schiff ist natürlich symbolträchtig, und der Krieg in Vietnam so aktuell, daß eine ins Auge fallende Aktion für die Opfer des Krieges sehr beachtet wurde.«

Scheinbar war es die selbstverständlichste Sache von der Welt, als am 16. Juni 1963 die erste Frau in eine Umlaufbahn um die Erde geschossen wurde: die junge Russin Valentina Tereschkowa. In Wirklichkeit jedoch wurde mit dieser Tat die Leistung der männlichen amerikanischen Astronauten auf eine Weise abgewertet, wie dies kein männlicher sowjetischer Astronaut sonst hätte tun können.

Es war nicht nur die physische Leistung der Tereschkowa, die von der Weltöffentlichkeit bewundert wurde. Diese Bewunderung schloß noch etwas anderes ein, nämlich die Überzeugung, daß es mit der fachlichen Kompetenz der amerikanischen Halbgötter nicht so weit her sein kann. Der Flug der Tereschkowa war dafür ein Symbol. Westliche PR-Verständige haben dies sehr wohl begriffen und beklagt, daß sie nicht mit gleichen Mitteln antworten können: »Da unsere Kultur es uns nicht gestattet, eine Frau in den Weltraum zu schicken, wäre unsere einzig richtige Antwort darauf gewesen, eine Schar Weltraumkinder auf die Umlaufbahn zu befördern, um damit zu zeigen, wie kinderleicht das alles eigentlich ist...«

Die Konfrontation und das Ereignis

Die Schaffung von Ereignissen oder die Herstellung einer Konfrontation sind die praktikablen Mittel, mit denen eine Minderheit eine Mehrheit zur Annahme ihrer Forderungen zwingen kann. Auch hier zeigt sich die Überlegenheit des zweiten, des (scheinbar) rostigen

Schwertes. Sie zeigt sich darin, daß die Informationsapparate, die sich die Mehrheiten geschaffen haben, um die Minderheiten in ihrem Sinne zu beeinflussen, nicht nur von den bestellten Apparatebedienern bedient werden, sondern daß die Kenntnis ihrer Mechanismen auch dem Kenner die Möglichkeit gibt, diese Apparate in Gang zu setzen. Die historisch am besten belegten Beispiele für diese Methode, die Leidenschaften der Öffentlichkeit für die eigenen Ziele zu wecken, stammen aus dem gewaltlosen Widerstand. Führer solcher gewaltloser Kampagnen wie Mahatma Gandhi, Jawaharlal Nehru, Kwame Nkrumah, Albert Luthuli, Danilo Dolci, Bertrand Russel, A. D. Muste und Martin Luther King haben in diesen Kampagnen die Methode des zweiten Schwertes erprobt und angewandt. (»Kampagne« ist im übrigen auch ein Begriff aus der Werbesprache - Werbekampagne - und der rotchinesischen Indoktrination: dort spricht man von Kampagnen: Etwa die »Laßt-tausend-Blumen-blühen-Kampagne«.) Sie haben damit einen solchen Erfolg gehabt, daß verschiedene Wissenschaftler in Europa und Amerika, aus Furcht vor den Auswirkungen eines nuklearen oder konventionellen Verteidigungskriegs, eine Untersuchung der Möglichkeiten gefordert haben, wie die gesamte Bevölkerung westlicher Staaten im gewaltlosen Widerstand auszubilden sei.

Widerständler, die keine physische Gewalt anwenden wollen, beginnen mit symbolischen Handlungen. Als solche Handlungen, deren Nebenfolgen auch wirtschaftliche Schäden für das betreffende Regime sein können, gelten: Ablehnung ziviler oder militärischer Ämter, Verzicht auf Ehrentitel und Orden, Boykott von Schulen und Universitäten, Hungerstreik, Auswanderung und schließlich, als schärfstes Mittel, die Selbsttötung. Ferner: Boykott von Regierungsanleihen, Verbraucherboykott, der ›Bummelstreik‹ - die überkorrekte Erledigung und Befolgung von Vorschriften. Gandhi hat eines dieser Mittel - das Fasten -, das er als »die reinste Waffe« des gewaltfreien Kampfs bezeichnete, mehrfach angewandt, da »es unmißverständlich gewaltfrei und absolut ungeeignet ist, dem Gegner den geringsten körperlichen oder materiellen Schaden zuzufügen«.

Alle Mittel des gewaltlosen Widerstandes lassen sich in ein eskalierendes System einfügen. Man beginnt mit einfachem Fall-zu-Fall-Widerstand und steigert diesen bis zur stärksten Form des gewaltlosen Widerstandes, der Selbsttötung. Dieses System hat den Vorteil, daß es den jeweiligen Verhältnissen angepaßt werden kann. Jede Reaktion der herrschenden Klasse kann adäquat beantwortet werden, indem man den Druck verringert, also zu dem nächsttieferen Mittel greift, oder den Druck verstärkt, indem man das nächsthöhere Mittel einsetzt. Für eine solche kämpferische Ausweitung gibt es ein Beispiel aus der Geschichte der britischen Suffragetten-Bewegung. In jener Form, die der Kampf der Suffragetten um das Jahr 1912/13 angenommen hatte, konnte er gerade noch als gewaltloser Widerstand gelten. Zwar griffen die britischen Amazonen damals öffentliches Eigentum an, doch war die eigentliche Absicht nicht die Vernichtung von Werten, sondern das Aufsehen in der Öffentlichkeit. Zudem achtete man sorgfältig darauf, Menschenleben nicht zu gefährden.

Die ganze Welt verfolgte 1913 gespannt die Aktionen der Suffragetten. Dieses Jahr war für sie besonders »erfolgreich«. Im Londoner Westend zerschlugen sie mit Vorschlaghämmern die Fensterscheiben feudaler Villen: Die Tatwaffen hatten sie im Muff mitgeführt. In Sandwich und Pontypool schütteten die streitbaren Damen Säure auf Golfplätze und machten sie dadurch unbespielbar. Parlamentsmitglieder erhielten Briefe, die, außer Beleidigungen, Niespulver enthielten. Mit ungeheuren Katapulten zerschossen sie vom Autobus aus Fensterscheiben in der Victoriastreet. Sie zündeten Häuser an, vergifteten Pekinesen und legten eine Bombe unter den Bischofsthron der St. Pauls-Kathedrale. Schließlich, im Sommer desselben Jahres, im Juni in Epsom, wandte Emily Davison ein Mittel an, zu dem auch Jan Palach fünfzig Jahre später greifen sollte: sie tötete sich selbst.

Bis zu diesem Zeitpunkt hatte Emily Davison nicht viel mehr als einen recht durchschnittlichen Aufmerksamkeitswert erreicht. Sie hatte einige Briefkästen angezündet und sich im Unterhaus versteckt, um dort von der Galerie herab zu demonstrieren. Sie war öfter in-

haftiert worden, wobei sie in den Hungerstreik trat. Doch jetzt wollte sie mit einem Schlag das erreichen, was ihr bisher nicht gelungen war: weltweite Aufmerksamkeit. Emily Davison tat folgendes: Sie besuchte das königliche Derby an der Tottenham Corner in Epsom, wartete auf das Auftauchen der Pferde und warf sich in dem Augenblick, als das Pferd des Königs vorbeiraste, auf die Bahn. Emily Davison wurde dabei so schwer verletzt, daß sie wenige Tage später starb. Trotzdem hatte sie erreicht, was sie wollte. Pressestimmen:
»Wie bösartig sie über Emily Davison herzogen! Es gab tatsächlich Kritiker, die sagten: ›Mein Gott, was für ein Auftritt vor dem König.‹ Sie schienen gar nicht begriffen zu haben, daß sich hier eine Frau zu Tode trampeln ließ, um der Sache der Frauen zu helfen, und daß das Pferd des Königs dazu viel geeigneter war als jedes andere Pferd, eben weil es dem König gehörte.« Und das ist exakt dieselbe Taktik, die etwa ein Martin Luther King anwandte, der nur in Städten demonstrieren ließ, von denen er wußte, daß dort eine besonders brutale Polizeimacht existierte.

Danilo Dolci, der Sozialreformer aus Sizilien, erprobte ein solches Mittel zum erstenmal im Dezember 1952 in Trappeto auf Westsizilien. Dort starb ein Mädchen den Hungertod. Dolci hörte davon und ging in das Haus des toten Kindes und legte sich auf jene Pritsche, auf der das Kind gestorben war. Dolci erklärte: »Wir haben gegenüber diesen Menschen, die unsere Brüder sind, eine Unterlassungssünde begangen, die wir sofort wieder gutzumachen haben ... Ab heute werde ich nichts mehr essen, es sei denn, wir erhalten die erforderlichen 30 Millionen Lire, um den Ärmsten sofort Arbeit zu geben.« Das Entscheidende war hier, wie auch sonst bei allen gewaltfreien Aktionen, die Mitarbeit der Presse; denn Dolcis Hungerstreik blieb zunächst unbeachtet und deshalb wirkungslos. Erst als die Weltpresse über den Mann berichtete, der auf einer Strohpritsche in Sizilien seinem Tod entgegendämmerte, war die Schlacht zwischen dem zweiten und dem ersten Schwert entschieden: Welche Regierung kann einen Mann in aller Öffentlichkeit sterben lassen? Die 30 Millionen Lire wurden bewilligt.

Das Problem, um das es in dieser ersten und dann verstärkt in den weiteren Phasen des gewaltlosen Widerstands ging, war erstens, die Zeitungen und die anderen Massenmedien mit »Ereignissen« zu besetzen, sie ganz konkret zu zwingen, täglich über bestimmte Ereignisse zu berichten, und zweitens, diese Ereignisse selbst herzustellen, also nur solche Ereignisse zuzulassen, deren symbolischer Wert die Öffentlichkeit von einer bestimmten Ansicht überzeugen mußte. Mahatma Gandhi, der große Vorläufer der Dutschke und Cohn-Bendit in Europa (die ihn freilich mißverstanden), war sich dieser Aufgabe - der Überwachung und Kontrolle von Meinungen oder Ereignissen, die Symbolcharakter tragen, bewußt. Er setzte deshalb Vertrauensleute ein, die dem Mann auf der Straße die Information zuteilten und, auf Anfrage, auch Ratschläge gaben: »Wir sollten in jedem Stadtteil ... einen Mann der Kongreßpartei haben, damit sich die Leute bei ihm über die Wahrheit umlaufender Gerüchte erkundigen können ... Was hat das zu bedeuten, wenn das Volk von zerstörten Tempeln hört oder von hervorragenden Führern, die beleidigt oder getötet wurden ...?«
Da diese Vertrauensleute natürlich eine Presse nicht ersetzen konnten, ließ man die zweite Phase des gewaltlosen Widerstands anlaufen mit der Absicht, »den Sinn des englischen Volkes durch gewaltlose Aktionen zu ändern« (Gandhi an den englischen Vizekönig, 2. März 1930). Man »konfrontierte« die beiden Gewalten miteinander.

Eine Konfrontation dient dazu, einen Widerspruch offensichtlich zu machen. Positionen, die bis dahin nur theoretisch bestanden, werden nun konfrontiert. Verschiedene Prinzipien stehen sich gegenüber, Auge in Auge. Die Position des einen wird jetzt als die des Schlägers entlarvt, die Position des anderen als die eines Opfers dargestellt. Gut und Böse wird so auf dieser Bühne, welche die Bühne der Öffentlichkeit ist, personifiziert. Der »Böse« wird haftbar gemacht, identifiziert, und der »Gute« gekennzeichnet durch die Schläge, die er bekommt. Regie führen in diesem Stück jedoch nicht die Hände der Redakteure, Funkjournalisten und Fernsehreporter. Die Regie liegt in der Hand des Kenners. Hinter den Journalisten, die sich frei und unabhängig wähnen, stehen welche, die ihnen die Hände führen.

Gandhi organisierte im Jahre 1930 den Marsch auf die Salzwerke von Dharasana und ließ mehrere tausend Demonstranten von den eingeborenen Surat-Polizisten mit langen Stöcken, deren Spitzen mit Stahlnägeln beschlagen waren, zusammenschlagen. Ergebnis dieser Konfrontation: Mehr als zweitausend Zeitungen der Welt berichteten über dieses Blutbad. Die Weltöffentlichkeit verurteilte die Engländer. Ein amerikanischer Senator verlas den Bericht eines UPI-Journalisten im amerikanischen Kongreß. Physisch war die Polizei Sieger geblieben. Moralisch war sie geschlagen.

Bertrand Russel, Führer der britischen Bewegung der Atomwaffengegner, organisierte den ersten Sitzprotest des »Komitees der Hundert« vor dem britischen Verteidigungsministerium. Viertausend Demonstranten nahmen daran teil, und Russel, fast selbst überrascht, stellte nach der Konfrontation fest:

»Es war eine bemerkenswerte Tatsache. Über die Demonstration vom 18. Februar 1961 wurde nicht nur in allen Teilen der Welt ausführlich berichtet, sondern als unmittelbare Konsequenz haben alle möglichen in- und ausländischen Zeitungen Darstellungen unseres Anliegens angefordert und abgedruckt, die sie bis dahin zurückgewiesen haben würden.«

Wie stark der Protest einiger hundert Menschen gegen eine atomare Bewaffnung wirken kann, zeigte auch die Demonstration vor den Toren einer britischen Raketenbasis am 20. Dezember 1958. Der Vorfall war, für sich genommen, relativ klein. Ein halbes Hundert Menschen sprach ein kurzes Gebet und setzte sich in die Zufahrt der Basis, um den Transport von Baumaterial in die Raketenbasis zu verhindern. Die Demonstranten wurden verhaftet und wären sogar freigelassen worden gegen eine Kaution. Aber sie weigerten sich: »So mußte die englische Öffentlichkeit zur Kenntnis nehmen, daß siebenunddreißig sonst ehrenwerte Bürger Weihnachten im Kittchen verbrachten, weil sie zuviel Enthusiasmus für den Frieden auf Erden zeigten.« Dreitausend Briefe, Postkarten und Telegramme aus der ganzen Welt wurden an die Häftlinge gesandt.

Daß eine solche Inhaftierung ein stärkeres Symbol und einer Freilassung vorzuziehen ist, wußte im übrigen auch Martin Luther King, der mit seinem Freund Ralph Abernathy am 10. Juli 1962 zu 45 Tagen Zwangsarbeit oder einer Geldstrafe von 178 Dollar verurteilt wurde. King und Abernathy hätten sich zweifellos freikaufen können, aber sie kannten die größere Publizität des Urteils: ein eingesperrter King bei Wasser und Brot war gefährlicher als ein freier King; diese Predigt wurde von jedermann verstanden. Um dies, um die ungeheure Wirkung eines für die Herrschenden negativen Symbols, wußte auch das weiße Establishment in Amerika. Zwei Tage nach Beginn der Gefängnisstrafe, am 12. Juli 1962, erschien ein »nicht identifizierter, wohlgekleideter Neger« und hinterlegte bei den Gerichtsbehörden die Auslösungssumme. King und Abernathy mußten freigelassen werden. Damit schlug man ihnen das zweite Schwert aus der Hand.

Es wäre falsch, das zweite Schwert zu unterschätzen, nur weil ihm der Anschein einer systematischen Taktik fehlt. Die Taktik der amerikanischen Bürgerrechtler zum Beispiel, die auf die Ostermarschierer übersprang und heute von den Studenten auch in der Bundesrepublik angewandt wird, wirkt nur deshalb unsystematisch, weil es sich dabei nicht um den Einsatz eines Potentials an Waffen handelt. Das Potential sind Menschen, deren steuerbare und einsetzbare Handlungen wiederum auf Menschen zu wirken vermögen. Das ist Öffentlichkeitsarbeit - Public Relations - im militantesten Sinn, und keineswegs eine solch friedfertige Angelegenheit, als die sie von Mahatma Gandhi hingestellt wurde. Der Gewaltbegriff, abgeleitet von der Anwendung physischer Gewalt, ist hier zwar nicht anzuwenden, und das ist auch nicht die Art des zweiten Schwertes. Das zweite Schwert schlägt psychische Wunden, vergleichbar den Wunden, die der Terror hinterläßt. Lord Irwin, der Vizekönig von Indien, hatte deshalb recht, wenn er erklärte, daß die gewaltlosen Aktionen nichts anderes seien als »die Anwendung von Zwang in einer anderen Form«. Und von der Wirkung her besteht kein Unterschied zwischen dem freiwillig fastenden Danilo Dolci, den brennenden Mönchen in Saigon und den deutschen Studenten in Frankfurt, die sich von der Polizei zusammenschlagen lassen.

Die Akteure des zweiten Schwertes können auch schon deshalb nicht ohne Erfolg bleiben, weil sie ihre Rollen vorher einstudieren. Die »Konfrontationen« werden geübt. In Amerika nennt man Instruktionssitzung und workshop, was das »Koordinierungskomitee Gewaltloser Studenten« (Student Nonviolent Coordinating Committee SNCC) dann international verbreitete und in der Bundesrepublik als »Schulungskurs« einführte. Immer geht es um die gleiche Sache, nämlich, nicht anders als bei den Soldaten, um Härte, nur daß die Härte hier umgekehrt interpretiert wird. Man lernt, wie man bei Demonstrationen eine Kette bildet, man läßt sich anspucken und prügeln und darf nicht zurückschlagen, man stellt ganze Szenen und spielt kleine »Sozio-Dramen«, welche die Konfrontation vorausnehmen. Man macht sich fit für den Zusammenstoß, um dort das Opfer zu spielen.

Die Handhabung des zweiten Schwertes besteht also darin, die riesigen Informationsapparate mit Ereignissen zu versorgen, die die Herzen der auf diese Weise informierten Menschen für das eigene Ziel und gegen die eigenen Gegner einnimmt. Ein zusammengeschlagener Student nimmt gegen den Schläger ein. Das Bild von Mädchen, die an den Haaren in Gefängniswagen gezerrt werden, nimmt gegen die Polizei ein.

Die Führer des zweiten Schwertes befinden sich damit in der gleichen Situation wie Napoleon, der auf die Bemerkung eines seiner Generäle, daß die Umstände für die Schlacht nicht günstig wären, geantwortet haben soll: »Die Umstände bestimme ich.« Das Bild rundet sich, wenn man den altmodischen Begriff »Schlacht« ersetzt durch die aktuelleren Begriffe Aktion, Kampagne, Werbekampagne. Auch auf diesem Schlachtfeld, dem weiten Terrain der öffentlichen Meinung, kann als Sieger gelten, wem es gelingt, selbst Ereignisse zu schaffen. Der Napoleon der Öffentlichkeitsarbeit und Begründer der systematischen Public Relations, Edward Bernays, sagt das so: Der Werbeleiter kennt »nicht nur den Wert von Nachrichten, sondern ist auf Grund dieser Kenntnis in der Lage, Nachrichten hervorzurufen. Er produziert Ereignisse.«

Zweifellos ist dies das stärkste Mittel, um eine Öffentlichkeit zu beeinflussen. Worte sind nur Worte, Taten stehen für Wirklichkeit. Gegen die Abgabe von Worten läßt sich argumentieren, Gegen-Worte erfinden. Gegen Taten läßt sich nichts mehr einwenden. Wer eine Tat tut, hat damit Unwiderrufliches geleistet, er hat »das letzte Wort« gehabt, das Tat-Wort. Hier kommen wieder diejenigen ins Bild, die das erste Schwert, das metallisch glänzende, führen; denn die Mächtigen sind gegenüber den Ohnmächtigen im Vorteil, weil sie über die Ausführungsorgane verfügen und deshalb Ereignisse viel leichter schaffen können als die Benützer des zweiten Schwertes.

Die Geschichte hat gezeigt, daß nichts so wirkungsvoll ist wie das Austeilen von Schlägen mit beiden Schwertern, in der Art, daß man mit dem zweiten Schwert - der Kunst, Öffentlichkeitsarbeit zu treiben - ficht und gleichzeitig androht, das erste Schwert - die Anwendung physischer Gewalt - zu benutzen, falls der Kampf allein mit dem zweiten Schwert nicht entschieden werden kann. Oder: Indem man mit dem ersten Schwert Wunden schlägt - blutige Ereignisse schafft -, dies aber nicht tut, um den Gegner physisch zu vernichten, sondern um eine öffentliche Meinung zu erzeugen, mit anderen Worten: Terror als eine Form der Öffentlichkeitsarbeit.

Die Absicht des Terrors ist zunächst nicht, eine Bevölkerung auszulöschen, sondern durch partielle Auslöschung eine Massendezimierung anzudrohen. Vergossenes Blut als Argument, dem sich nicht widersprechen läßt. Im Mittelalter nannte man dies, den ersten Aktus in der peinlichen Befragung, »das Vorzeigen der Folterinstrumente«. Damit wurde die Tortur eröffnet, sie sollte dem Delinquenten keinen Schmerz zufügen, sondern seinen Sinn ändern. Terror ist dasselbe, Sinnänderung der öffentlichen Meinung durch Vorzeigen des ersten Schwertes. Die Absicht des Handhabers dieser Instrumente geht gewöhnlich dahin, die Öffentlichkeit zu zwingen, sich tot zu stellen und alles, was geschieht, ohne Regung zu ertragen. Die Angst soll lähmen, damit der Terrorist unter ihrem Schutz seine Ziele verwirklichen kann: eine Regierung ersetzen, ein Kabinett stürzen, Eigentum abschaffen.

Die öffentliche Furcht vor nicht genau beschreibbaren Gefahren ist jene Stimmung, die der Terrorist erzeugt. In der dreihundert Jahre dauernden Periode der Tokugaw hat die japanische Polizei diese namenlose Furcht benutzt: Damals galten die Hirsche bestimmter Tempelbezirke als heilig, sie gehörten zum »numinosum«. Freilebend, brachen die Tiere hin und wieder aus ihren Gehegen aus und liefen in die Stadt, um Nahrung zu suchen. Manche fraßen verderbliche Nahrungsmittel und verendeten. Ihr Tod wurde als Urteil verstanden; denn da sie heilig und gleichsam unsterblich waren, konnte der Exitus eines solchen Tieres nur als eine Strafe der Götter aufgefaßt werden: Jede Familie, vor deren Haus einer der Hirsche zusammenbrach, wurde sofort hingerichtet.

Die Erzeugung von Angst zu politischen Zwecken, also um Macht zu erringen oder zu erhalten, reicht sicher in die frühen Zeiten der Menschheit zurück, ein System der Beherrschung öffentlicher Meinung wurde daraus aber erst in der Französischen Revolution. Danton sprach im August 1793 zum erstenmal das Wort »terreur« aus, in einem Dekret wurde der Begriff einen Monat später mit den Worten »la terreur est l'ordre du jour« aufgenommen, bis Robespierre Ende desselben Jahres das neue Instrument mit dem Satz begrüßte: »Das Prinzip der demokratischen Regierung ist die Tugend, und das Mittel, sie zur Herrschaft zu bringen, ist der Terror.« Die neue Tugend wurde von ihm selbst fleißig geübt. Allein vom 10. Juni 1794 bis zu seinem Sturz am 28. Juli 1794 wurden in Paris 1376 Personen hingerichtet.

Die Weltgeschichte besitzt einen zweiten Terminkalender, und auf ihm stehen die Terrorakte verzeichnet. Man kann sie willkürlich herausgreifen; denn es gibt kaum ein Datum, das nicht rot angestrichen werden kann.

Zuverlässige Aussagen über die Wirksamkeit dieser drei Möglichkeiten, eine Waffe zu führen, des ersten Schwertes, des scharfen, und des zweiten, des scheinbar rostigen, und des dritten, durch die Einbeziehung des Terrors, lassen sich nicht machen. Sie hängen jeweils ab von der historischen Situation, dem tatsächlichen militärischen Potential, der Staatsform, in der sich der Kampf abspielt, dem Durchhaltevermögen der beiden schwertführenden Gegner, und der Angemessenheit der Mittel. Es läßt sich also nur im Einzelfall sagen, wie es um die Chance dieses oder jenes Schwertes steht. In Vietnam zum Beispiel schlägt das zweite Schwert tiefere Wunden als das erste: Der amerikanische Militär-Riese ist entscheidend nicht zu schlagen, und verwunden kann man ihn nur mit Hilfe der öffentlichen Meinung der Welt. Die deutschen Studenten zum Beispiel, die das zweite, das rostige Schwert benutzen, sind in einer besseren Lage als die Studenten in Spanien: Die Staatsform der Demokratie erlaubt es der Regierung nicht, die Machtmittel des ersten Schwertes zu terroristischen Zwecken einzusetzen. Hier liegt der Vorteil der deutschen Studenten (anders in Frankreich, wo das Fernsehen durch Dekret gleichgeschaltet und der öffentlichen Meinung dadurch der Mund verboten werden konnte).

Die Erzeugung von Angst gehört also durchaus zur Methode des zweiten Schwertes und sie ist ebenso wirkungsvoll, ja, sie kann den Einsatz des ersten Schwertes weit übertrumpfen. Davon war auch Aldous Huxley überzeugt, der in seinem utopischen Roman »Affe und Wesen« einen Psychologen mit Namen Dr. Schneeglock die Überlegenheit dieser Methode mit folgenden Worten beschreiben läßt:

»Man braucht doch den lieben Nachbarn mit irgendeiner der Waffen für Massenvernichtung bloß zu bedrohen. Die Panik der Leute tut dann schon das übrige. Erinnern Sie sich doch, was das psychologische Verfahren zum Beispiel in New York erreichte! Kurzwellensendungen von Übersee, Schlagzeilen in den Abendblättern, und sogleich trampelten acht Millionen Menschen einander auf den Brücken und in den Tunnels zu Tode. Und die Überlebenden zerstreuten sich über das offene Land wie Heuschrecken, wie eine Horde mit Pest infizierter Ratten. Versauten die Wasserversorgung. Verbreiteten Typhus und Diphterie und venerische Krankheiten. Bissen, kratzten, plünderten, mordeten und notzüchtigten, nährten sich von toten Hunden und Kinderleichen. Wurden, wo sie sich zeigten, von den Farmern niedergeschossen, von der Polizei niedergeknüppelt, von der Gendarmerie mit Maschinengewehren niedergemäht, von den Vigilanten aufgeknüpft. Und dasselbe ereignete sich in Chikago, Detroit, Philadelphia, Washington; in London, Kiew, Stalingrad; in Paris, in Bombay, Schanghai und Tokio; in der Hauptstadt, in jedem Industriezentrum, jedem Hafen, jedem Eisenbahnknotenpunkt, überall auf der Welt. Kein einziger Schuß war abgefeuert worden, und die Zivilisation lag bereits in Trümmern. Warum die Militärs es überhaupt für notwendig fanden, ihre Bomben zu verwenden, kann ich mir wirklich nicht vorstellen.«

Aus dem Vergleich mit den beiden Schwertern läßt sich eine Lehre ziehen. Die öffentliche Meinung - und damit sind immer die »Kenner« gemeint, die, interessiert und veränderungsbereit, sich der öffentlichen Meinung annehmen und ihr Gestalt geben - ist heute zu einem Faktor geworden, der in die Geschichte eingreift. Die öffentliche Meinung hat Macht, die entsteht, weil die demokratische Regierung auf die Ausübung von Repressalien verzichten muß. Die Lehre heißt also, daß Stärke und Schwäche der Demokratie in dem Zustand ihrer Öffentlichkeit liegt. Demokratisch regierte Staaten werden in einer Welt, die ein Gleichgewicht der militärischen Kräfte hergestellt hat, nicht von außen bedroht, von Feinden, die das erste Schwert führen. Demokratien sind nur von innen her zu verwunden, von Handhabern des zweiten Schwertes.

Das falsche Nest

Während des Zweiten Weltkriegs, an der englischen Küste. In einer Funkstation sitzt eine Gruppe britischer Funker. Es ist Nacht. Plötzlich beugt sich einer von ihnen vor, preßt die Kopfhörer mit beiden Händen auf die Ohren und schreibt mit: »Kleines U-Boot mit Schnorchel aufgetaucht.« Der Funkspruch ist an den deutschen U-Boot-Kommandanten Prien gerichtet und offenbar verschlüsselt. Ein strategischer Hinweis? Eine Positionsmeldung? Entdeckung eines feindlichen Bootes? Die Engländer saßen über dem Text, rätselten. Die Stunden vergingen, es wurde Morgen, aber die Lösung fanden sie nicht. Wenn es ein Engländer wäre, sagte zum Schluß einer, würde er vielleicht auf diese Weise die Geburt eines Sohnes anzeigen, aber so? So war es ein Deutscher. Deutsche machen so etwas nicht. Deutsche haben keinen Humor.

Natürlich war es ein Sohn.

Der Gründer des ersten deutschen Gallup-Institutes, von Stackelberg, erzählt diese Anekdote gern, um ein stereotypes Verhalten zu beschreiben, das es eigentlich nicht mehr geben dürfte; denn der Krieg ist beendet. Am Kölner Rheinufer liegen englische Vergnügungsdampfer, die deutschen Mädchen tragen Moden, die in London kreiert wurden, James Bond wird von keinem Deutschen mit einem britischen Herrenausstatter verwechselt, in den Buchläden von Wolverhampton und Liverpool liegen Übersetzungen von Tucholsky, Kästner und Eugen Roth, der deutsche Graphiker Heinz Edelmann hat einen Film mit den Beatles illustriert, und trotzdem geht der Krieg der Sterotype weiter. Immer noch taucht das kleine U-Boot mit Schnorchel auf, aber es wird von niemandem erkannt. Immer noch lügen alle Kreter, aber es wird von niemandem widersprochen.

Den traurigsten Beweis für die Langlebigkeit solcher Stereotype lieferten Engländer und Deutsche in der größten Schlacht seit dem Ende des Zweiten Weltkriegs: während der Fußballweltmeisterschaft im Sommer 1966. Hier zeigte sich, daß die Volksseele nur auf einen Anlaß wartet, um ihre Stereotype auf den »Feind« abzuschießen. Für einen Demagogen dürfte es nicht schwer sein, auf diesen Bereitschaften, auf dem großen Neid und dem kleinen Haß, auf den hefti-

gen Abneigungen und den stürmischen Zuneigungen seine Politik aufzubauen. »Das« Deutschen-Bild der Briten war im Fußballsommer ein brutaler, hinterhältiger, grausamer Mann, der unverkennbar an die Karikaturen der Kriegszeiten erinnerte.
Am 25. Juli 1966 schreibt die *Sun:* die Russen kämpften nicht nur gegen »German's playing strength«, sondern auch gegen »their militant battalions of flag-waving fans« (gegen die militanten Bataillone der flaggenschwingenden Anhänger). Am 26. Juli betitelte die *Times* die deutschen Zuschauer als »German battalions in the stands«. Am 27. Juli kommentiert die *Times* das Spiel der Russen gegen die Deutschen als »a battle of dreadnoughts and of heavy armour« (Schlacht von Kriegsschiffen und schwerbestückten Panzern); im übrigen hätten die Sowjets »something of the Stalingrad spirit« (den Geist von Stalingrad) besessen. Am gleichen Tag schreibt die *Sun:* »Crude Germans plod to Wembley« (die grobschlächtigen Deutschen trampeln durch Wembley).
Solch waffenklirrende Sprache kommentierte die *Welt* mit den Worten: »Was braunen Feldherren ein unerfüllter Traum geblieben ist, wurde in diesen Tagen Wirklichkeit. Gestern nachmittag um 16.04 Uhr erreichten deutsche Panzer die Londoner Vorstadt. 45 Kilometer außerhalb der Stadt haben sie sich eingegraben, ölen ihre Panzerketten, putzen die Kanonen, säubern die Stiefel; denn Sonnabend ist Invasion. Wer's nicht glaubt, mag englische Zeitungen lesen. Hier wird die deutsche Fußballelf seit ihrer Ankunft in London konsequent in die Uniform gesteckt.«
Übrigens: Die deutsche Presse war auch nicht besser.
Das Vorurteil ist vermutlich eines der ältesten Mittel des Menschen, eines Dings habhaft zu werden. Eigentlich gibt es keinen ersichtlichen Grund, warum nicht jedes Ding, das zum Lebenskreis des Menschen gehört, seiner Kenntnis einverleibt wird, indem dieser Mensch ihm das blutige Besitzzeichen des Vorurteils einprägt. Merkwürdigerweise erleidet vor allem eine bestimmte Ding-Gruppe das Schicksal des Vorurteils: die Anderen, die Fremden, die Ahasver, die Andersnasigen, die Andersgefärbten, die Andersriechenden, die anderen Völker.

Die nationalen Vorurteile, das sind die klassischen Vorurteile, geboren aus der Furcht vor dem Eindringling, aus der Angst vor der Veränderung, aus dem Bedürfnis nach Schutz in einer nationalen Wir-Gruppe, in dem Über-Nest. Hier fühlen sich die Nest-Insassen heimisch. Hier sitzen sie in dem Geruch des eigenen Nestes und merken: draußen riecht es anders. Sie sehen ihren Landsleuten zu und erkennen: das ist die richtige Art. Sie blicken über den Nestrand und erschrecken: von den anderen droht Gefahr. Vielleicht erklärt dies - die Angst als Wurzel des Vorurteils und daraus folgend, die Aggression gegen denjenigen, der diese Angst hervorruft - die ungeheure und oft tödliche Dynamik des Vorurteils.

Die Angst als Quelle des Vorurteils und daraus folgend die Konsequenz, daß man Vorurteile am besten bekämpfen kann, indem man die Ursachen der Angst beseitigt, dies ist seit langem ein gesichertes Forschungsergebnis der angewandten Psychologie. Die in diesem Zusammenhang gemeinte »Angst« tritt in verschiedenen Formen auf. Allen Angstformen zugrunde liegt (nach Kierkegaard) die »Existenzialangst« als eine Grundbefindlichkeit des Daseins. Sie ist die Grundstimmung, die das Leben des Menschen begleitet. Ihre Ursache liegt in der Tatsache der Sterblichkeit. Paul Tillich sagte von ihr »Angst ist Sterblichkeit von innen gesehen«. Der Baseler Philosoph Paul Kunz sprach davon, daß Sterblichkeit »konstitutiv für alles Lebendige« sei. Christel Drey-Fuchs erhebt die Angst sogar zu einem logischen Existenzbeweis, indem sie die Denkkette von Descartes:

»und wenn ich selbst an allem zweifle, kann ich doch daran nicht zweifeln, daß ich, indem ich zweifle, ein Denkender bin. Ich denke, also bin ich. Ich existiere, indem ich ein Denkender bin.«

kühn umkehrt und an die Stelle des Descartesschen »cogitare« das Wort Angst setzt:

»und wenn ich selbst an allem zweifle, kann ich doch daran nicht zweifeln, daß ich, indem ich zweifle, ein Angst-Habender bin. Ich habe Angst, also bin ich. Ich existiere als Mensch in der Angst.«

Die zweite Form von Angst ist (nach Kierkegaard und Heidegger, die von der Existenzialangst unterschiedene) Realangst, also Angst, die sich als Folge konkreter Bedrohungen einstellt. Diese Bedrohungen sind verschiedener Natur. Sie können natürliche Anlässe haben (Angst vor Naturkatastrophen), sie können aber auch psychischer Natur sein und sich durch das Verhältnis der miteinanderlebenden Menschen ergeben, denn der Mitmensch, der andere, tritt nicht nur als Freund auf, sondern in allen Kulturen, die eine dichte Besiedelung kennen, als Angreifer und Feind, als Konkurrent und Rivale, als Gesetzgeber und Überwacher, als der körperlich Stärkere oder intellektuell Klügere, als der vom Schicksal Bevorzugte, als Mitglied der herrschenden Gruppe oder Oberschicht.

Das, was man das soziale Leben oder die Sozietät nennt, ist somit immer auch eine Angstquelle, und zwar nicht nur für den, der bedroht wird dadurch, daß er im Status des Unterlegenen zu existieren gezwungen ist, sondern merkwürdigerweise auch für den, der als Überlegener Macht besitzt. Auf diesen seltsamen Zusammenhang hat die Psychologie hingewiesen. Sie erkannte, daß gerade solche Menschen, die als Herrscher ihre Untertanen in Furcht und Schrecken versetzen, selbst an einer ihnen unerklärlichen Angst leiden, so als ob diese Angst ein seelisches Äquivalent darstellt zu der Angst, die sie anderen zufügen. Kaiser Augustus zum Beispiel hatte eine übertriebene Furcht vor Donner und Blitz und begab sich bei jedem Anzeichen eines Gewitters in einen tiefen, festummauerten Keller. Tiberius »jagten Gewitter einen großen Schreck« ein. Er schützte sich vor diesem Naturereignis durch einen Lorbeerkranz, den er sich als magische Abwehr auf das Haupt drückte. Caligula soll bei heftigen Gewittern unter seine Bettstatt gekrochen sein, und von Adolf Hitler erzählen seine Biographen, daß er von Angstanfällen geplagt gewesen sein soll, die ohne erkennbaren Anlaß über ihn hereinbrachen.

Hinter der Sozialangst, also der Furcht vor dem Menschen in der Gesellschaft, vermuten die Psychologen die Auswirkungen des Selbstbehauptungstriebes, der den Menschen dazu zwingt, in einer Konfliktsituation eher dem anderen zu schaden als sich selbst. In einer berühmten Studie der Yale-Universität, die mit Zuschüssen der »National Science Foundation« gefördert wurde, ist experimentell nachgewiesen worden, daß die Sozialangst unmittelbar mit dem sozialen Verhalten des Menschen zusammenhängt. Autor dieser Studie war Professor Dr. Stanley Milgram.

Die Versuchsanordnung bestand darin, daß eine Person A (der Versuchsleiter) eine Person B (die Versuchsperson) zu veranlassen versuchte, der Person C (dem Opfer) schweren körperlichen Schmerz zuzufügen. Das Versuchsziel bestand darin, zu erforschen, unter welchen Bedingungen und in welchem Umfang die Person B (Versuchsperson) den Wünschen des Versuchsleiters nachkommen würde. Von dem Experiment unterrichtet waren die Personen A und C. Die eigentliche Versuchsperson wußte nicht, daß es sich um ein Experiment handelte. Professor Milgram ging in der Weise vor, daß er eine Gruppe von vierzig Personen aus den Gebieten von Groß New Haven und Bridgeport anschrieb und sie bat, sich einem wissenschaftlichen Experiment zu Verfügung zu stellen. Die Gruppe bestand zu vierzig Prozent aus Arbeitern, zu vierzig Prozent aus Angestellten und zu zwanzig Prozent aus Angehörigen der Fachberufe.

Die Versuchsanordnung sah vor, daß sich die Versuchsperson an ein Kontrollgerät setzte, mit dem man angeblich die Lernfähigkeit von Menschen testen kann: Durch Austeilung von ›Elektroschocks‹ hatte die Versuchsperson C (das Opfer) bei jeder falschen Antwort auf eine gestellte Frage zu bestrafen, indem sie die nächsthöhere Schmerzstufe einschaltete. Für die Schockerteilung wurde ein *simulierter* Schockerzeuger benutzt mit dreißig klar markierten Volthöhen, die von 15 bis 450 Volt reichten. Sie wurden durch einen Kippschalter ausgelöst. Die Markierungen der Voltstärke waren noch durch Bezeichnungen wie »geringer Schock« und »schwerer Schock« versehen. Zu Beginn des Versuchs erhielt die Versuchsperson einen Probeschock von 45 Volt, damit sie das Instrument für echt hielt.

Über die Reaktionen des Opfers schrieb Professor Milgram: »Die Antworten oder Reaktionen des Opfers sind auf Tonband standardisiert, und jeder Protest ist einer bestimmten Volthöhe zugeordnet. Bei 75 Volt beginnt der Lernende zu murren und zu stöhnen. Bei 150 Volt verlangt er, aus dem Versuch entlassen zu werden. Bei

180 Volt ruft er aus, daß er den Schmerz nicht länger ertragen könne. Bei 300 Volt weigert er sich, noch irgendeine Antwort zum Gedächtnistest zu geben, und besteht darauf, nicht länger Versuchsteilnehmer zu sein und daß er befreit werden müsse. In Reaktion auf diese letzte Taktik des Opfers instruiert der Versuchsleiter die naive Versuchsperson (B) das Ausbleiben einer Antwort als Fehler zu behandeln und das übliche Schockverfahren fortzusetzen.«

Die räumliche Anordnung der Versuchspersonen wurde von Milgram mehrfach variiert. Im Rahmen der ersten Versuchsanordnung wurde das Opfer in einen anderen Raum gesetzt und konnte von der Versuchsperson weder gehört noch gesehen werden. Bei 300 Volt hämmerte das Opfer gegen die Wand. Dann blieb es still. Bei der zweiten Versuchsanordnung reagierte das Opfer, das sich immer noch in dem anderen Raum befand, durch Schreie. Bei der dritten Versuchsanordnung befand sich das Opfer im selben Raum wie die Versuchsperson B, und bei der vierten Versuchsanordnung mußten sich Opfer und Quäler stets berühren.

Die Ergebnisse dieses Versuchs sind bekannt. Sie wurden veröffentlicht und erregten ein solches Aufsehen in der ganzen Welt, daß die *New York Times* von einem »Milgram-Schock« sprach, den die Wissenschaftler der Yale-Universität der Welt verabreicht hätten. Diesen Schock formulierte Milgram selbst mit den Worten: »Mit ermüdender Regelmäßigkeit sah man nette Menschen sich den Forderungen der Autorität unterwerfen und Handlungen ausführen, die gefühllos und hart waren. Menschen, die im Alltagsleben verantwortungsbewußt und anständig sind, wurden durch den Anschein der Autorität und durch die kritiklose Übernahme der vom Experimentator gesetzten Bestimmungen der Situation zu grausamen Taten verführt. Wo liegt die Grenze solchen Gehorsams? An vielen Stellen suchten wir eine Begrenzung einzuführen. Schreie des Opfers wurden eingesetzt; sie waren nicht hinreichend. Das Opfer klagte über Herzbeschwerden; noch immer schockten es die Versuchspersonen, wenn befohlen. Das Opfer plädierte für seine Freilassung, und seine Antworten wurden nicht weiter vom Signalgerät registriert; die Versuchspersonen fuhren mit den Schocks fort... die letzte Anstrengung zur Errichtung einer Grenze war die Versuchsbedingung der Berührungsnähe. Aber schon die erste Versuchsperson wandte hier auf Befehl Gewalt auf das Opfer an und schritt zur höchsten Schockstufe fort. Ein Viertel aller Versuchspersonen verhielt sich unter dieser Versuchsbedingung ähnlich.«

Durch diesen Versuch wurde experimentell bewiesen, daß der Mensch unter gewissen Bedingungen bereit ist, seinen Mitmenschen zu quälen. Diese Erkenntnis bedeutet, daß der Mensch stets im bewußten oder unbewußten Zustand der Angst verharrt, da er stets das Schlimmste befürchten muß. Diese Befürchtung entsteht in ihm aufgrund der Unsicherheit seiner Position; denn diese Position ist von zu vielen Dingen abhängig, die er nicht beeinflussen kann. Unsicherheit und Angst werden so zu Synonymen. Unsicherheit als Lebensgefühl aber erzeugt das Bedürfnis nach festen Gewißheiten, nach unbestreitbaren Wahrheiten, nach Sicherheiten oder, negativ formuliert, nach Vorurteilen und Dogmen, nach Beurteilungs-Stereotypen und Ideologien.

Dies wird besonders deutlich in Zeiten der Krise, wenn die Unsicherheits-Gefühle jedes normale Maß überschreiten. In solchen Zeiten ist die Bereitschaft, aus der Zone der Unsicherheit in das sichere Gehäuse der Stereotype zu flüchten, größer als sonst. Der Propagandist nützt dies aus, indem er zunächst die Ausweglosigkeit einer Lage schildert, um dann seinem erschreckten und für jeden Ausweg dankbaren Publikum, eine radikale Lösung zu bieten, Losungen, Wahlsprüche, Kampfaufrufe.

In seinem »1984« hat George Orwell diesen Zusammenhang dargestellt in freilich satirischer Übertreibung. Winston Smith, der kleine Bewohner des Super-Staates Ozeanien, erlebt den Konflikt zwischen Angst und der Flucht in die Schlagworte täglich durch die Propaganda-Kampagnen der Regierung. Eine solche Kampagne ist die Haß-Woche, in der die Einwohner von London durch eine Hölle von Angst und Furcht gejagt werden. Der Höhepunkt dieser Woche ist eine Veranstaltung, die alle Teilnehmer auf die Parolen der Regierung ausrichten soll. Die Veranstaltung, eine Art Multi-Media-Schau, beginnt mit mechanischer Furchterzeugung: »Im nächsten Augenblick brach ein scheußlicher, knirschender Kreischlaut, als ob eine riesige Maschine völlig ungeölt liefe, aus dem großen Televisor am Ende des Raumes hervor. Es war ein Lärm, bei dem einen eine Gänsehaut überlief und sich die Nackenhaare sträubten. Die Haß-Sendung hatte begonnen.«

Am Ende dieser Sendung, in der das Publikum zu Tode geängstigt wird - durch folternden Lärm, durch die endlosen Kolonnen der feindlichen Armee, »endlose Reihen kräftig aussehender Männer mit ausdruckslosen asiatischen Gesichtern, die an die Oberfläche des Sehschirms heranbrandeten und wieder zerflossen«, durch eine Art optischen Terror, als von der Leinwand her ein riesiger eurasischer Soldat mit ratternder Maschinenpistole auf das Publikum zuschreitet - am Ende dieser Sendung, als sich die Angst und Verwirrung nicht mehr steigern läßt, zerrinnen plötzlich die Gesichter der asiatischen Feinde, und auf der Leinwand erscheinen nacheinander das Gesicht des großen Bruders und die drei Wahlsprüche der Partei: »Krieg bedeutet Frieden« - »Freiheit ist Sklaverei« - »Unwissenheit ist Stärke«. Dankbar und erlöst von einem Alptraum brüllt das Publikum der Zwei-Minuten-Haß-Sendung die Parolen nach. Denn die Festigkeit der Parole, und sei sie noch so absurd, ist immer noch erträglicher als der Zustand der Verwirrung.

Über die Phänomene, die diesem Geschehen zugrunde liegen, hat die Psychologie einige exakte Aussagen gemacht. Die für die Vorurteilsforschung wichtigsten von ihnen besagen:

1. daß die ›objektive‹ Wahrnehmung des Menschen in Wahrheit bereits tendenziös ist. Wie Hofstätter beschrieben hat, neigt die öffentliche Meinung dazu, Gestalten von »übertriebener Prägnanz« hervorzubringen. Man weiß, daß der Mensch nicht exakt dasjenige sieht, was sich seinen Blicken objektiv darbietet, sondern daß seine Wahrnehmung zur Ergänzung neigt, zur Vervollständigung des Bruchstückhaften, zur Zusammenfügung von Einzelteilen zu einem ganzen Bild. Seine Wahrnehmung (und auch die der öffentlichen Meinung)

läßt sich dabei »von einer Tendenz zur starken Gestalt« leiten, d. h. sie verzichtet auf die individuellen Besonderheiten des jeweiligen Objekts zugunsten seiner Zugehörigkeit zu einem Typus. Unvollkommene Kreislinien werden als Kreis wahrgenommen, d. h. zum Typus ergänzt, etwas Fliegendes schon als »Vogel« definiert, obwohl es sich um ein herunterfallendes Blatt handelt, und ein unvollkommen formuliertes Telegramm doch richtig gelesen, weil man das Gemeinte errät.

Das gleiche wird auch mit dem Begriff »Redundanz« bezeichnet. »Redundanz« heißt wörtlich »Überfluß«. Dieser Überfluß zeigt sich darin, daß eine Mitteilung auch dann noch verständlich bleibt, wenn sie lückenhaft übermittelt wird. Der Drang des Menschen nach Vervollständigung zu einer »starken Gestalt«, und das heißt letzten Endes zur Orientierung in der Umwelt, läßt ihn die Lücken ergänzen. Felix von Cube, der eine »Redundanztheorie des Lernens« entwickelt hat, schreibt dazu: »Das Redundanzprinzip besagt folgendes: Der Mensch ist bestrebt, die objektive Information der Außenwelt auf verschiedene Weise subjektiv zu verringern. Die Redundanzprozesse haben dabei den Sinn, dem Menschen die Außenwelt so informationsarm zu machen, daß eine Orientierung und ein geordnetes Verhalten darin möglich wird.«

Alle Stereotypen und Vorurteile entstehen auf diese Weise. Die Meinungen über »den Deutschen« oder »den Franzosen« entstehen, weil der Mensch nur einen Teil der Informationen über Deutsche und Franzosen aufnimmt. Er schneidet die Fülle der Informationen auf eine redundante Gestalt zurück, der Typus ist ihm wichtiger als die individuelle Erscheinung.

2. Andersartigkeiten beurteilt die öffentliche Meinung selten in neutraler Weise, sondern meist als entweder positiv oder negativ. Der andere ist immer ein Barbar im Sinne jenes Urbildes von »barbaroi«. Mit diesem Namen bezeichneten die Hellenen die jenseits ihrer Grenze lebenden Menschen. Als Grieche galt, wer die Sprache der Hellenen sprach, den Göttern der Hellenen opferte, die Sitten der

Hellenen lebte, die Feste der Hellenen feierte und sich, wenn er ein Mann war, rasierte. Jenseits der Grenze aber lebten die andersgearteten Wesen, die anders Redenden und, wenn sie Männer waren, die Nicht-Rasierten. Das Nicht-Rasieren war aber für den Griechen kein neutrales Merkmal der »barbaroi«. Es war das Zeichen für die prinzipielle Bösartigkeit des Nachbarvolkes.
Andersartigkeit wird meist mit einem Wertindex versehen, der sie höher oder tiefer einstuft. Für die Rechtshänder ist der, ›andersgeartete‹, Linkshänder suspekt. Für die Weißen erscheint der Schwarze oder Gelbe mit einem Makel behaftet, und für den Inländer ist der Ausländer, weil er Ausländer und ›andersgeartet‹ ist, ein verdächtiges Wesen. Hofstätter zitiert in diesem Zusammenhang amerikanische Untersuchungen aus den Jahren 1937 bis 1943. In dieser Zeit untersuchten D. Krech und R. S. Crutchfield 185 Kurzgeschichten aus amerikanischen Magazinen, in denen es um die Figur von Inländern und Ausländern ging. Ihr Fazit: »Die Autoren haben ›nette Leute‹ zum Synonym für Angelsachsen gemacht. Die Nicht-Angelsachsen werden gewöhnlich als Bösewichte, als herrschsüchtig, unmoralisch, dumm, feige, faul, grausam, verschlagen, verstockt, unschön und schwächlich gezeichnet.«

3. Unsicherheit ist ein schlechthin unerträglicher Zustand. Der Mensch versucht, diesem Zustand unter allen Umständen zu entgehen. Wenn diese Unsicherheit darin besteht, daß die Informationen fehlen und es ihm schaudert vor dem »horror vacui« - so ist ihm jede Nachricht, und sei sie so zweifelhaft wie ein Gerücht, willkommener als der Zustand der Nachrichtenlosigkeit. Krisenzeiten bestätigen diese Behauptung. Wenn Unsicherheit darin besteht, daß Informationen zwar vorhanden sind, aber mangels Differenzierung keine klare Aussage zulassen - so flieht er vor dem Indifferenzwert in jene Aussage, die, obwohl am unwahrscheinlichsten, doch am ›eindeutigsten‹, freilich auch am einseitigsten sind. Eine Aussage wie »Ich weiß nicht« wird er kaum treffen, selbst dann, wenn er, nach einer Meinung gefragt, tatsächlich nichts über den Gegenstand der Frage wissen kann. Dagegen wird er,

je nach Veranlagung, sich zu krassen Meinungen bekennen. Dieses Phänomen ist allen Meinungsforschern bekannt. In der graphischen Umsetzung zeigt es sich durch eine zweigipfelige Verteilungskurve, also durch das Überwiegen der Ja- und Nein-Antworten zu verschiedenen Fragen. Auf die Frage, ob die Chinesen friedlich oder gefährlich seien, antworteten über 80 Prozent mit Ja oder Nein. Der (eigentlich naheliegende) Indifferenzwert des »Ich weiß nicht« wird gemieden, vor allem dann, wenn es sich um Probleme handelt, bei denen untergründige Ängste eine Rolle spielen, kurz: bei denen die Angehörigen des einen Nestes merken, daß die Bewohner des anderen Nestes anders sind.

Der Geruch des Nestes haftet ewig den Dingen an, die man in die Hände nimmt, und den Personen, denen man begegnet. Ein Chilene zum Beispiel wird eher einem deutschen Betrüger aufsitzen, weil in seinem Land die Deutschen als »ehrlich« gelten, und ein Vertreter des amerikanischen Friedenkorps muß den Indianer in den peruanischen Anden erst von seinen friedlichen Absichten überzeugen; denn hier gelten die Amerikaner als selbstsüchtige Kolonialisten. Die deutsche Singer-Nähmaschine, die vielleicht schon eine Generation in der Palmhütte einer Eingeborenen-Familie in Kenia steht, »funktioniert« für Deutschland; ist sie in Ordnung, so sind es auch die Deutschen. Wenn ein Engländer Berichte liest über die Importe von Industriegütern der Firma Krupp, so fühlt er jenen Schauer, den ein Mensch fühlt, der mit der Hand über das kalte Metall einer Kanone streicht, denn alles das, der deutsche Betrüger, die Singer-Nähmaschine und der Krupp-Artikel kommen aus einem fremden Nest. Und so wehrt er sich dagegen. Er versieht das fremde Nest mit einem Zeichen, das er aus einer Fülle von Zeichen ausgewählt hat. Es ist ein abstoßendes Zeichen, vielleicht eines in der Art, wie es der Italiener anwendet, wenn er sich gegen den bösen Blick schützen will.

Das kürzeste Zeichen für ein Volk ist die Figur seines typischen Vertreters. Ein Tölpel ist der deutsche Michel, ein raffgieriger Kaufmann der amerikanische Uncle Sam, ein kokettes Luder die französische Marianne. Ihnen schließen sich die allgemeinen Charakteristiken an,

die russische Seele, die britische Scheinheiligkeit, die amerikanische Cleverness, die Jenseitigkeit der Inder, die Feigheit der Italiener. Von solchen allgemeinen Epitheta lebt ein Teil des Journalismus und ein Teil der Literatur, wobei die seltsame Feststellung gilt, daß die Differenzierung mit der Größe des Nestes, das man beschreibt, abnimmt.
Eine Provinz kann man nur detailliert beschreiben, für eine ganze Nation genügt unter Umständen ein Schimpfwort. Marcel Aymé hat darüber in seinem Roman »Die grüne Stute« geschrieben: »Man sagt von einer Stadt, sie sei gastfreundlich, belebt, man esse hier gut, und dann folgt noch ein drei Zeilen umfassendes Etcetera. Von einer Provinz heißt es noch einfacher: Die Normannen sind rotgesichtige, gewitzte und schlaue Füchse und überdies große Vertilger von Apfelwein. Von einer Nation sagt man: Die Gallier hatten blonde Haare.«
Im nationalen Vorurteil kristallisieren sich Andersartigkeiten, die leidvollen Erfahrungen der Geschichte und die Ängste vor dem Größeren oder Stärkeren. Meistens sagt das Vorurteil mehr über den Vorurteilstäter aus als über sein Opfer. Wenn die Deutschen in ihrem Vorurteil vom leichtlebigen Franzosen sprechen, dann schwingt in diesem Vorurteil der Komplex des Schwerblütigeren ebenso mit, wie ein sexuelles Minderwertigkeitsgefühl im Spiel ist, wenn derselbe Deutsche sich über das männliche Gehabe des Italieners empört. Wenn der Europäer die Japaner, deren Waren den europäischen Markt überschwemmen, als »Kopierer« und »Nachahmer« tituliert, so äußert sich hier die leise Furcht des Lehrers, daß ihn der gelehrige Schüler eines Tages übertrumpfen könne.
Das hübscheste Beispiel für das Vorhandensein solcher Komplexe, die sich in der Begegnung zwischen einzelnen oder mehreren nationalen Nestflüchtern ergeben, zeigte eine Umfrage der Gallup-Institute, die sich in einer internationalen Vergleichsbefragung bei den Bewohnern von zwölf Weltstädten danach erkundigt hatten, welche Nation wohl das höchste Kulturniveau, das beste Essen, die schönsten Frauen und die schönste Landschaft, die beste Art zu leben und den größten Nationalstolz besitzt. Alle, außer den Deutschen, antworteten im Chorus, daß man im eigenen Land am besten essen könne. Die

Deutschen nannten Frankreich. Alle Nationen, von den Griechen und Finnen bis zu den Indern und Amerikanern, bejahten die Frage, ob es in ihrem eigenen Land die schönsten Frauen gäbe, mit drei Ausnahmen: Die Deutschen bevorzugten die Schwedinnen, die Wiener die Italienerinnen, und die Dänen liebäugelten mit den jungen Deutschen. Bei der Frage nach dem größten Nationalstolz jedoch wurde von fast allen Nationen ein Fremd-Nest genannt: die britische Insel.
Nun wären solche Vorurteile nicht weiter schlimm, wenn es sich nur um ein Assoziationsspiel zwischen den einzelnen nationalen Nest-Bewohnern handelte. Aber das ist es nicht. In bezug auf das andere Nest reagieren die Nationen wie Leute, die unbedingt die Theorien von Sigmund Freud und Alfred Adler bestätigen wollen, sie projizieren ihre eigenen Balken in die Augen der anderen, sie empfinden den Nachbarstaat als Rivalen, und wer ihr Unbewußtes, ihre Vorurteile, analysieren würde, der käme auf manches peinliche Kindheitserlebnis, das aus den frühesten Beziehungen zwischen den beiden Nestern herrührt.
Hier zeigt sich auch die stärkste Kraft, die mit dem Vorurteil wirksam wird: die Beharrung, nicht die Bewegung, die Bestätigung, nicht das Infragestellen. Das erklärt auch, warum im Jet-Zeitalter die Vorurteile nicht schwinden. Die Telefonistinnen stellen täglich Verbindungen her zwischen New York und Manila, zwischen Kapstadt und Paris, die deutsche Durchschnittsfamilie kann jeden Abend ihre Fernostkriege am Fernsehapparat genießen, und der europäische Mittelkläßler bestellt in einer spanischen Rezeption routiniert »Una camera matrimonio por una noche«. Die Nester sitzen auf dem Weltenbaum so dicht, daß jeder über jeden Bescheid weiß, nur ist es leider so, daß jeder über jeden auch seine Vorurteile bestätigt findet, also über *sich* nicht Bescheid weiß. Es scheint, als ob menschliche Erkenntnisfähigkeit und technischer Fortschritt einander nicht entsprechen. Während sich die Technokraten bereits auf das Jahr Zweitausend vorbereiten, wird die öffentliche Meinung vielfach noch nach Art des 19. Jahrhunderts gemacht.
Public Relations zwischen den Völkern scheinen also so notwendig zu

sein wie der Handelsvertrag oder der Botschafteraustausch. In diesem Sinne äußerte sich auch der italienische Diplomat Pietro Quaroni: »Die politischen Beziehungen zwischen Italien und Deutschland sind heute noch ein wenig im Stil des 19. Jahrhunderts. Die Regierungschefs, die Außenminister, die Botschafter, die Auswärtigen Ämter sind in ständigem Kontakt, und sie verstehen einander ziemlich gut. Im 19. Jahrhundert wäre das genug gewesen, heute ist das jedoch anders. Eine Außenpolitik ist nicht mehr möglich, wenn die breite Masse diese Politik nicht versteht und mit ihr nicht einverstanden ist. Ist das besser, ist das schlimmer? Das kann man nicht sagen: es ist so! Es ist die allgemeine Lage in der zweiten Hälfte des 20. Jahrhunderts. Jedes Jahr gehen Millionen von Deutschen nach Italien, um dort ihre Ferien zu verbringen. Aber kennen sie Italien wirklich? Sie kommen zurück, und was bringen sie mit nach Hause? Die Sonne und die Schuhe. Aber das ist nicht genug.«

Als Grundsatz der PR zwischen den Völkern gilt, daß jedwedes Ding, dem ich die Herkunft aus dem anderen Nest ansehe, zum Gegenstand meiner Sympathie oder meiner Antipathie werden kann. Das Ding ist ein Stellvertreter für das fremde Nest. Es trägt das unsichtbare »made in«. Am Beispiel des Volkswagens, made in Germany, beschrieb dies der amerikanische Sachbuchautor William Bradford Huie in »Drei Leben für Mississippi«. Dort entschließt sich im Jahre 1957 ein achtzehnjähriger junger Mann, Michael Henry Schwerner, einen Wagen zu kaufen. Es soll ein Volkswagen sein, sagt er zu seiner Mutter in Pelham im Staate New York. »Mickey«, entgegnet seine Mutter, »willst du wirklich einen deutschen Wagen? Du weißt doch, daß einige deiner Verwandten in Auschwitz umgekommen sind. Wirst du dich so bald nach Auschwitz in einem Volkswagen wohlfühlen?«

»Ich weiß schon, Mutter«, sagt Mickey Schwerner, »ein Grund, warum ich einen Volkswagen kaufen will, ist der, daß er sehr ökonomisch und praktisch ist. Aber der wichtigere ist doch, daß ich nicht mein Leben lang hassen will. Ich glaube auch nicht, daß es jemals wieder ein Auschwitz geben wird.« Dieses Beispiel zeigt, daß der Volkswagen unter Umständen die Bundesrepublik vertreten kann, ebenso wie dies ein Staatspräsident tut oder ein Botschafter oder die Singer-Nähmaschine in Kenia.

Gerade für den Ruf der Deutschen haben deutsche Markenartikel und deutsche Firmen viel getan. Was die PR-Abteilung des Volkswagenwerks deshalb für den Volkswagen tut, tut sie zugleich für die Bundesrepublik. Die Wolfsburger PR-Männer sammeln deshalb mit Vorliebe große Nachrichten vom kleinen VW und geben sie, entsprechend aufbereitet, an Zeitungen und Nachrichtenagenturen weiter: Daß Texas-Cowboys zum Beispiel ihre Gehege mit VWs inspizieren, daß Robert Kennedy von einem Volkswagen herab Reden an das Wählervolk hielt, daß in Los Angeles Bankräuber in einem VW flüchteten, daß der berühmte amerikanische Kinderarzt Dr. Benjamin Spock mit einem VW im Weißen Haus vorfuhr, und daß eine Frau in einem VW ein Baby zur Welt gebracht hat. Die amerikanische PR-Abteilung schickt übrigens jener Frau, die in einem VW ihr Kind bekommt, eine Prämie und ein Glückwunschschreiben: »weil auch Sie den Beweis erbracht haben, daß im VW stets Platz für einen Passagier mehr ist . . .«

Eine ausländische Luftverkehrsgesellschaft hat vor einigen Jahren den Befragungsbeweis erbracht, daß die wirtschaftliche Potenz als Synonym für die Bundesrepublik gilt. Alle aus dem Ausland einfliegenden Passagiere wurden über einen längeren Zeitraum hinweg durch einen Assoziationstest gefragt, was ihnen auf Anhieb einfällt, wenn sie den Namen des Reiseziel-Landes hören. Zu England fiel den Touristen vieles ein zwischen Edgar Wallace, Tower-Bridge und Commonwealth, und zu Frankreich vieles zwischen Marianne, Eiffelturm und Moulin Rouge, aber in den Assoziationen, die ihnen zu Deutschland durch den Kopf blitzten, kehrten regelmäßig immer ein paar bestimmte Begriffe wieder: Lufthansa, Hapag und Lloyd, Krupp, Siemens und Telefunken, Mercedes, Volkswagen und IG-Farben. Das alles sind Botschafter für Deutschland.

Wie entscheidend dies ist, daß eine Ware sympathisch wirkt durch

das Volk, das sie herstellt, und das Volk angenehm durch die Waren, die es produziert, erhellen die Repräsentativbefragungen zur Erfassung von Meinungen der Völker, deren sich heute als Instrument der Verständigung fast alle Völker der Welt regelmäßig bedienen. So haben sich auf die Frage, für welches Produkt (zum gleichen Preis) aus folgenden Ländern (England, China, Frankreich, USA, Japan, Rußland und Westdeutschland) sich die Käufer entscheiden würden, geantwortet: Der Uruguayer würde (49 Prozent) das deutsche Produkt kaufen, der Inder ebenfalls das deutsche Produkt (30 Prozent), aber schon an zweiter Stelle das englische Produkt (29 Prozent), und der Südvietnamese würde das französische Produkt allen anderen (49 Prozent) vorziehen.
Ebenso wichtig ist aber auch das Befragungsergebnis der Marktforschungsfirma Market Facts Roc International, die das »Made in Germany« untersucht hat. Danach hat der Durchschnittsamerikaner folgende Vorstellung von dem deutschen Erzeugnis: »Gesund in der Konstruktion, verläßlich« - »Unästhetisch und zu massig« - »Praktisch, nützlich und billig«. Deutlich sieht man hier das uralte Deutschen-Bild vom dummen Michel durchschimmern: fleißig, aber ohne Lebensart, ein unermüdlicher Roboter, aber ein klobiger Mensch.
Das Vorurteil ist langlebig: Das deutsche Wort, das in dem amerikanischen Sprachschatz am häufigsten vorkommt, ist immer noch das »Sauerkraut«, jener vergorene Weißkohl, den die deutschen Einwanderer im 19. Jahrhundert auf ihren Erntedankfesten speisten, jene Einwanderer, vor denen noch George Washington und Benjamin Franklin gewarnt hatten, weil sie die angelsächsische Kultur angeblich zu überfremden drohten. Während beider Weltkriege benutzten die Amerikaner das Wort »krauts« als Schimpfwort für die Deutschen. Und heute, lange nach dem Krieg, im Apollo-Zeitalter, wird die Kolonie Huntsville im Staate Alabama von den Anrainern als »Sauerkraut-Hill« bezeichnet. Dort wohnen der deutsche Raketenforscher Wernher von Braun und seine Mitarbeiter . . .
Wie auf allen Gebieten der Public Relations, so wird auch auf dem der Beziehungen von Völkern untereinander mit Kampagnen ge-

arbeitet, um kurzfristig gefühlsmäßige Übereinstimmungen mit politischen oder wirtschaftlichen Zielen der Vertragspartner herzustellen. »Kampagne« bedeutet hier Anwendung aller Mittel, die den Public Relations zur Verfügung stehen, und nach der Anwendung die Kontrolle durch eine jener Methoden, mit denen man Wirkungsquanten errechnen, also sagen kann: *vor* der Kampagne hielten 37 Prozent der Befragten die indische Bevölkerung für eine Ansammlung von Kinderbräuten, Gandhis, Unberührbaren, Wolfskindern und Yogis, *nach* der Kampagne waren es nur noch 18 Prozent, die ihre Klischeevorstellungen in solch haarsträubender Weise artikulierten.

Solchen Kampagnen geht es also nicht darum, das Wohlwollen wie eine Essenz zu versprühen, es geht ihnen um Handfestes, Zählbares wie Stimmen und Exportraten. Das Ergebnis der Kampagne muß rapportiert werden können wie der Erfolg eines Stoßtruppunternehmens. Ein solches Unternehmen war die in Public-Relations-Kreisen berühmte Kuba-Zucker-Kampagne der New Yorker Agentur Samuel E. Stavisky. Damals, im Jahr 1955, stand nichts Geringeres auf dem Spiel, als der Zuckerimport aus der Republik Kuba, der drastisch gekürzt werden sollte. Kuba ist der größte Rohzuckerproduzent der Welt (70 Prozent des kubanischen Exports) und wollte damals nicht seinen amerikanischen Absatzmarkt wegen der Launen irgendwelcher Senatoren verlieren. Kuba zögerte keine Sekunde und sicherte sich die Dienste von Samuel E. Stavisky.

Die Agentur machte zunächst die importfeindlichen Senatoren ausfindig und wandte sich dann an die Wählerschaft dieser Senatoren. Ihre Agitation konzentrierte sich auf ökonomische Argumente. Sie machten eine Rechnung auf: soundsoviel Quanten Kubazucker importiert dieser Wahlkreis und soundsoviel Industriegüter importiert dafür Kuba aus dem Wirtschaftsbereich dieses Wahlkreises. Das waren aufsehenerregende Zahlen, wie etwa die von einem Zuckerimport im Wert von 25 000 Dollar, dem ein Export von 12 Millionen gegenüberstand. Kurz: Der amerikanische Kongreß weigerte sich nicht nur, die Quoten zu kürzen, er erhöhte sie sogar um eine Million Tonnen. Kuba hatte daraus einen Gewinn von 100 Millionen Dollar.

Doch der Alltag der Public Relations zwischen den Völkern ist anders. Er besteht aus biederer journalistischer und organisatorischer Arbeit, mit dem Ziel, den anderen Völkern das eigene Volk zu präsentieren, möglichst interessant, möglichst vielseitig, möglichst sympathisch. Die einzelnen Völker gehen dabei von verschiedenen Startbedingungen aus, und hier ist wohl einer der Hauptgründe dafür zu suchen, daß zum Beispiel die kulturelle Präsentation Deutschlands gegenüber der Frankreichs oder Englands zurückbleiben muß: Deutschland tritt an mit dem Handikap seiner Sprache. Das betrifft verschiedene Länder. Ein Volk, das andere Völker veranlassen kann, von Boutiquen zu sprechen oder von Amouren, von teach-in und love-in, von shopping und shocking, das hat damit bereits die wichtigste Stufe zur Verständigung überschritten: Sprache transportiert Ideen und Meinungen und regt Haltungen an, bevor bereits die eigentliche Informationsübermittlung beginnt.

Der Vorteil Frankreichs und Englands ist somit der Nachteil Rußlands, Chinas, aber auch Norwegens und Schwedens. Hinter der Unaussprechbarkeit ihrer Schriftzeichen eingemauert, bleibt uns von Rotchina nur ein bißchen Mao und Eßstäbchen, ein wenig gelbe Gefahr und Chinesische Mauer. Ähnlich geht es Schweden, mehr als Mittsommernacht, Nacktheit und Blondheit fällt dem Mitteleuropäer zu Schweden nicht ein. Ein Sprachzaun umgibt dieses Land. Wie leicht haben es dagegen die Briten: Wer ein Original-Limerick zitiert, hat schon auf englisch gelacht. Und das ist die beste und billigste Public Relation, die es gibt.

Deutschlands Sprachquote ist nicht sehr hoch, und dem Ehrgeiz deutscher Public-Relations-Institutionen wie Goethe-Institut, Inter Nationes, Auswärtiges Amt, Carl Schurz-Gesellschaft, Stiftung Volkswagen und Deutsche Welle, sind die Flügel von Anfang an beschnitten. Deutsch gilt erstens als schwierige Sprache und zweitens als nur beschränkt anwendbar. Eineinhalb Millionen von insgesamt zwölf Millionen Kindern, die auf öffentlichen amerikanischen Schulen in einer Fremdsprache unterrichtet werden, lernen Spanisch (12 Prozent), 1,2 Millionen Französisch (10 Prozent), 600 000 Lateinisch und nur etwa 300 000 Deutsch (2,8 Prozent). Auch in den speziellen Fremdsprachen-Programmen, die von der amerikanischen Regierung gefördert werden, sieht es nicht besser aus. Deutsch studierten in dem sogenannten FLES-Programm bisher nur 20 000 Schüler, dagegen wählten 800 000 Französisch und über eine Million Spanisch. Das amerikanische Nest hat sich gegen Deutsch entschieden.

Dieses Beispiel zeigt, wo die Grenzen der PR zwischen den Völkern beginnen. Eine Sprache läßt sich handlich herrichten, in Kursen erlernbar machen und anbieten als Markenartikel. Eine Nation läßt sich in sympathischen Informationen ausdrücken, die man ebenfalls dem anderen Volk zur Besichtigung freigibt: in Ausstellungen, in Zeitschriften, in Filmen, in Büchern und Broschüren. Eine Nation vermag sich also positiv darzustellen, indem ihre damit befaßten Informations-Apparate Besucher empfangen und vermitteln, tonnenweise Papier bedrucken, Kongresse veranstalten und dem Ausland jede gewünschte Information zur Verfügung stellen. Alle Nationen in der Welt tun, was der Kriminalautor William Haggard in seinem Thriller »An die Wand gespielt« die Regierung des imaginären lateinamerikanischen Staates Candora tun läßt: »Das Anglo-Candoranische Institut war wirklich eine sehr merkwürdige Einrichtung. Es machte in Freundschaft und Kultur. Es hatte einen candoranischen Pianisten nach England gebracht und ein Konzert mit ihm veranstaltet. Es hatte eine Ausstellung zeitgenössischer candoranischer Maler organisiert. Dem Institut fehlte es also nicht an Geldmitteln, nur, es sparte am falschen Ende - es verwässerte den Gin. Seine Parties verdienten nicht einmal diesen Namen . . .«

Was William Haggard mit diesem Beispiel - dem Verwässern des Gins - andeutet, ist die Tatsache, daß die Bewohner der Nester sich gegenseitig ganz anders ansehen, als es die Nest-Propagandisten vermuten. Die Nester sind sich prinzipiell feindlich gesonnen, vielleicht im Sinne eines Urinstinkts, der sie veranlaßt, die Informationen über das andere, das falsche Nest unbewußt in zwei Kategorien einzuteilen, in Informationen, die man gelassen und ungerührt zur Kenntnis nimmt, und in Informationen, die man sogleich mit einer Heftigkeit angreift, als ob die eigene Existenz davon abhinge. Daß diese Einteilung durch einen Trieb verursacht wird, der unser Verhalten in demselben Maß bestimmt wie Hunger oder Sexualität, wurde in letzter Zeit durch Ergebnisse der Verhaltensforschung bestätigt. Er ist ein Erbstück unserer Evolution. Man nennt ihn den »Territorialtrieb«.

Über diesen Trieb dachten nicht erst die Ethologen nach, also Wissenschaftler wie Konrad Lorenz oder Adolf Portmann. Der Territorialtrieb verblüffte schon die Menschen im Altertum.

Aristoteles beobachtete die Raubvögel und wunderte sich, daß »ein Adlerpaar einen ausgedehnten Lebensraum braucht und daher dem anderen Adler nicht gestatten kann, sich in enger Nachbarschaft niederzulassen«. Plinius beobachtete noch schärfer: »Ein Adlerpaar benötigt einen beträchtlichen Raum, um genügend Nahrung zu finden, aus diesem Grund markiert es die Grenzen seines Gebiets.« Damit war schon eine Ursache angedeutet, der die Vögel zu der peinlichen, polizeistaatlichen Einhaltung ihres Territoriums zwingt, ein Grund, auf den sich ein römisch-deutscher Kaiser im 13. Jahrhundert ebenfalls berief. Friedrich II., Vogelliebhaber und Falkner aus Passion, erkannte, daß Falken, nachdem sie das Fliegen und Beuteschlagen erlernt haben, »von den Eltern nicht nur vom Horst, sondern aus dem ganzen Nestgebiet vertrieben werden. Jagten Mutter und Jungvogel in demselben Territorium, würden die Beutevögel bald verschwinden, und es bliebe nicht genug Nahrung für die ganze Familie übrig«.

In der jüngsten Forschungsgeschichte der Ethologie wurde ein ungeheures Material über den Territorialtrieb, der 1920 von Eliot Howard als Begriff eingeführt wurde (in dem Buch »Territory in Bird Life«), aufgehäuft. Es gibt kein Tier, das nicht ein Territorium kennt. Diese Territorien haben eine unterschiedliche Größe. Ein Rudel Wölfe besitzt ein Territorium von hundert Quadratkilometern, die europäische braune Forelle braucht ein Besitztum von rundum sieben Zentimetern. Zwischen diesen beiden Größen differieren die Landbesitze der Tiere: Das Territorium des Brüllaffen reicht so weit, wie seine Stimme trägt, das des domestizierten Hahns nicht weiter als bis zum Fuße des Hügels, auf dem er steht und seinen territorialen Anspruch hinauskräht. Diese Territorien, deren Existenz von der Wissenschaft nachgewiesen wurde bis zurück zu solch einem urzeitlichen Geschöpf wie dem Plattwurm, dessen Art als Überbleibsel aus dem Präkambrium eine halbe Milliarde Jahre alt ist, sind aber nicht nur bloße Sitzplätze oder Versammlungsorte.

Der Territorialtrieb ist stärker als jeder andere, zum Beispiel der Sexualtrieb. Das bunte Gefieder der Vögel, dessen Sinn die traditionelle Zoologie bisher im fortpflanzungsgebundenen Eitelkeitsgehabe des Männchens erblickte, dient in Wirklichkeit einem anderen Zweck: es soll den Rivalen vor dem Betreten des Territoriums warnen. Bei den meisten Tierarten interessiert sich das Weibchen nicht für ein besitzloses Männchen, und der erbitterte Kampf, den zwei Rivalen führen, gilt nicht etwa dem Weibchen, sondern dem Territorium.

Das Territorium verleiht seinem Besitzer eine unerklärliche Kraft, die ihn befähigt, den angreifenden Artgenossen zu besiegen. Das Territorium führt ihm ungeheure Energien zu. Der Sieg gehört nie dem Stärkeren, sondern dem im Recht befindlichen Tier, und das ist immer der Gebietsinhaber. Der amerikanische Forscher Richard Alexander ließ zu diesem Zweck zweihundert Kampfgrillen gegeneinander antreten: einhundertneunundneunzigmal gewann jene Grille, die ihr Territorium verteidigen mußte. Ein anderer Forscher wies durch das Experiment nach, daß selbst ein doppelt so großer Fisch niemals in der Lage ist, den kleineren Artgenossen zu besiegen, falls dieser »im Recht ist«, was sein Territorium betrifft. Der rätselhafte Drang nach dem Territorium ist so groß, daß die Art jedes Risiko auf sich nimmt, um sich diesen Besitz zu erhalten, selbst auf die Gefahr der Vernichtung hin. Die Schildkröten der sogenannten Himmelfahrtsinsel im Atlantik schwimmen 2000 Kilometer weit, um ein winziges Territorium von wenigen Quadratmetern zu erreichen, das sie von Jahr zu Jahr ansteuern und mit unfehlbarer Sicherheit finden.

Dies, die Manifestation des Territorialtriebs, gehört ebenso zur Evolution und letztlich zur Entwicklungsgeschichte des Menschen wie etwa die Entstehung des Zwischenkieferknochens oder die Mutter-Kind-Beziehung. Es besteht kein Grund, diese Gesetze für weniger biologisch notwendig zu halten, wenn es darum geht, Erklärungen zu finden für die tödliche Dynamik bestimmter menschlicher Haltungen, die vernunftwidrig und inhuman sind, immer wieder hervorbrechen, und gegen die kein Kraut gewachsen zu sein scheint, auf jeden Fall nicht das Kraut der Public Relations.

Der Territorialtrieb existiert im Sinne eines angeborenen Verhaltens, aber was kann er erklären?

Zweierlei Hypothesen sind möglich. Mit der ersten würde man Parallelen zwischen dem Territorialtrieb der Tierarten und der Spezies Mensch ziehen und versuchen zu erkennen, ob nicht zum Beispiel die Kraft, die uns die Territorien, Heimat genannt, geben, verwandt ist mit der gleichen Kraft, die dem Tier Überlegenheit über den Artgenossen verleiht. Ist es nicht der aus diesem Quell stammende Kraftzuwachs, der den Israeli die psychische Überlegenheit über die Araber gibt? Ist es nicht diese Territorial-Energie, die es dem amerikanischen Farmer (der im Durchschnitt sein eigenes, weniger als 500 Morgen großes Territorium bewirtschaftet) ermöglicht, zwölf Städter zu ernähren, während der russische Bauer (der im Durchschnitt als Kollektivarbeiter auf einer 70 000 Morgen großen Genossenschaft mit achthundert Genossen arbeitet) nur einen einzigen Städter in Moskau oder Leningrad zu ernähren vermag?

Und ist es nicht eben diese Sehnsucht, sich mit einem Territorium zu identifizieren, weil es das Gefühl der Sicherheit bietet, wenn die amerikanischen Soziologen feststellen, daß der Mythos des zivilisierten Amerikaners ein Territorial-Mythos ist? In Geschichten wie »Bonanza« und »Lassie« und ihren unendlichen Variationen träumt der moderne Amerikaner den Traum des Territoriums. Er träumt in der Fernsehserie »Bonanza« vom Leben der Cartwrights auf ihrer Farm »Ponderosa«. Sie reiten ihr Grundstück ab, bebauen und verteidigen ihren Besitz, und sie gewinnen die Schießereien nicht etwa deswegen, weil sie Revolverhelden wären. Das ist keiner von ihnen. Sie gewinnen, weil ihnen diese unerklärliche Kraft zufließt von ihrem Territorium, von ihrem eigenen Nest.

Solch ein Nest ist für die Deutschen Deutschland, für die Amerikaner

Amerika und für die Israeli Israel. Jede Information, die ihnen ein Massenmedium über die Bewohner eines anderen Nests zuträgt, wird unbewußt sofort entweder abgelegt in das Fach »ganz interessant aber nicht bedeutend« oder in den Rang einer lebenswichtigen Information erhoben. Am 21. August 1968 haben die Staaten des Warschauer Pakts unter Führung der Sowjetunion die Tschechoslowakei überfallen und okkupiert. Sie haben das bereits im biologischen Sinne heilige Territorium verletzt und die tschechoslowakische Bevölkerung in ihrem Territorialtrieb frustriert. Was wird passieren?

Die Tschechen und Slowaken werden in den nächsten hundert Jahren alle Informationen über die Sowjetunion sofort einteilen. Den Auftritt des Moskauer Staatszirkus werden sie ablegen in das Fach »unbedeutend«. Dichterlesungen sowjetischer Autoren und Ausstellungen russischer Maler werden gleichmütig zur Kenntnis genommen, auch sie werden abgelegt. Und so geht es jeder Tonne bedruckten Papiers, die mit freundlichen Informationen über den sozialistischen Bruderstaat gefüllt ist. Aber ein einziger kleiner Zwischenfall, die Beleidigung eines ČSSR-Botschafters in Moskau, der Faustschlag, den ein tschechoslowakischer Fußballspieler von einem sowjetischen Genossen bekommt, wird die jahrelange Öffentlichkeitsarbeit als so überflüssig erscheinen lassen, als habe es sie überhaupt nicht gegeben.

Der Nestbewohner interessiert sich für das Nachbarnest, weil sein Leben davon abhängt. Entferntere Nester dagegen betrachtet er wie einen Film über ein exotisches Land. Kein Schicksal bindet ihn an das fremde Territorium, kein Bruderhaß, keine aufgezwungene Freundschaft. Der Europäer ist erschüttert über den Völkermord in Biafra, das erste Todesurteil über ein Volk, dessen Vollstreckung im Fernsehen gezeigt wird. Trotzdem zwingt der Europäer seine Regierung nicht, den Massenmord zu beenden. Denn sein Nest ist nicht bedroht. Er lebt weder in Lagos noch in Biafra, er ist kein Ibo und kein Nigerianer. Er notiert Nachrichten und besitzt darin die tägliche Routine des Nachrichtensammlers. Er genießt die süß-kalten Schauer der Sensation und weiß diese Sensationen bereits wie ein Gourmet abzuschmecken nach ihrem Schock-Wert. Er ist nicht betroffen.

Es gibt keinen Zweifel, daß unter allen Mitteln der Public Relations nur eins mit Aussicht auf Erfolg angewandt werden kann, jenes Mittel, das der amerikanische Unternehmer meint, wenn er davon spricht, daß echte PR »at home« beginnen würden, zu Hause. Eine gute Politik verändert die Haltung eines Nachbarvolks mehr, als es die Broschüren-Fabriken und die Ausstellungsbüros der Informationsministerien je tun können. Das im Hafen von Saigon »in all dem Schmutz dieser Welt« ankernde weiße Lazarettschiff Helgoland schafft solche Haltungen, jene deutschen Arbeiter, die während des Sinai-Feldzugs ihre Arbeitsplätze nicht verlassen haben, stimulierten solche Haltungen, und der Verzicht der Sowjets, »wie ein Dieb in der Nacht« die Tschechoslowakei zu überfallen, hätte die nun für Jahrhunderte bestehende feindliche Haltung vermeiden können. Das Territorium ist eine Realität. Man kann ein territoriales Geschöpf wie den Menschen nur dann zu einer sympathischen Haltung gegenüber den Bewohnern des Nachbar-Territoriums veranlassen, wenn man dieses Territorium respektiert. Das Nest ist dem Nestbewohner alles.

Tod der Information

Wir glauben, morgen besser zu leben als heute. Das Gestern war sowieso schlechter. Diese Zukunft, heller und freundlicher als die schattenreiche Gegenwart, ist jedoch nicht mehr der Gegenstand von Prophezeihungen, denen wir uns gläubig oder skeptisch überlassen. Die Prophezeihung selbst ist tot, und auch die Figur des Weissagers oder Künders tritt schon weit zurück in das Dunkel der Geschichte.

Vor uns steht der Planer, der uns Rechnungen aufmacht, addierend und multiplizierend, Diagramme zeichnend und Quotienten errechnend, Bruttosozialprodukte vergleichend mit dem Bevölkerungswachstum, die militärische Kapazität in Beziehung setzend mit den Faktoren der Wahrscheinlichkeitsrechnung. Der Planer schildert die Zukunft nicht als eine unbekannte Gegend, in der Gefahr droht, sondern als eine Ebene, in der beschreibbare Dinge in überscharfer Beleuchtung erkennbar sind. Chirico hat die Zukunft so gemalt.

Natürlich steht auch dasjenige in diesem überscharfen Licht vor uns, was mit der zukünftigen Meinungsbildung zu tun hat, mit Informationspolitik und Öffentlichkeit. Einer dieser Planer, der das Feld der Zukunft zu übersehen glaubt wie eine Versuchsanordnung in einem Labor, hat beschrieben, was aufgrund der Berechnungen auf diesem Gebiet voraussagbar zu sein scheint, nämlich ein Zuwachs an verwertbaren Informationen, der mit der Geschwindigkeit eines »count down« erfolgen wird:

»In Zukunft werden die Menschen nicht nur über mehr materielle Güter und mehr Energie verfügen«, schreibt Karl Steinbuch, »sondern auch über sehr viel mehr Informationen. Der Besitz an Wissen wird mit unvorstellbarer Geschwindigkeit vergrößert werden. Informationen über Ereignisse an entfernten Orten werden durch Telegraphie, Fernsprecher und Fernsehen überall transportiert werden, diese werden in Computern miteinander verknüpft und auf ihre Wirkung analysiert, das gesamte Wissen wird in riesigen, allen Menschen zugänglichen Informationsbanken gespeichert sein. Die zukünftige Gesellschaft wird nicht nur eine Gesellschaft ohne Mangel an materiellen Gütern und Energie sein, die zukünftige Gesellschaft wird im besonderen eine informierte Gesellschaft sein.«

Was an dieser »Prophezeihung« als erstes auffällt, ist die Benutzung des Begriffes »Information«. Karl Steinbuch hält sie für ein Ding, das in einem anderen Ding aufbewahrt werden kann wie ein Stein in einem Lager von Baumaterialien, wie Geldstücke in einem Tresor, wie Blutkonserven in einer Blutbank. Information ist für ihn so etwas wie Informations-Zeug, lagerbare Materie, ohne Materie wirklich zu sein, Informations-Stücke.

Die zweite Auffälligkeit betrifft die Tatsache, daß Steinbuch wohl die Veränderung, nämlich die zahlenmäßige Zunahme des Informationsmaterials voraussieht, aber kein Wort verliert über die gleichzeitige, denkbare Veränderung der Methoden, diese Informationen unter die Leute zu bringen.

Auffällig ist drittens, daß sich der Planer Steinbuch jenes Ding, das er »das Verfügen über Information« nennt, so gesondert vornimmt wie ein Zellenforscher die einzelne Zelle. Es wäre immerhin denkbar, daß die Information auch ihre soziale Seite hat, daß der Zugang zu den »Informationsbanken« von dem Informations-Bankier gesperrt werden könnte, daß die Menschen der Zukunft gar kein Bedürfnis nach Information haben oder ganz einfach, daß irgend jemand die Informationskanäle sperrt, eine Möglichkeit, die der 2. Vorsitzende der Deutschen Postgewerkschaft andeutete, als er erklärte: »Wir als Deutsche Postgewerkschaft garantieren jedermann, der versuchen wird, Notstandsgesetze mißbräuchlich anzuwenden, daß wir ihm die Nachrichtenwege abschalten werden.«

Der in der Zelle seines Fachgebietes lebende Planer stellt sich solche Fragen nicht, und er kommt gerade deshalb zu falschen Ergebnissen. Die Wirklichkeit sieht anders aus. Die Gesellschaft der Zukunft wird nicht nur »über mehr Informationen verfügen« als die heutige, sie wird auch die Methoden perfektioniert haben, wie man den Besitz an diesen Informationen überwacht.

Was die Information in Wirklichkeit ist, hat eine neue Wissenschaft erarbeitet, die Kommunikationsforschung. Im Sinne dieser Wissenschaft ist die Vermittlung von Informationen ein Prozeß, an dem dreierlei beteiligt ist: Der *Sender* (der die Botschaft verkünden will), der *Empfänger* (der diese Botschaft vermittelt bekommt) und das *Zeichen* (das diese Botschaft vom Sender zum Empfänger transportiert). Das Zeichen selbst kann eine Gebärde sein, ein Buchstabe, ein Geräusch, es kann alles sein »vom Geschmack eines Apfels bis zu Beethovens Neunter Symphonie« (Arthur Koestler). Das Zeichen selbst besagt nichts. Es ist tot und nicht mehr als ein Stück Objektivität. Die Botschaft wiederum ist nicht etwa in diesem Zeichen enthalten. Die Botschaft, so besagt die Kommunikationstheorie, liegt beim Sender und beim Empfänger. Sonst nirgends.

Amerikanische Kommunikationstheoretiker erklären diesen Vorgang gern am Beispiel eines Boxkampfes.

Zwei Boxer stehen sich gegenüber. Der erste, der angreifende Boxer, winkelt den Arm und deutet einen linken Aufwärtshaken an: Das ist das Zeichen. Was dieses Zeichen bedeutet, »weiß« das Zeichen selbst nicht. Es kann verschiedenes bedeuten, zum Beispiel: der linke Aufwärtshaken wird im nächsten Moment geschlagen; oder: der linke Aufwärtshaken ist eine Finte, die wirkliche Absicht des angreifenden Boxers wird damit verdeckt; oder: der linke Aufwärtshaken ist nur eine unbeabsichtigte Geste. In dem Zeichen »linker Aufwärtshaken« liegen also mehrere Botschaften, Nachrichten oder Informationen verborgen. Was das Zeichen wirklich bedeutet, »weiß« nur der Sender (der angreifende Boxer) und der Empfänger (der sich verteidigende Boxer). Beide verhalten sich auf verschiedene Weise zu dem Zeichen: der angreifende Boxer »codiert« (verschlüsselt) die Information in ein Zeichen, der sich verteidigende Boxer »decodiert« (entschlüsselt) die Information aus dem Zeichen.

Mit der Sprache verhält es sich ebenso. Eine Ansammlung von Buchstaben bedeutet noch gar nichts, und eine »Fülle von Informationen« ist wertlos, wenn der Informationsausteiler nicht zweierlei tut. Als erstes muß er sich vergewissern, ob der Empfänger auch den Code besitzt, um das Zeichen entschlüsseln zu können. Als zweites muß er diese Erkenntnis anwenden, indem er die Information so »schreibt«, daß der Empfänger die beabsichtigte Botschaft auch »rezipiert«, d. h. aufnimmt.

Schon Aristoteles wußte um diese Wechselwirkung, als er auf die Kunst der Rede bezogen schrieb: »Dreierlei braucht man nämlich für eine Rede, einen Redner, einen Gegenstand und eine Zuhörerschaft, und dieses letzte, der Zuhörer, ist richtunggebend.« Ein wenig später in der Weltgeschichte sprach ein anderer Mann, ein Prediger und Rhetoriker, die gleiche Erkenntnis aus: Martin Luther. Der Reformator wußte, daß es auf den Empfänger einer Botschaft ankommt und daß er deshalb auch die Sprache des Empfängers sprechen muß, um verstanden zu werden: »denn man muß nicht den Buchstaben in der lateinischen Sprache fragen, wie soll man deutsch reden, wie diese Esel tun, sondern man muß die Mutter im Hause, die Kinder auf den Gassen, den gemeinen Mann auf dem Markt darum fragen und denselbigen aufs Maul sehen, wie sie reden und danach dolmetschen, da verstehen sie es denn und merken, daß man deutsch mit ihnen redet.« Und das heißt nichts anderes als: die Botschaft in die richtigen Zeichen codieren, nämlich jene Zeichen, die das Volk versteht. »Volkstümlich« zu reden vermochte auch Adolf Hitler. Er wußte, daß jede Propaganda ihr geistiges Niveau einzustellen hat »auf die Aufnahmefähigkeit des Beschränktesten, an die sie sich zu richten denkt ...«
Das heißt nichts anderes als: das Volk bekommt das zu hören, was es hören will. Dazu hat sich seinerzeit der Bundespressechef Karl Günther von Hase bekannt, als er in einer öffentlichen Diskussion folgendes formulierte: »Es wird immer die Frage gestellt, besonders an die Adresse der Regierung gerichtet ›Werden wir richtig informiert?‹ Ich möchte diese Frage, ich glaube mit sehr viel Recht, vom Passiven ins Aktive umkehren. Ich möchte an die Bevölkerung die Frage richten: ›Informieren wir uns richtig?‹ Mit dem Angebot an Informationen ist es heute wie in einem Selbstbedienungsladen, jeder kann hineingehen und sich etwas aussuchen, sei es das Radio, sei es das Fernsehen, das inländische Programm, das ausländische Programm, die Illustrierte. Jeder bekommt die Informationen, die er sich aussucht, und die Informationen werden so gestaltet, wie er selbst den Absatz fördert, und deshalb unsere Aufforderung an den Konsumenten: ›Bedient euch richtig, dann bekommt ihr auch bessere Informationen‹.«

In der Sprache der Public Relations: Informationsübermittlung findet nicht auf einer Einbahnstraße statt, sondern auf einer Straße mit gegenläufigem Verkehr (»two-way-street«). Bevor man überhaupt eine Information weitergibt, befragt man den Empfänger, welche Information er rezipieren wird. Diese Information erhält er dann geliefert. Der Empfänger blickt also immer wie in einen Spiegel; die Information ist kein fremdes Gesicht, das ihn anblickt, es ist sein eigenes, das ihm vorgehalten wird. Nach diesem System werden heute die meisten Illustrierten und Boulevardblätter gemacht wie es Georges Perec in seinem Roman »Die Dinge« beschreibt:
»Sie waren die richtigen Leser für den *Express*. Es war ihnen zweifellos ein Bedürfnis, daß ihre Freiheit, ihre Intelligenz, ihre Fröhlichkeit, ihre Jugend zu jeder Zeit und an jedem Ort angemessen gedeutet wurde. Sie ließen es zu, daß der *Express* sich ihrer annahm, weil es das leichteste war. Wo hätten sie ein genaueres Spiegelbild ihrer Neigungen, ihrer Wünsche finden können? Waren sie nicht jung? Waren sie nicht einigermaßen reich? Der *Express* bot ihnen alle Merkmale des Komforts: flauschige Bademäntel, Modestrände, exotische Küche, nützliche Kniffe, intelligente Analysen, das Geheimnis der Götter, kleine billige Ortschaften, verschiedene Meinungen, neue Ideen, hübsche Kleidchen, Tiefkühlgerichte, elegante Details, Skandale des guten Tons, allerletzte Ratschläge.«
Zeitungen dieser Art nannte der amerikanische Reporter Tom Wolfe »Totem-Zeitungen«. Das sind Zeitungen, »die die Leute nicht kaufen, um sie zu lesen, sondern um sie zu haben, sie physisch zu besitzen, weil sie sich von ihnen in der eigenen Lebensauffassung bestätigt fühlen.«
Der eigenen Lebensauffassung kann aber nur begegnet und ins Auge geschaut werden, weil derjenige, der diese Totem-Zeitungen macht, sich vorher über die Lebensauffassung seiner Leser informiert, wie es zum Beispiel der Chefredakteur der Bildzeitung, Peter Boenisch, tut, von dem die Zeitschrift *Capital* schrieb: »Sein Genie-Part besteht darin, fast immer im voraus zu wissen, was die Leute wissen wollen; wie anders könnte er eine Zeitung machen, die nur druckt, was die

Leute lesen wollen, und die Boenisch selber eine ›vordemoskopische Anstalt‹ nennt. Er ist der Vordemoskop; das heißt: er schaut dem Volk nicht nur aufs Maul, er weiß schon, wie es tönen wird, noch ehe das Volk das Maul aufmacht.«

Die »Information« im Sinne Karl Steinbuchs ist eine tote Information, sie wird auch in Zukunft nicht zum Leben erweckt werden können. Die »Informationsbanken« werden nichts weiter sein als Informations-Krematorien, Leichenhäuser für Fakten und Daten. Denn das Problem ist nicht die Existenz von Informationen, sondern das Problem der Kommunikation. Angenommen, in einer solchen Informationsbank liegen abrufbereit elf wohlgeformte Sätze der verschiedensten Art, eine Erkenntnis von Tagore und ein Bibelzitat, zwei Meinungen von Ludwig Marcuse und ein Aphorismus von Bert Brecht, eine Analyse des Familienministeriums und der Name des neuesten Herzpatienten, die letzte Patentmeldung auf dem Gebiet der Büchsenöffnerforschung und das Ergebnis einer Meinungsumfrage aus Allensbach, die Zahl der Verkehrs-Toten und die Tatsache, daß ein Angestellter aus Wanne-Eickel seinen Hund getreten hat. Diese Sätze stellen das dar, was Karl Steinbuch »den Besitz an Wissen« nennt, der sich »mit unvorstellbarer Geschwindigkeit vergrößert«. Ein Grund zum Optimismus? Keineswegs, denn die Bildzeitung wird nur eine einzige dieser Informationen veröffentlichen: Die Nachricht über den Hundeschinder.

Heute gilt das Paradox, daß die Zahl der Informierten desto kleiner wird, je mehr Informationen zur Verfügung stehen, und zwar deshalb, weil die Information einen Handelswert besitzt. Nach einer Statistik der deutschen Zeitungsverleger bevorzugen 86 Prozent der Zeitungsleser Berichte über Unglücksfälle, Verbrechen und »besondere menschliche Schicksale«. Eine Illustrierte, die das weiß, ein »Sender«, der also weiß, welche Informationen der »Empfänger« aufnimmt, wird auf seinem Informationstisch nur solche Nachrichten servieren, die der Empfänger sogleich aufnimmt. So wird ein Teil der Presse zum Echo der Leser, weil sie nur noch Informationen veröffentlicht, die der Leser bereits kennt. Der Leser wird zum Spiegelbildbetrachter, Zeitungslesen zum Narzißmus und die Tätigkeit der Massenmedien zu einem Instrument des Konformismus.

Zynisch ausgedrückt: Die Presse hat keinen Einfluß auf ihre Leser. Sie kann allenfalls Vorurteile bestätigen, nicht ändern. Diese Schlußfolgerung erschien dem dänischen Philosophen Sören Kierkegaard so trist, daß er eine Änderung des Pressegesetzes seines Landes vorschlug: Abonnenten, die einer Zeitung die finanzielle Stabilität verschaffen, sollten auch presserechtlich mitverantwortlich sein für das, was ihre Zeitung schreibt.

Die Rückkoppelung (also die Informationen, die vom Leser-Empfänger aus zurückfließen an den Journalisten-Sender, damit dieser Sender weiß, was der Leser zu lesen wünscht) geschieht auf statistischem Wege. Außerhalb wissenschaftlichen Datensammelns (etwa der Gesundheitsfürsorge) gibt es neben den Bemühungen der Industrie keine größeren und kontinuierlicheren statistischen Sammel-Unternehmungen als die der großen Illustrierten. Auf diesem Gebiet arbeiten mehrere konkurrierende Institute, etwa die »ASK-Arbeitsgruppe für Sozial- und Konsumforschung«, die »Gesellschaft für Konsumforschung«, die »Arbeitsgemeinschaft Leseranalyse« und der Burda-Verlag mit seiner 250 000 Daten umfassenden »Verbraucheranalyse«, deren Ergebnisse in einer Publikation zusammengefaßt sind, die in der Werbebranche kurz »LA« (»Leseranalyse«) genannt wird. Untersuchungen dieser Art dienen zwei Zwecken. Sie liefern den Mediaplanern von Jahr zu Jahr detailliertere Zahlen über die Leserschaft eines »Objekts« der Branche und steuern dadurch den Anzeigenstrom. Außerdem geben sie den Redaktionen selbst intimen Aufschluß über die Zusammensetzung ihrer Leserschaft. Die Aufschlüsselung und Auswertung der auf diese Weise zu Tage geförderten Zahlen-Berge ist bereits so kompliziert geworden, daß sie nur von Computern wahrgenommen werden kann.

Die Typologie der Leserschaft wird auf recht unterschiedliche Weise errechnet.

Die »ASK-Arbeitsgruppe für Sozial- und Konsumforschung« etwa teilt die Zeitschriftenleser nach vier Typen in ein Grobschema ein, in den B-Typ: konservativ, an Gewohnheiten festhaltend, mißtrauisch gegenüber Veränderungen *(Bunte Illustrierte)*, in den E-Typ: nonkonformistisch, aktiv, risikofreudig *(Der Spiegel)*, in den VS-Typ: gedankenlos, vertrauensselig *(Neue Post)* und in den R-Typ, Geborgenheitsbedürfnis *(Brigitte)*.

Die »Gesellschaft für Konsumforschung« entwickelte dagegen gut ein Dutzend Typen, die sich in ihrer Einstellung zum Konsum unterscheiden, etwa Typen, die dazu neigen, einen einzigen Markenartikel zu bevorzugen, andere, die gern »ausprobieren« und zu einem experimentellen Konsum neigen.

Weit umfänglicher und detaillierter schlüsselt der Burda-Verlag die deutschen Leser auf. Mit einem Kostenaufwand von 800 000 DM hat er über hundert Verbraucher-Typen festgelegt, die sich durch Gehaltsstufe, Konsumgewohnheit und Statusbewußtsein voneinander unterscheiden wie zum Beispiel den Playboy-Typ, worunter Männer verstanden werden, die mehr als tausend Mark Einkommen haben, einen eigenen Wagen besitzen, Whisky trinken und ins Ausland reisen, oder den Typ »Emanzipierte Frau«, der über tausend Mark verdient, scharfen Alkohol trinkt, raucht, aber weder selbst strickt noch schneidert.

Es gibt keinen Zweifel, daß dieses Daten-Wissen über Menschen Macht verleiht. Informationen sind Eigentum ebenso wie Produktionsmittel, und der Besitz an Informationen verleiht seinem Besitzer dieselbe Macht über die Gesellschaft wie der Besitz an Grundstücken oder an Arbeitskräften. Man könnte im Sinne des Marxismus neue Klassen beschreiben, wobei sich diese Klassen nicht dadurch unterscheiden, daß die herrschende Klasse märchenhaft reich ist, die Bevölkerung ausbeutet und Kinder für sich arbeiten läßt, während die unterlegene Klasse zu Stundenlöhnen, die jeder Gerechtigkeit spotten, Sklavenarbeit verrichtet. Die neue Klasse herrscht durch etwas anderes. Sie überwacht die Informationen und regelt ihre Verteilung nach kommerziellen Gesichtspunkten; denn der »Besitz« an Information bedeutet Macht und Einfluß.

Wer heute im Besitz von Informationen ist, befindet sich etwa in derselben glücklichen Lage wie jene Männer, die man in den angelsächsischen Ländern unter dem Namen »Mr. Odd Lots« kennt. In vielen großen Börsenmaklerbüros arbeitet ein solcher »Mr. Odd Lots«. Seine Arbeit besteht darin, täglich die Käufe und Verkäufe der kleinen Kunden an den großen Börsen zu studieren. Jahrzehntelange Erfahrung hat gezeigt, daß diese kleinen Kunden zu 80 Prozent das falsche tun. Nur wissen sie es nicht, diese Information wird ihnen nicht gegeben. Wissen tut es »Mr. Odd Lots«, der sein Wissen dazu benutzt, etwa zu 80 Prozent das richtige zu tun. So wird aus dem Besitz an Information Reichtum und aus seinem Mangel Armut.

Public Relations sind nichts anderes als die Verwaltung von Informationen zum Nutzen eines Auftraggebers. Da erscheint zum Beispiel eine kleine Notiz in einer Kunstzeitschrift. Sie besagt, daß der berühmte Kunstkritiker Bernard Berenson eine Monographie über italienische Gemälde des 18. Jahrhunderts schreiben wird. Scheinbar eine harmlose Nachricht, die neben anderen, ähnlichen Nachrichten steht. In Wirklichkeit ist diese Notiz das Ergebnis einer Aktion: Der Handelswert italienischer Gemälde aus dem 18. Jahrhundert war längere Zeit gering. Sie galten als unmodern. Um ihren Marktwert wieder zu heben, beauftragte Georges Wildenstein, Direktor einer bekannten Kunstgalerie, den Kunstkritiker Berenson, eine Monographie über die Italiener des 18. Jahrhunderts zu schreiben. Berenson ist der größte. Sein Wort gilt. Seine Voraussagen und Expertisen sind unfehlbar. Als die Nachricht über die geplante Monographie bekannt wurde, zog der Preis der Gemälde an. Eine Nachricht hatte seinen Besitzer reich gemacht.

Eines der berühmtesten Beispiele für die Käuflichkeit der Information bezieht sich auf die Darstellung eines bestimmten Menschen im amerikanischen Spielfilm: den Russen. Siegfried Kracauer hat vor Jahren das untersucht, was er »den Wandel des Russenstereotyps« im amerikanischen Spielfilm nennt. Ihm war aufgefallen, daß die Russen nicht immer gleich dargestellt werden. In manchen Jahren traten sie brutal auf und hinterhältig, in anderen wieder intelligent und tüchtig. Kracauer fiel zunächst auf, daß dieser Wechsel mit dem politischen Klima zusammenhing. Gab es Konflikte zwischen den Vereinigten Staaten und der Sowjetunion, so herrschte die Figur des »Iwan« vor. Vertrugen sich die beiden Weltmächte wieder, so kam ein moderner Sowjetmensch in die amerikanischen Filmtheater. Wie kam das zustande?

Die amerikanische Filmindustrie wünscht Gewinne. Geschäftliche Risiken möchte sie ausschalten. Sie versucht deshalb, dem Publikum nur solche Filme vorzusetzen, die von ihm ohne Verärgerung und Widerspruch akzeptiert werden. Ist die politische Temperatur zwischen den beiden Staaten auf den Nullpunkt gesunken, so hat das Publikum wenig Interesse an der Darstellung freundlicher Sowjetmenschen. Die Spielfilmproduzenten richten sich nach diesen Erwartungen. Das ist ihnen möglich, indem sie durch Publikumsbefragungen den Beliebtheitsgrad eines Ausländers messen lassen.

Zwei amerikanische Soziologen, W. Buchanan und H. Cantril, haben den Wandel des Russenstereotyps von der Vorkriegszeit über den Zweiten Weltkrieg bis in die Nachkriegszeit untersucht. Sie legten der Bevölkerung der Vereinigten Staaten eine Tabelle mit sieben Eigenschaften vor, auf der jene Eigenschaften anzukreuzen waren, die von den Amerikanern für typisch russisch gehalten wurden. Im Jahre 1942 erreichte der Russe einen Index von plus 1,4, dagegen benotete ihn die amerikanische Bevölkerung 1948 mit minus 2,8. Der Wandel ist deutlich und auch politisch motiviert; denn der ehemalige Verbündete mußte in der Zeit des kalten Kriegs umstereotypisiert werden, was dem Informationsapparat der Regierung leicht gelang, weil die Filmindustrie freiwillig dieses Geschäft mit besorgte. Neun von hundert Amerikanern hielten 1942 den Russen für grausam, sechs Jahre später war es bereits jeder zweite Amerikaner, der in der Sowjetunion ein Volk von »blutrünstigen Iwans« sah. Hochmut und Arroganz bescheinigten dem Russen 1942 nur drei Prozent, 1948 dagegen 28 Prozent. Diesen Meinungstendenzen paßte sich der amerikanische Spielfilm an; denn Konflikte mit dem Kinogänger »hätten sich wegen der enormen privatwirtschaftlichen Kapitalkonzentration katastrophal auf das Unternehmen ausgewirkt«.

Andere Möglichkeiten, eine soziale Kontrolle auszuüben, werden in der Zukunft gewisse Erfindungen bieten. Dabei geht es darum, das Wissen über den Menschen zu vergrößern, um mit Hilfe der so gewonnenen Informationen dessen Leben zu beeinflussen, d. h. durch Zurückhalten von Informationen und durch deren Weitergabe. Heute schon besitzen in Amerika Agenturen Hunderttausende von Einzelinformationen über die amerikanischen Bürger, die nicht dem Staat, sondern der Wirtschaft zur Verfügung gestellt werden. Für die Technik der Kommunikation ist dieses Wissen entscheidend; denn die Nachricht liegt nur beim »Sender« und beim »Empfänger«, und jede geglückte Informationsübertragung kommt nur zustande, wenn sich der Sender über die »Bereitschaften« des Empfängers orientiert hat. Wie kann er das tun?

Zwei amerikanische Futurologen, Mitarbeiter von Regierungsstellen, der Atomenergiekommission und verschiedener Konzerne, haben beschrieben, was man sich von den neuen Erfindungen verspricht. Zum Beispiel der Computer: Im Staat New York notierte die Polizei kürzlich die Kennzeichen aller Autos, die über eine Brücke nach Manhattan fuhren, und gab die Ziffern einem Computer, der sie mit den Kennzeichen von gestohlenen Wagen verglich: Noch ehe die überraschten Autofahrer die Brücke verlassen konnten, hatte der Computer eine Reihe von gesuchten Nummern identifiziert, nach Eingabe im Bruchteil einer Sekunde.

Diese Methode könnte man, so meinen die beiden Futurologen Herman Kahn und Anthony J. Wiener, durchaus verbessern. Mit Abhöreinrichtungen würden in Zukunft sämtliche Gespräche in Bars und Restaurants, in Ämtern und anderen öffentlichen Orten aufgezeichnet und sofort einem Computer übergeben. Zweierlei kann eine Datenverarbeitungsmaschine mit diesen Informationen anfangen, sie kann die Wörter speichern und dadurch das Bewußtsein einer Nation, soweit es sich alphabetisch ausdrücken läßt, lesbar machen, aber sie kann auch die sprachlichen Informationen sofort und ohne Verzögerung untersuchen auf bestimmte Schlüsselworte oder Wortgruppen, ja selbst auf Betonungen, mit denen Worte gesprochen werden. Sol-

che Worte können geplante Verschwörungen anzeigen, sie können Stimmungen enthüllen und die Aggressionen einer Bevölkerung offenbaren. Sie können der Wirtschaft des Landes verraten, ob sie aufgrund der allgemeinen Stimmung mit Kaufunlust zu rechnen hat, die Polizeibehörden einer Stadt erfahren durch ihre Analyse, ob die Bevölkerung wohl Studentendemonstrationen unterstützen wird, und die Politiker ersehen aus den Worten, ob eine Erhöhung der Kriegsopferrenten im Augenblick populär ist.
Die Verwirklichung solcher Pläne folgt dem Plan auf dem Fuß. Das Bundespresseamt in Bonn beispielsweise hat solche Arbeiten im Auftrag vergeben, deren Resultate den Vorstellungen von Kahn/Wiener sehr nahekommen. Die damaligen Regierungssprecher Diehl und Ahlers haben als erstes ein Fünf-Mann-Referat »Datenverarbeitung« geschaffen und für eine Million Mark Aufträge an die Heidelberger »Studiengruppe für Systemforschung« und an die Computer-Firmen Siemens und Telefunken vergeben. Die angestrebte Leistung dieser Regierungs-Computer soll zunächst in einer Verbesserung der bisherigen Dokumentationsarbeit liegen. Jeden Tag sollen die politisch wichtigen Zeitungsartikel und Agenturmeldungen mit einer fortlaufenden Dokumentationsnummer, mit den Erscheinungsdaten, mit Autor, Überschrift und einer stichwortartigen Inhaltsanalyse in den Computer eingegeben werden. Nach einem der Stichworte befragt, gibt der Computer die gespeicherten Meldungen wieder heraus.
Die Computer sollen aber auch, wie der Leiter der Heidelberger Studiengruppe, Dr. Helmut Krauch, erklärte, eine »Früherkennung von Krisen und Konflikten möglich machen; denn ihnen gehen in der Presse meist Aufheizeffekte voraus, wie zum Beispiel Suez-Krise, Kuba-Krise oder Israel-Krieg gezeigt haben«. Krauch denkt dabei offenbar an einen Worte-Pegel, an dem man zu erwartende Krisen ablesen kann wie an einem Thermometer. Vor dem Blitzkrieg Israels beispielsweise wären in den arabischen und israelischen Zeitungen die Häufigkeit der Wörter Israel und Ägypten, die der Computer mit allen anderen Stichworten täglich auszählt, sprunghaft angewachsen. Man könne nun, meint Krauch, weitere Stichworte abfragen wie Agi-

tation, Mobilmachung, Rüstung, Grenzstreit und Krieg, und würde mit letzter Genauigkeit festlegen können, ob der Worte-Pegel nur einen der üblichen Propagandafeldzüge signalisiert oder mehr, nämlich einen bevorstehenden Krieg. Erfahrungswerte würden dabei den Hinweis geben.

Das klingt utopisch, aber nur deshalb, weil bereits der Grad der gegenwärtigen Überwachung nicht bekannt ist. In den Vereinigten Staaten werden 15 Millionen Amerikaner ständig im Rahmen öffentlicher oder privater Programme überwacht. Das Sammeln von Informationen ist eine Industrie. Ein einziges privates Ermittlungsunternehmen in einer größeren amerikanischen Stadt führt täglich 90 000 Ermittlungen durch und besitzt Unterlagen über 40 bis 60 Millionen Amerikaner. Adressenverlage bieten die Namen von 84 000 älteren Männern an, die Mittel zur Steigerung ihrer sexuellen Leistungsfähigkeit gekauft haben. Marshall MacLuhan meint dazu: »Unser Datensammeln hat einen Grad erreicht, den wir uns nicht vorstellen. Jedes Päckchen Kaugummi, nach dem wir greifen, wird von irgendeinem Elektronenrechner genau notiert, der unsere nebensächlichste Geste wieder in die Wahrscheinlichkeitskurve oder irgendeinen Parameter der Sozialwissenschaft überträgt. Unser Wirtschafts- und Gemeinschaftsleben ist zu einem Informationsprozeß geworden . . .«

Im übrigen existiert auch der utopisch-literarische Aspekt dieses Themas, wie er in einer der Erzählungen von Jorge Luis Borges zum Ausdruck kommt. Die größte aller denkbaren Bibliotheken nennt der argentinische Schriftsteller Borges »Die Bibliothek von Babel«. Sie setzt sich zusammen aus einer unendlichen Anzahl sechseckiger Galerien. Von jedem Sechseck kann man die unteren und oberen Stockwerke sehen, in nicht endender Folge. Die Architektur ist mystischer Art; denn sie gleicht einer Kugel, deren eigentlicher Mittelpunkt sich in jedem beliebigen Sechseck befindet und deren Umfang unzugänglich ist.

In sämtlichen Sprachen der Welt sind die Bücher dieser Bibliothek geschrieben, neunzig Stockwerke höher werden die Bücher unverständlich. Aber sie enthält nicht nur Bücher, sondern auch die Bücher der Bücher: »den echten Katalog der Bibliothek und Tausende und Abertausende falscher Kataloge, den Nachweis ihrer Falschheit, den Nachweis der Falschheit des echten Katalogs, das gnostische Evangelium von Basilides, den Kommentar dieses Evangeliums, die Fassung jedes Buches in sämtlichen Sprachen, die Einschaltung jedes Buches in allen Büchern . . .«

Wer von dieser utopischen Bibliothek, die nichts anderes ist als die Katalogisierung der ganzen empirischen Realität, hinblickt auf die Informationszunahme, der entdeckt die Parallelität zwischen der sogenannten Informationslawine und der visionären Riesen-Bibliothek des Argentiniers Borges. Die Informationsmengen verdoppeln sich heute in der allgemeinen Fachliteratur alle zehn Jahre, in der chemischen Fachliteratur alle acht Jahre, in der Elektronik alle fünf und in der Weltraumforschung alle drei Jahre. Im Jahre 1980 werden etwa viermal soviel Informationen anfallen wie im Jahr 1969. Zugleich wächst aber auch die Zahl der Informationsbeziehungen und die Geschwindigkeit, mit der die elektronischen Speicher Informationen ablegen und herausgeben. Es sind weltweite Systeme der Erfassung und Speicherung des Schrifttums ganzer Arbeitsbereiche entstanden, zum Beispiel die Dokumentationszentrale der Internationalen Atomenergie-Organisation in Wien, das OECD-Development Center zur Koordinierung der Entwicklungsländer-Dokumentationsleitstellen in Washington, London, Brüssel, Stockholm, Lissabon und Bonn, das All-Union-Institut wissenschaftlicher und technischer Information der Akademie der Wissenschaften der UdSSR, die Internationale Dokumentationsgesellschaft für Chemie in Frankfurt, die die gesamte wissenschaftliche Literatur in der Niederdruck-Molekular-Chemie auswertet, oder die Deutsche Bibliothek in Frankfurt, die durch Computereinsatz jährlich 13 000 Druckseiten Gesamtübersichten über alle Veröffentlichungen deutschsprachiger Literatur ermöglicht.

Drei der wichtigsten Probleme dieser Dokumentationszentralen sind folgende:

Erstens: Keine Dokumentation von Erkenntnissen aus einem Fachgebiet läßt sich so erstellen, daß jede Information nur einmal unter einem einzigen Stichwort vorkommt. Das Wissensdetail beispielsweise aus der Weltraumforschung besitzt einen Wert für den Weltraumforscher, also innerhalb der Fachterminologie, und einen Wert für den Wissenschaftler aus einer anderen Disziplin, vielleicht der Astronomie, der Geophysik, der Biologie. Jeder Wissenschaftler hat jedoch einen anderen Anknüpfungspunkt. In der Praxis der Dokumentation bedeutet dies, daß jede Information doppelt nachgewiesen werden muß.

Zweitens: Kein Wissensarchivar kann es wagen, Informationen wegzulassen, weil ihr Wert zweifelhaft ist. Viele Details erhalten erst später ihre Bedeutung. Für die Praxis folgt hieraus, daß immer grundsätzlich mehr aufzubewahren ist. Die Dokumentationen werden so zu ungeheuren Schrottplätzen von Einzelerkenntnissen, deren verwertbare Teile nur einen Bruchteil der Gesamtmenge ausmacht.

Eine dritte Ursache für die Zunahme der dokumentierten Informationen ist die Hausse der Information selbst: Informationen bringen wiederum Informationen hervor, sie vermehren sich selbsttätig wie nach dem Gesetz eines Professor Parkinson. Jedes wissenschaftliche Institut beispielsweise, das auf die Gelder der öffentlichen Hand angewiesen ist, versucht seine Bedeutung durch Arbeitsergebnisse zu rechtfertigen. Diese Ergebnisse werden deshalb sofort nach Abschluß eines Forschungsauftrags oder einer Versuchsreihe veröffentlicht, oft zu früh. Was in der Vergangenheit noch jahrelang in Fachkreisen diskutiert wurde, ehe die Öffentlichkeit Kenntnis davon erhielt, steht heute bereits ein paar Tage danach in den Spalten der Illustrierten und Nachrichtenmagazine. Da werden täglich neue Immunstoffe entdeckt, aufsehenerregende psychologische Experimente durchgeführt, neue Ursachen für die Zunahme der Krebskrankheiten oder des Herzinfarktes ermittelt. Der Widerspruch läßt meist nur einige Wochen auf sich warten. Damit sind neue Informationen losgetreten, die der Informationslawine hinterherfallen, auf die Kommentare folgen die Kommentare dieser Kommentare und wie Borges schreibt »darauf die Kommentare der Kommentare dieser Kommentare . . .«

Die Informationen brechen lawinenartig herein, daran ist kein Zweifel. Die Experten wissen dies schon heute und sehen erschreckt dem Überhang über ihren Köpfen zu, er wächst. Die Technik der Speicherung und der Aussortierung von Informationen wird gesteigert werden, auch daran kann kein Zweifel sein. Aber wie steht es mit den Fähigkeiten des Menschen, diese Information zu verarbeiten, anthropologisch gesprochen: Kann das menschliche Gehirn einen sinnvollen Gebrauch von dieser Informations-Masse machen?

Auf den menschlichen Körper treffen fortwährend Signale aus der Außenwelt, etwa so wie auf einen Planeten dauernd feinste Meteorteilchen aufprallen und dadurch seine Oberfläche zerklüften. Alle Lebewesen stehen zeit ihrer Existenz unter dem Beschuß dieser Signale, und diese Lebewesen können nur überleben, falls sie einerseits ihre Oberfläche freihalten, um Informationen zu empfangen, andererseits nach Erhalt der Signale nur diejenigen zulassen, die für den Bestand der Gattung wichtig sind. Die Aufnahme geschieht so, daß Signale auf Sinneszellen auftreffen und diese zur Aussendung von Nervenimpulsen reizen. Danach wird der Signalfluß stark eingeengt, dann erst tritt die Information ins Bewußtsein.

Bevor also überhaupt die Signale das menschliche Großhirn erreichen, hat der Organismus bereits eine Auswahl getroffen. Aus dem Gesamtstrom an Informationen aus der Umwelt nimmt der Mensch mit Hilfe aller Sinneszellen rund zehn hoch neun bit* pro Sekunde auf (Signale über Höhenstrahlen, Radiowellen, ultraviolette Strahlen). Doch nur der zehnmillionste Teil, nämlich zehn hoch zwei bit wird ausgewählt und gelangt in das menschliche Bewußtsein. Das menschliche Auge zum Beispiel betreibt Informationsverarbeitung durch seine biologische Funktion: Die Netzhaut besitzt etwa 100 Millionen Sinneszellen, aber nur eine Million Nervenfasern erreichen das Gehirn,

* Das bit ist eine Abkürzung aus dem englischen Begriff *binary digit,* »Binärzahl, Dualziffer, Zweierschritt«. Es ist eine Maßeinheit für den Informationsgehalt eines Einzelzeichens in einer geschriebenen oder signalisierten Nachricht. Werden die Buchstaben des Nachrichtenalphabets durch Binärzeichen (z. B. 0 und 1 oder »aus« und »ein«) dargestellt, so ist der durch ein solches Binärzeichen gegebene Informationsgehalt gleich 1 bit.

d. h. sind durch auftreffende Lichtquanten (Photone) erregbar. Der Sehvorgang besteht darin, daß 100 Zellen auf eine einzige Nervenfaser geschaltet sind und daß allein dadurch die Informationen auf das Wesentliche konzentriert werden. In der Evolution wurde diese Fähigkeit zum eigentlichen Faktor des Überlebens: Nur diejenigen Lebewesen, die eine adäquate Menge von Informationen aufnahmen, überdauerten. Das Überleben der Art ist eine Frage der Informationsverarbeitung.

Der Mensch hat im Verlauf seiner Evolution biologische Schutzvorrichtungen erworben, die sein Gehirn vor einem Zuviel an Informationen schützen. Entweder das Schutzgitter funktioniert oder es fällt aus. Fällt es aus, so entsteht eine Überlastung seines über die Sinnesreize alarmierten Gehirns, der Informationsdruck führt zu einem »Stress«, und dieser löst den letzten Überlebensmechanismus des Körpers aus: Der »Stress« verursacht, wie Hans Rudorf-Lohmann schreibt, »vor allem, wenn er chronisch wird, allmählich eine Einengung und Starre der Denkprozesse. Das Urteil wird stereotyp, Vorurteile beginnen zu florieren, das Vermögen, Probleme situationsadäquat zu lösen, nimmt ab«.

Die Vergrößerung der Banken, in die Informationen eingelagert werden zur weiteren Verwendung der brauchbaren Details, hat also auch ihre Sozial-Pathologie. Entscheidend ist nicht die Masse der gelagerten Informationen, sondern die Art des Interesses danach. Ohne dieses Interesse sind Dokumentationszentralen nur Schrottplätze für Fakten und Daten. Ob die künftige Gesellschaft informiert sein wird oder nicht, hängt nicht von den babylonischen Bibliotheken ab. Sie hängt ab vom Erkenntnisdrang der zukünftigen Gesellschaft, von ihrer Sozialstruktur.

»In Zukunft«, so schrieb Karl Steinbuch, »werden die Menschen nicht nur über mehr materielle Güter und mehr Energie verfügen, sondern auch über sehr viel mehr Informationen.« Ob dies so sein wird, das ist kein physikalisches Problem, sondern ein gesellschaftliches. Wie sehr es das ist, zeigt bereits die Tätigkeit der Journalisten, die noch glauben, »so objektiv wie möglich« zu informieren. Und hier gilt das

zweite Paradox: daß die Zahl der Informationen nicht mit der Anzahl der verkauften Fernsehgeräte oder der bezahlten Rundfunkgebühren gleichzusetzen ist. Im Gegenteil: Je größer der Apparat und je raffinierter die Übertragungsmethoden werden, desto weniger Informationen läßt dieser Apparat, der den Menschen täglich »die wohltätigen Schläge des elektrischen Funkens vermittelt« (Lessing) durch; denn der Apparat sammelt nicht nur Nachrichten, er stellt sie her, um die Erwartungen des Publikums zu befriedigen.
Als am 15. September 1690 in Boston die *Public Occurence Both Foreign and Domestic,* die erste amerikanische Zeitung erschien, wurden die Nachrichten noch nicht hergestellt. In der Ankündigung des neuen Blattes hieß es, daß die Zeitung einmal im Monat erscheinen werde, vielleicht auch zweimal, falls, wie der Herausgeber erklärte, »eine Überfülle von Ereignissen einträte«. Für die Nachrichten war Gott verantwortlich oder auch der Teufel. Der Zeitungsmann berichtete lediglich über »alle bemerkenswerten Ereignisse, von denen wir Kenntnis erhalten«. Diese Zeit ging schnell vorbei, und seit Einführung der »Datumsgrenze«, dem täglichen Erscheinen der Zeitung, füllt der Journalist die Spalten mit Nachrichten, für die er selbst verantwortlich ist. Zunächst verwaltete er Nachrichten noch in der Art eines Einsammlers, dann wurde aus dem Einsammler, der als besserer Journalist galt, je zuverlässiger er wirklich alles rapportierte, was in der Welt an Nachrichten vorkam, der Organisierer von Nachrichten. Durch die Einteilung der Nachrichten in Ressorts und die Beschränkung der Nachrichten auf Ressorts sammelte er nicht nur Nachrichten, er zensierte damit zugleich die Welt, Zeitungmachen wurde zur Interpretation von Welt. Der letzte Schritt in der Entwicklung des Journalismus wurde der Schritt in die Herstellung von Nachrichten. Der Journalismus wurde zur Güterproduktion. Nachrichten passieren nicht mehr, sie werden künstlich erzeugt. Ereignissen braucht der Journalist nicht mehr nachzulaufen, er selbst stellt sie ja her. Man kann sie »Pseudo-Ereignisse« nennen.*

* Vgl. auch Manfred Steffens *Das Geschäft mit der Nachricht,* 1969 bei Hoffmann und Campe, Hamburg.

Ein Pseudo-Ereignis kann folgendermaßen beschrieben werden. Erstens: es »ereignet« sich eigentlich nicht, sondern es wird geplant, angeregt oder arrangiert. Das klassische Pseudo-Ereignis ist deshalb nicht das Zugunglück, sondern das Interview. Zweitens: da es sich nicht »ereignet«, wohl aber stattfindet, muß der Journalist den Nachrichtencharakter dieses Ereignisses hervorheben, er muß es aktualisieren, ihm den Anschein ungeheurer Wichtigkeit geben. Pseudo-Ereignisse findet man deshalb viel eher in den »heißen« Berichten, den Nachrichten, als in den »kalten« Berichten, den Kommentaren. Drittens: die besten und überzeugendsten Pseudo-Ereignisse stellt heute das Fernsehen her, was leicht einzusehen ist: etwas Ansehbares und dadurch Nachzuprüfendes hat schon dadurch den Anschein eines Ereignisses. Je dokumentarischer ein Medium arbeitet, desto leichter kann es zur Produktion von Pseudo-Ereignissen benutzt werden, desto bequemer lassen sich die Erfahrungen des Publikums mit künstlichem Inhalt füllen. Das Fernseh-Ereignis ist künstlich, da es durch geschickte Regieführung das äußerliche Aussehen eines Ereignisses erhält.

Wissenschaftler einer amerikanischen Universität (einunddreißig Soziologen der Universität von Chikago) haben dies in einem Versuch nachgeprüft, was sich durch einfache Beobachtung in jedem anderen Teil der Welt ebenfalls feststellen läßt: daß Ereignisse heute für das Fernsehen »gestellt« werden, und daß das Fernsehen diese Ereignisse erwartungsgemäß interpretiert: Sie werden so dargestellt wie es das Publikum wünscht. Nicht anders in Chikago. Die Gruppe von Soziologen, die es unternommen hatte, Wirklichkeit und Fernsehbericht einer großen Parade zu vergleichen, hatte sich an den strategisch günstigsten Aufmarschplätzen postiert. Es ging um das, was die Zeitungen bereits am Tag zuvor »einen triumphalen Empfang für einen Helden« und »den größten und herzlichsten Empfang in der Geschichte des mittleren Westens« genannt hatte. Ein General wurde empfangen. Die Chikagoer fanden sich entlang der Paradestrecke ein. Es war heiß. Man stand dichtgedrängt. Den General selbst erblickte nur jeder zwanzigste. Der Spektakel war so groß, daß viele gar nicht merkten, als der Wagen des Geehrten vorbeiglitt. Beifall gab es kaum, die meisten litten unter Kopfschmerzen, Auspuffgasen und Rempeleien. Der »größte und herzlichste Empfang in der Geschichte des mittleren Westens« war ein klägliches Schauspiel. Für das Fernsehen war es trotzdem dasjenige, was es sein sollte, aber nicht war. Der »Informationsapparat« stellte das Ereignis neu dar, indem er die Dokumente so ordnete, daß sie jenem Bild entsprachen, das das amerikanische Publikum zu sehen gewohnt war. Fünfzig Kameras begleiteten den General. Die wenigen Beifallsszenen wurden zusammengeschnitten und konzentriert und ergaben so frenetischen Jubel. Aus der dreistündigen Quälerei wurde ein zehn Minuten währender Bericht, der aus Höhepunkten bestand. Die Dramaturgie einer festlichen Parade ergab den Anblick einer festlichen Parade, ebenso wie die Dramaturgie einer Revolution den Anblick einer Revolution ergibt und die Dramaturgie eines Aufmarsches den Anblick eines Aufmarsches.

In all diesen Darstellungen verlieren die journalistischen Informationen dasjenige, was zur Begriffsbestimmung der Information gehört: den Neuigkeitswert; denn hergestellte Nachrichten richten sich nach den Erwartungen des Publikums. Sie sind somit nicht neu. Sie wiederholen das schon Bekannte. Das Publikum blickt immer wie in einen Spiegel. Und dort erblickt es keine neuen Informationen, sondern nur: sich selbst.

Die Datumsgrenze erscheint somit als das einzige Organisationsmittel vieler Zeitungen. Läßt man das Datum weg, so erscheint die Zeitung von morgen so wie die von gestern. Beide sind austauschbar. Die neue Information ist in Wirklichkeit die alte, und das »Ereignis« tritt immer wieder auf, lediglich um einige Längengrade verschoben oder um einige Tage verlegt.

Zweierlei trifft hier zusammen, einmal eine Art Hunger, der nach Stillung des Appetits tiefe Befriedigung verschafft, und zum anderen ein Abschirm-Mechanismus, der dafür sorgt, daß sich der Mensch nicht an Informationen überfrißt. Es ist, als ob der Mensch des zwanzigsten Jahrhunderts ein besonderes Organ entwickelt hätte sowohl um

immer neue Informationen zu begehren als auch, um sich gegen diese Informationen zu schützen.
Schon 1911 bezeichnete Will Irwin, der für *Collier's* schrieb, dieses Bedürfnis als einen Trieb, der sich den anderen Trieben zugesellt, als er das wachsende Verlangen der Öffentlichkeit nach Nachrichten als ein »heftiges ursprüngliches Bedürfnis des Verstandes, vergleichbar mit dem Hunger des Körpers« bezeichnete. In den dreißiger Jahren assistierte ihm Gottfried Benn mit der Meinung, daß »der heutige Mensch ein genauso echtes Bedürfnis nach Meinungen und Stellungnahmen wie der frühere nach Riten« habe, der Nachrichtenaustausch sei »der heutige Kosmos der weißen Erde«. Marshall McLuhan drückt diese intuitiv gefundenen Erkenntnisse in einer eher soziologischen Terminologie aus, nämlich in der These, daß sich der Mensch durch die neuen elektrischen Medien neue Organe geschaffen hat, die ihn zwingen, sich ihrer zu bedienen.
Das besagt letzten Endes nichts anderes als was auch die Anthropologen meinen, wenn sie davon sprechen, daß die kulturellen Leistungen des Menschen Ausweitungen seiner Organe sind. Die Haut zum Beispiel ist ein Organ, das den Menschen vor schädlichen Einflüssen schützt, seine Innentemperatur konstant hält und Ausscheidungen ermöglicht. Die Kleidung gilt ebenfalls als eine Ausweitung des »Organs Haut«, wie auch der Bau eines Wohnhauses und schließlich sogar die Stadt, wie manche Wissenschaftler folgern. In diesem Sinne ist die Erfindung des Rades eine Ausweitung des menschlichen Fußes und die Gestaltung des Handwerkzeugs eine Ausweitung der Hand des Menschen. Ausweitung ist aber nicht nur ein technischer Vorgang, der lediglich den Komfort der Lebensbedingungen vergrößert, die Existenz auf dem unwirtlichen Planeten komfortabler macht und die Fähigkeiten des Menschen, diesen Planeten zu erschließen, erweitert. Mit der Ausweitung trennt der Mensch sich von seinem Organ, er amputiert dieses und verlegt es in die Außenwelt.
Marshall McLuhan nennt dies mit einem Ausdruck der Psychopathologie »Selbstamputation« und weist auf den funktionalen Charakter dieser Selbstamputation hin; denn da die Einheit zwischen Organ

und Ich-Person nicht mehr besteht, da das Organ anschaubar und benutzbar wird wie ein Objekt, da es aber trotzdem ein Abbild der menschlichen Natur ist und bleibt, hat der Mensch keine andere Wahl, als eine Funktion dieses Organs zu werden. Er wird zum Servomechanismus. So wie der Indianer zum Servomechanismus seines Kanus wurde, der Cowboy zum Servomechanismus seines Pferdes, so wird der Mensch des zwanzigsten Jahrhunderts zum Servomechanismus der elektrischen Kultur, die nichts anderes ist als eine Ausweitung seines Zentralnervensystems, oder mit den Worten McLuhans: »Im Zeitalter der Elektrizität wird die ganze Menschheit zu unserer eigenen Haut.«

Vor allen Dingen die Fernsehkultur ist eine elektrische Kultur, d. h. sie beansprucht jene unserer Sinne, die durch die Aussendung oder das Empfangen elektromagnetischer Wellen betätigt werden. Das Bedürfnis, seine Sinne zu gebrauchen, ist wohl ebenso stark wie das Atmen oder das Stillen des Hungers, und wenn heute ein Hunger nach den »wohltätigen Schlägen des elektrischen Funkens« (Lessing) entstanden ist, ein unaufhörlicher Hunger nach Informationen, so ist dieser Hunger nur dadurch zu erklären, daß der Mensch schon in der reinen Betätigung dieses Sinnes - dem Einschalten des Fernsehapparates oder des Radios - eine starke Befriedigung empfindet. Das hat aber nicht nur inhaltliche Konsequenzen, die Konsequenz zum Beispiel, daß der Mensch durch die Elektrizität an die Ereignisse in seinem ganzen »Dorf Welt« angestöpselt wird, daß er sich mittags bei den Papuas aufhält und abends in Südfrankreich, daß er zum Frühstück erfährt, was sein Nachbar, der Vietcong, gerade macht, und zum Nachtessen dem amerikanischen Präsidenten auf den Teller sehen kann. Die entscheidende Konsequenz ist nicht die Zunahme der Inhalte (die gar nicht so sehr zunehmen), sondern die Tatsache, daß die Benutzung seines »Organs Zentralnervensystem« angenehm wirkt.

Die Reizung durch elektromagnetische Wellen wird als lustvoll empfunden, und der Fernsehapparat wird weniger als Informationsapparat angeschafft denn als Lustmaschine, die physiologisches Wohlbefinden verursacht. Bei genauerem Hinsehen vermag eine Analyse der durch die Massenmedien gelieferten Informationen nichts anderes zu beweisen: Zwar werden täglich auf der Welt 18 Milliarden Fotos gemacht, vervielfältigt und veröffentlicht, aber diese Fotos zeigen kaum fünfzig verschiedene Aufnahmen. Sie variieren lediglich ein paar archetypische Grundgebärden des Menschen. Das gesamte Material an Fotos, das von den großen Nachrichtenagenturen der Welt an einem Tag herbeigeschafft wird, zeigt im wesentlichen nur drei Motive: das Unglück, den politischen Akt und die interessante Person.

Daß die Fotografie keine neue Welterkenntnis veranlaßt, zeigen auch die Motive der Amateurfotografen: Untersuchungen der deutschen Foto-Industrie haben ergeben, daß in der Bundesrepublik 85 Prozent aller Farbnegative Familienmitglieder zeigen, während bei Farbdias mehr als die Hälfte (52 Prozent) auf Landschaftsaufnahmen entfallen. Die Welt wird nicht größer durch die Fotografie.

Die sogenannten neuen Informationen sind nur die ewig alten, und es ist auch noch gar nicht ausgemacht, ob der Antrieb des Menschen, sich zu informieren, nicht in Wirklichkeit der ist, sich zu vergewissern, daß alles beim alten bleibt.

Public Relations, das heißt Propaganda

»Es schwebte mir vor, ein Organ zu schaffen«, schrieb SS-Obergruppenführer Otto Ohlendorf im Frühjahr 1941, »das an Stelle einer öffentlichen Kritik die Staatsführung gleichwohl in die Lage versetzen sollte, die im Volke vorhandenen oder entstehenden Auffassungen kennenzulernen und zu berücksichtigen.«
Das nennen die Public-Relations-Leute Propaganda.
»Demoskopie, auch Umfrageforschung genannt«, heißt es in dem offiziösen »Handbuch der Public Relations«, ist ein relativ junger Zweig der Sozialwissenschaften, der in der Lage ist, dringende Informationsbedürfnisse einer entwickelten Industriegesellschaft zu befriedigen. Gegenstand der Umfrageforschung ist die Analyse gesellschaftlicher Massenerscheinungen, die mit statistisch-psychologischen Untersuchungsmethoden erfaßt werden.«
Das nennen die Public-Relations-Leute Public Relations.
Von Propaganda sprechen sie nie, denn das Wort von der »Propaganda« gehört zu anderen Worten, an die sich der Deutsche nur widerstrebend erinnert, Worte wie Propagandaministerium und Manipulation, Worte wie »nationalsozialistische Idee« und Presselenkung, Worte wie Goebbels und Führerrede. Das Wort Propaganda ist eine Art Schlüssel-Wort für die unbewältigte Vergangenheit, deren wesentlichstes Merkmal im Vergessen, psychologisch ausgedrückt, in der Verdrängung liegt. So ungern man sich an unangenehme Vorfälle erinnert, ebenso ungern macht sich der Deutsche jene zwölf Jahre bewußt, in denen sein Leben von der nationalsozialistischen »Propaganda« bestimmt wurde. Dadurch kam es, daß die Public-Relations-Theoretiker, aufbauend auf dieser Abneigung, der Öffentlichkeit ein Bild ihres Berufs, nämlich der planmäßigen Beeinflussung der öffentlichen Meinung, zeigten, das frei war von den Parallelen zur Propaganda. Diese gilt als schmutzig und totalitär. Jene, die Public Relations, gelten als sauber und demokratisch. Zweifellos ist die Sauberwaschung ihres eigenen Berufs die größte Leistung, die je von den Public Relations vollbracht wurde.

Im folgenden wird versucht, eine Geschichte der Beeinflussung der öffentlichen Meinung zu skizzieren, zunächst ohne Propaganda und Public Relations voneinander zu scheiden. Diese Geschichte ist nicht vollständig im Sinne einer Vollständigkeit von Daten. Sie schildert wesentliche Symptome, die verschiedenen Formen und die wichtigsten Techniken der Propaganda. »Beeinflussung der öffentlichen Meinung«, das heißt erstens die Verbreitung gezielter Informationen, also solcher, die ein günstiges Bild von einer Sache geben, und zweitens der Versuch, die Sprache des Angesprochenen zu sprechen, also »dem Volk aufs Maul zu schauen«.

Propaganda gibt es, seit Menschen des anderen Menschen Gefolgschaft brauchen. Propaganda gibt es deshalb »seitdem politische Gemeinschaften überhaupt existieren« (Alfred Sturminger). Im alten Rom zum Beispiel war der Propagandist ein »Ambitus« (»Umhergeher«). Wer ein öffentliches Amt zu erlangen wünschte, ging auf das Forum, wo sich das öffentliche Leben abspielte, drückte den Mitbürgern die Hand, umarmte sie, sprach von den großen Zeiten, die kommen würden, sobald man ihm das angestrebte Amt geben würde. Der »Ambitus« war ein Propagandist in eigener Sache und verbreitete Nachrichten über seine Person. Als wandelndes Flugblatt mit der Schlagzeile »Wählt mich, denn ich bin der Beste« schritt er über Straßen und Plätze und sprach von seinen ungeheuren Fähigkeiten.

»Um die Liste der Konsuln mit einem Namen zu vermehren«, schreibt Martial, »betritt ein Senator in jeder Frühe sechzig Schwellen.« Bei Epiktet heißt es: »Wenn du Konsul werden willst, so mußt du von deinem Schlaf abbrechen, umherlaufen, Hände küssen, vor fremden Türen herumlungern, vieles sagen und tun, was eines freien Mannes unwürdig ist, vielen Geschenke senden und manche täglich beschenken.« Als ein unwürdiges und heuchlerisches Geschäft sieht auch Plutarch das Treiben des »Ambitus« an, als er über den Ambitus Cn. Marcius Coriolanus schreibt: »Für die Bewerber um ein solches obrigkeitliches Amt bestand die Sitte, daß sie ihre Mitbürger darum ansprachen, ihnen die Hand gaben und dergleichen; dabei trugen sie bei ihrem Gange auf das Forum nur ein Oberkleid oder Tunika, entweder weil sie sich mit Rücksicht auf ihr Gesuch schon im Äußeren bescheidener darzustellen wünschten, oder weil sie, wenn sie etwa Narben hatten, diese offenbaren Beweise ihrer Tapferkeit zu zeigen beabsichtigten.«

Das Römische Reich hat aber nicht nur den Ambitus hervorgebracht, den Propagandisten in eigener Sache, sondern auch den »Zensor«, den Propagandisten in fremder Sache. Der Zensor ist der erste beauftragte Propagandist eines Weltreiches. Seine Aufgabe bestand darin, die Bürgerlisten aufzustellen, das Vermögen der Bürger zu schätzen und die Einhaltung der Sitten und Gebräuche zu überwachen. Als Überwacher der Sitten ging es ihm um die Formen, in denen sich das antike Rom repräsentierte, um Kleidervorschriften und öffentliches Benehmen, um das Arrangement von Umzügen und Versammlungen, also um das Betragen der »homini politici«. Durch diese Funktion erreichte der Zensor, daß sich Rom als Stileinheit repräsentierte. Römische Sitte fand sich deshalb nicht nur in Rom, sondern überall, wo römische Kohorten ihr Lager aufschlugen und römische Statthalter die Befriedung eroberter Provinzen vornahmen. Der Wert dieser Stileinheit ist ein propagandistischer Wert, denn Stil bedeutet Übertragung einer politischen Idee. Die Cäsaren wußten, daß sich politische Ideen zunächst nicht durch Worte durchsetzen lassen, sondern durch das Schwert und durch Schaffung staatlicher Symbole. »Dem Zensorenamt ist es zu verdanken«, schreibt Hans Domizlaff in seinem Buch »Propagandamittel der Staatsidee«, »daß sich weit mehr Völker und Menschen der Stilgewalt Roms unterwarfen als seinen physischen Waffen.«

Das Staatssymbol - Monument, Inschrift, Bildsäule und Münze - beeinflußte die öffentliche Meinung, weil es Informationen vermittelte. Es stärkt das Bewußtsein, einem großen Herrscher zu dienen, einem auserwählten Volk anzugehören und ein Weltreich zu bilden. Dieses Bewußtsein hielt das Riesenreich nicht weniger zusammen als die Präsenz der römischen Legionäre. Die Staatssymbole, deren Stileinheit der Zensor überwachte, erfüllten also zwei Aufgaben, sie halfen Informationen zu verbreiten (sie sind nützlich) und sie dienten der Devotion (sie bilden einen Teil des Kultus). Das gilt auch für das römische Münzwesen.

In einer Zeit, da nur wenige schreiben und lesen konnten, da es zwar hervorragend trainierte Nachrichten-Boten gab (Läufer, Kuriere, Abgesandte), aber keine technischen Hilfsmittel wie Presse und Rundfunk, übermittelte die römische Zentralgewalt ihre Nachrichten mit Hilfe der Münzen. Die römische Münze ist, so haben es Historiker immer wieder gesehen, »eine reich illustrierte Staatszeitung«. Sie zeigt das Bild des Kaisers, sie unterrichtet über die Eroberung einer neuen Kolonie, sie weist den Untertanen an, einen Feiertag zu Ehren des Kaisers zu begehen. Mit den Münzen trieb Rom offizielle, zentral geleitete und planmäßige Propaganda. Rom benutzte damit im übrigen einen ähnlichen Nachrichtenträger wie die alten Ägypter. Was hier die Münze leisten mußte, tat dort der Skarabäus, d. h. eine plastische Nachbildung des Käfers, der als Sinnbild des Sonnengottes galt. Die Pharaonen setzten ihre Namen auf diese Skarabäen, schrieben Nachrichten aus ihrer Herrschaft auf diesen Skarabäus, Informationen über Bauten, Grenzen, Eroberungen und verteilten sie zu Tausenden in ihrem Reich.

Abgesehen von der Nützlichkeit hatten die Staatssymbole auch einen kultischen Wert. Beides ist nicht voneinander zu trennen, das Ding als Nachrichtenträger nicht vom Ding als Fetisch. Ein römischer Kaiser, der seinem Rivalen die Kultgegenstände seiner Herrschaft nahm, raubte ihm damit zugleich auch den Informationsträger. Daß dies häufig geschah, zeigt ein Vorgang, der »damnatio memoriae« genannt wurde, was soviel heißt wie »Auslöschung des Gedächtnisses«. Mit anderen Worten hat den gleichen Vorgang zweitausend Jahre später der englische Schriftsteller George Orwell beschrieben (»1984«) in der Tätigkeit der Registraturabteilung in dem sogenannten »Wahrheitsministerium« seines Zukunftsstaates Ozeanien.

Dort arbeiten die Angestellten des Ministeriums an der Auslöschung und Umänderung von Namen, Zahlen und Daten. Sobald ein Politiker in Ungnade fällt, wird sein Name aus allen Zeitungsberichten, Dokumenten und Büchern getilgt, so als ob es ihn nie gegeben hätte.

Täglich werden die alten Ausgaben der *Times* verändert, das Gedächtnis an bestimmte Daten und Namen gelöscht: »Wenn alle Korrekturen, die in einer Nummer der *Times* nötig geworden waren, gesammelt und kritisch miteinander verglichen worden waren, wurde diese Nummer neu gedruckt und an ihrer Stelle die richtiggestellte Ausgabe ins Archiv eingereiht. Einen Tag um den anderen und fast von Minute zu Minute wurde die Vergangenheit mit der Gegenwart in Einklang gebracht... Die ganze Historie stand so gleichsam auf einem auswechselbaren Blatt, das genausooft, wie es nötig wurde, radiert und neu beschrieben werden konnte.«

Im antiken Rom vollzog sich die Auslöschung des Gedächtnisses, durch das der öffentlichen Meinung bestimmte Herrschaftssymbole und Informationen entzogen wurden, auf ganz ähnliche Weise. Die Bildsäulen und Denkmäler des abgesetzten Cäsaren wurden zerschlagen, die Inschriften auf den Triumphbögen ausgekratzt, der Gebrauch seines Namens (in der Benennung der Magistratsjahre) für die Zukunft verboten, seine Erlasse als ungültig erklärt, seine Amtshandlungen kassiert. Über die »damnatio memoriae« beim Tode Domitians ist folgende Schilderung überliefert: »Ganz Rom und das ganze Reich war mit seinen prahlenden kolossalen Monumenten erfüllt. Auf die Nachricht von seiner Ermordung machte der Senat seiner Freude nicht nur in Schmähungen Luft, sondern beschloß auch, daß sogleich Leitern gebracht, seine Medaillons und Bildnisse herabgerissen und auf den Boden geschmettert, dann, daß seine Inschriften überall ausgemeißelt werden sollen.«

In der Frühzeit der Geschichte von der Beeinflussung der öffentlichen Meinung durch gezielte Informationen hat der Propagandatreibende eher materielle Schwierigkeiten zu überwinden als sein Augenmerk auf psychologische Techniken der Massenbeeinflussung zu richten. Das kann auch nicht verwundern. Propaganda ist im Altertum gleichbedeutend mit der Suche nach dem Propaganda-Apparat. Wer, wie im alten Rom geschehen, eine Organisation von Boten aufbaut, tut damit mehr für die Nachrichtenübermittlung als der über diese Probleme sinnierende Philosoph. Wer sich, wie im 12. und 13. Jahrhun-

dert geschehen, fahrende Spielleute verpflichtet, »Troubadoure«, die nicht nur ausziehen, um von der Minne der Frau zu singen, sondern auch im Sinne ihres Herrn, des Brot sie essen, an den anderen Höfen und Burgen zu agitieren, der hat sich damit ein meinungsbildendes Instrument erschlossen. Und wer, wie Martin Luther in der Reformationszeit, zum erstenmal bewußt die Karikatur als Waffe im Meinungsstreit einsetzt - Luther forderte seine Anhänger auf, »auch mit Malen« zu kämpfen -, der erweitert dadurch das Arsenal der Waffen, mit denen sich Propaganda treiben läßt; denn bald eignen sich auch die Konkurrenten die neuen Mittel an, so daß, ist einmal eine neue Propaganda-Waffe gefunden, auch von jedermann mit ihr gekämpft wird. Letztlich gehen also die Verordnungen der Französischen Revolution, die Karikatur betreffend, auf Luthers Pioniertat zurück, Verordnungen wie die des Komitees der öffentlichen Wohlfahrt vom 12. September 1793:
Das »Comité de Salut Public« verordnet, daß der Abgeordnete David eingeladen wird, seine Talente und die Mittel, die in seiner Macht sind, zur Verfügung zu stellen, um Gravuren und Karikaturen zu veröffentlichen, die der öffentlichen Meinung zeigen, wie gräßlich und lächerlich die Feinde der Freiheit und der Republik sind.«
Die Propaganda ist ein Teil der Geistes- und Kulturgeschichte und von dieser nicht zu trennen. An der Geschichte der Propaganda läßt sich erkennen, wie die Propagandatreibenden mit der Zunahme des Wissens um die Natur des Menschen auch dieses Wissen praktisch anwenden. Die entscheidendste dieser Erkenntnisse besagt, daß der Propagandist die Sprache des von ihm Angesprochenen sprechen muß. Zweifellos verhält sich jeder Propagandist ganz instinktiv in dieser Weise, trotzdem wird in der Geschichte der Propaganda ein Einschnitt sichtbar, als sich zum erstenmal ein deutscher Kaiser »der Propaganda planmäßig, großzügig und mit Erfolg bediente«. Dieser Kaiser war Friedrich II. In seinem Kampf gegen das Papsttum blieb ihm auch gar nichts anderes übrig, da er mit Waffengewalt nicht gegen die Mittel Roms, die öffentliche Meinung zu beeinflussen, ankommen konnte. Die stärksten dieser Mittel, mit denen die Päpste Gehorsam

und Treue erzwangen, waren Bann-Androhung und Exkommunikation. Friedrich II. entschloß sich, auf dem gleichen Felde anzutreten.
Dabei verhielt er sich bereits wie ein ausgefuchster Propagandist. Er trieb keine Propaganda ins Blaue hinein, sondern analysierte zunächst den Empfängerkreis, den er zu beeinflussen wünschte, die Zielgruppe, um dadurch den besonderen Ton anzuschlagen, auf den diese Zielgruppe gestimmt ist. Seine Kreuzzugs-Edikte sind ein Musterbeispiel für diese klassische Taktik. Eines dieser Schreiben, das er 1221 von Salerno aus absandte, fertigte Friedrich II. zweimal aus, je nach der angesprochenen Zielgruppe. Das eine Schreiben war an die lombardischen und tuscischen Städte gerichtet, das andere sollte die Ritter zur Gefolgschaft veranlassen. Im Schreiben an die Städte spricht Friedrich von der Pflicht der Dankbarkeit gegen Gott, der so viel für die Menschen auf sich genommen habe, in dem Schreiben an die Ritterschaft appelliert Friedrich mehr an die Ehre, die durch die Heiden verletzt worden sei, als das Heilige Grab in ihre Hände fiel.
Wie bewußt Friedrich die Sprache der Angesprochenen zu sprechen versuchte, zeigen zwei andere Schreiben. In dem ersten, gerichtet an den Ordensgeneral der Franziskaner, spricht Friedrich die Sprache der Bibel. In Ton und Metapher trifft er genau jenen Klang, der Musik in den Ohren der Franziskaner sein mußte. »Eine Stimme vom Himmel hat die Schlafenden geweckt«, schreibt Friedrich, »die durch den Geschmack weltlicher Süße und die Nachstellungen der alten Schlange verstrickt gewesen ist; denn zu dem unzweifelhaften Zeugnis der Evangelien ist jetzt noch ein anderer, stärkerer und mittelbarer Beweis für Gott und seine Wunder gekommen durch den wundertätigen Leib der heiligen Elisabeth. Erhebt Eure Augen im Umkreis und sehet, wie groß der Herr ist, der allein die großen Wunder tut.«
Das zweite Schreiben richtete Friedrich an den römischen Adel. Um dessen Unterstützung für seine Pläne zu gewinnen, erinnert er ihn an den Ruhm und die Größe Roms und weiß so jenen Stolz wachzurufen, der die römischen Adligen an ihn binden soll. Friedrich

schrieb: »Niemals würde eine Stadt es gewagt haben, dem alten Rom zu widersprechen, das Spanien besaß und Karthago zerstörte. Auch heute haben ja die Römer einen Führer, einen Cäsar, nämlich Friedrich, den römischen Kaiser.«

Das gleiche Mittel wandte auch Napoleon Bonaparte an, von dem der Historiker Everth meinte, daß er »ohne die propagandistische Begabung, die er neben seinen anderen Gaben hatte, nie das geworden wäre, was er war«. In seinen *bulletins de l'armée,* in seinen Manifesten und Kundmachungen an die Bewohner der besetzten Gebiete versuchte Bonaparte mit psychologischem Raffinement oder, wie er selbst schrieb, »ein bißchen abenteuerlich« um die Zustimmung der Bevölkerung zu werben:

»Kadiks, Scheiks, Imams, Tschorbadschis, sagt dem Volk, daß wir Freunde der wahren Muselmänner sind«, heißt es in einem Manifest an die mohammedanischen Empfänger. »Haben wir nicht den Papst abgesetzt, der da sagte, daß man die Muselmänner bekriegen müsse? Haben wir nicht die Malteserritter vernichtet, weil die Unsinnigen glauben, Gott wolle, daß wir die Muselmänner bekriegen ... Dreimal glücklich diejenigen, die mit uns eins werden. Sie werden in ihrem Vermögen und in ihrem Range gedeihen. Glücklich diejenigen, die neutral bleiben, sie werden Zeit haben, uns kennenzulernen, und sie werden unsere Partei ergreifen.«

Doch die Bedeutung Napoleons liegt auf anderem Gebiet. Sie liegt dort, wo die totale Propaganda beginnt, also eine Form der Beherrschung und Lenkung der öffentlichen Meinung, die alle Lebensgebiete erfaßt und dem Staatsbürger keinen Rückzug mehr in die Privatheit gestattet. Napoleon benutzte ein größeres Instrumentarium der Massenbeeinflussung als je ein anderer Herrscher vor ihm, und er setzte dieses Arsenal rücksichtslos ein.

Bonaparte betrieb die Gleichschaltung der europäischen Presse, verbot Zeitungen, die seine Erlasse kritisierten, und ließ Journalisten in den Kerker werfen, die wider die napoleonische Fremdherrschaft zur Feder griffen.

Er gründete eine Art Parteizeitung, ein offizielles Regierungsorgan,

den *Moniteur Universel.* Alle Zeitungen mußten sich an die Parolen halten, die der *Moniteur* ausgab.
Er benutzte die Zeitungen nicht nur, um seine Politik zu propagieren, sondern auch, um seine Absichten zu verschleiern. So griff er bereitwillig eine Eingabe Lemonteys vom 12. Mai 1812 auf, der ihm vorschlug, das Interesse der Journalisten von den Kriegsvorbereitungen Napoleons zu dem russischen Feldzug abzulenken. Lemontey schrieb: »Augenblicklich herrscht in den Blättern eine große Dürre an literarischen und theatralischen Neuigkeiten. Das ist aber die beste Nahrung für die Pariser Müßiggänger, und wenn sie ihrer entbehren müssen, dann werfen sie sich auf die Politik ... Eine lebhafte Erörterung über Kunst und Literaturverhältnisse würde in diesem Augenblick ganz ausgezeichnet sein. Es würde leicht sein, eine solche mittels der Zeitungen ins Werk zu setzen. Wenn man nur jedem der Blätter eine bestimmte Rolle zuteilt, so könnte man einen Meinungsstreit erzeugen. Dieser kleine Krieg kann eine Zeitlang dauern, um so eine lange Ablenkung für den großen zu bilden.«
Bonaparte schuf eine Industrie zur Verherrlichung seiner eigenen Person. Er beauftragte Maler und Bildhauer, sein Porträt zu zeichnen und sein Abbild in Wachs zu gießen. Von 1804 bis 1815 erschienen Tausende von Bildwerken, Kupferstichen, Statuetten und Medaillen, die der Devotion Napoleons dienen sollten. Es gab Flaschen und Tintenfässer, Leuchter und Stutzuhren, die sein Abbild trugen, Waffelformen und Schnupftabakdosen, Bratspießdreher und Zangen, Fächer, Ofenschirme und Pfeifenstopfer. Schließlich schuf sich Napoleon auch eine eigene Devotionalien-Manufaktur, die Porzellanmanufaktur von Sèvres: »Dieselbe war durch seinen allmächtigen Willen eine Fabrik von Gegenständen geworden, bestimmt, die großen Ereignisse unter seiner Regierung wie sein eigenes Bild im Volk zu verbreiten.«
Interessant in diesem Zusammenhang ist, daß ihm hier dasselbe Schicksal widerfuhr wie jenen römischen Cäsaren, die der Verdammung jenes »damnatio memoriae« anheimfielen. Nach dem Sturz Napoleons 1815 wurden für die Porzellanmanufaktur von Sèvres

Bestimmungen zur Auslöschung der Erinnerung an Bonaparte herausgegeben. In ihnen hieß es: »Auf der Tischplatte, genannt ›die der Marschälle‹ sind alle Porträts zu entfernen und an ihre Stelle die Porträts von berühmten Männern aus der Zeit Ludwig XIV. zu setzen. Die Säule des Feldzuges von 1805: Mit Bimsstein abreiben; unter großes Feuer bringen und bemalen mit Episoden aus der Geschichte Frankreichs, das Porträt des Kaisers beseitigen. Das allegorische Schreibzeug: Man entferne die kaiserliche Chiffre und setze an ihre Stelle die des Königs, wenn nötig. Tassen mit den Porträts des Kaisers, Marie Louises und Josephines: auskratzen.«

Bonaparte benutzte die Lüge und das Gerücht, um dadurch die Affekte der öffentlichen Meinung auf ein Ziel hin auszurichten. Als der »Rat der Fünfhundert« gegen Napoleon opponierte, sprach Napoleon vom Staatsstreich des 18. Brumaire und erfand einen Mordanschlag. Der *Moniteur* verbreitete die Geschichte von einem Brutus, der den Cäsar/Napoleon mit einem Dolchstoß zu beseitigen versuchte. Erst in letzter Sekunde habe ein treuer Grenadier diesen Dolchstoß abgefangen. Bonaparte ging noch weiter und sprach in einer Proklamation von »zwanzig Attentätern, die ihre Dolche auf meine Brust richteten«. In ihrem propagandistischen Wert bedeutet die Dolchstoßlegende letztlich ebensoviel wie die von Bismarck redigierte »Emser Depesche«, die die französische Kriegserklärung an Deutschland auslöste, wie das Wort von der »Fünften Kolonne«, mit denen ein spanischer General der Furcht vor den Verrätern in den eigenen Reihen einen Namen gab, und wie die Aktion »Sven Gren«, mit der Reichspropagandaminister Joseph Goebbels die Hoffnung auf den Endsieg stärken wollte: Das »Sven-Gren-Gerücht« hatte die Prophezeiung eines schwedischen Hellsehers zum Inhalt, der den Endsieg für das Jahr 1947 prophezeite. Die Entwicklung der Propaganda von Napoleon bis zu Goebbels verlief durchaus im Sinne einer Tradition. Die technischen Möglichkeiten nahmen zu, die großen meinungsbildenden Apparate wie Rundfunk und Presse gestatteten die Perfektionierung des Propagierens von Nachrichten, und durch die Erkenntnisse einer Psychologie der Massen wurde »das Spielen auf dem Klavier der öffentlichen Meinung« zu einer lehrbaren Fertigkeit, aber das Wesen der Beeinflussung durch Propaganda blieb sich gleich. Die Propaganda nützt die Natur des Menschen aus, und da sich die Natur des Menschen nicht änderte, brauchten sich auch die Mittel zu ihrer Beherrschung nicht zu ändern.

Geändert hat sich etwas anderes, geändert hat sich das Verhältnis des Staatsbürgers zur Propaganda. Der deutsche Bürger im Dritten Reich wird sie wohl kritisiert, aber als notwendig empfunden haben. Da es eine Feindpropaganda gegen das deutsche Volk gab, mußte sich, davon war er überzeugt, Deutschland mit ähnlichen Mitteln zur Wehr setzen. Der sowjetische Mensch dagegen kommt nicht auf die Idee, daß die Propaganda etwas Schlechtes sein könne. Propaganda und Agitation hält er für positive Werte. In der Bolschaja Sowjetskaja Enziklopedija wird unter Agitation eine politische Tätigkeit verstanden, »die auf die Einwirkung, auf das Bewußtsein und die Stimmung der breiten Massen mittels Verbreitung bestimmter Ideen und Losungen gerichtet ist«. Eine negative Bedeutung ist in dieser Definition nicht erkennbar. Die Führerrolle der Partei, die die »Massen« lehrt, wo der rechte Weg zum Kommunismus verläuft, wird anerkannt. Der deutsche Staatsbürger dagegen zuckt vor dem Wort Propaganda zurück. Das ist historisch verständlich und aus der geschichtlichen Vergangenheit zu erklären. Über Propaganda spricht man nicht. Propaganda treibt man nicht. Propaganda gibt es in der Demokratie nicht.

Vor diesem historischen Hintergrund mußte sich nach 1945 in Deutschland ein Beruf etablieren, der im Auftrag von Parteien und Persönlichkeiten, von Institutionen und Interessenverbänden Nachrichten und Informationen zu verbreiten (»propagare«) hatte. Was lag da näher, als diesen Beruf in das Sprachkleid des angelsächsischen »Public Relations« zu stecken? Was lag da näher, als einen Begriff zu benutzen, der aus dem traditionell demokratischen Amerika importiert wurde, und ihn an Stelle eines Ausdrucks zu verwenden, der nach Manipulation schmeckte und Totalitarismus, nach dem »Wollt ihr den totalen Krieg?« Daß hier die Achillesferse der »Public Relations« liegt, beweist die Reaktion aller PR-Leute, die man als Propa-

gandisten bezeichnet. Sobald das Wort »Propaganda« fällt, hört bei ihnen jede Freundlichkeit auf. Sie sind tödlich beleidigt.
Bevor eine Definition der propagandistischen Tätigkeiten gegeben wird, zu denen auch die Public Relations gehören, will ich noch eine weniger bekannte Propaganda-Institution des Dritten Reichs erwähnen: die geheimen Lageberichte des Sicherheitsdienstes der SS aus den Jahren 1939 bis 1944. Sie sind bedeutend aus zweierlei Gründen, einmal, weil hier die klassischen Mittel der Public Relations benutzt wurden, zum anderen, weil sie die Grenzen jeglicher Propaganda zeigen. Die Aufgabe dieser Institution bestand in der Erforschung der öffentlichen Meinung, nicht anders als dies auch ein Meinungsforschungsinstitut angestrebt hätte. In einer Art »Geständnis« hatte dies SS-Obergruppenführer Otto Ohlendorf niedergeschrieben, als er über seine Tätigkeit als einer der Leiter des Inlandsnachrichtendienstes des SD im Reichssicherheitshauptamt kurz vor seiner Verhaftung durch die britische Militärpolizei im Mai 1945 folgende Sätze zu Papier brachte: »Es schwebte mir vor, ein Organ zu schaffen, das an Stelle einer öffentlichen Kritik die Staatsführung gleichwohl in die Lage versetzen sollte, die im Volke vorhandenen oder entstehenden Auffassungen kennenzulernen und zu berücksichtigen.«
Damit war gemeint: die Stimmung der Bevölkerung, ihre Reaktionen auf die Maßnahmen von Partei und Staat, die Art, wie die Menschen die Eskalation des Krieges aufnahmen, und die Beantwortung der Frage, wie die Durchhalteparolen des Führers aufgenommen wurden. Die »Meldungen aus dem Reich« hatten einen Umfang, der zwischen 12 und 36 Seiten lag. Format: DIN A 4. Drucktechnik: Schreibmaschinenschrift, vervielfältigt. Berichterstatter: SD-Führer, Verwaltungsbeamte, Richter. Für den Abschnitt Koblenz beispielsweise horchten im Juli 1939 vierundzwanzig Mitarbeiter die Bevölkerung aus, darunter vier promovierte Akademiker. Vierzig Vertrauensleute, stationiert in verschiedenen Orten des Kreises, berichteten aus der »Provinz«, Verwaltungsbeamte, Polizisten, Ärzte, Lehrer. Es fällt auf, daß diese Horcher Berufe ausüben, die als vertrauenswürdig gelten. Seinem Arzt gesteht man vieles, dem Lehrer einiges.

Die »Meldungen aus dem Reich« wurden, wie man weiß, eifrig studiert, zumindest am Anfang. Goebbels erwähnt sie häufig in seinen Tagebüchern. Göring spricht sie Punkt für Punkt im Ministerrat für Reichsverteidigung durch. Hier und da führten diese Meldungen sogar zu Konsequenzen, und tatsächlich klingt die Volkesstimme in diesen Berichten echt, sie klingt sogar so echt, daß dies den Propagandatreibenden eines Tages zu mißfallen begann. Goebbels erregte sich am 17. April 1943 über »die Stänkereien«, die der SD-Bericht bringt. »Er ist gänzlich unpolitisch und wird durchaus ungesiebt an die zuständigen Stellen herangetragen. Daraus entsteht eine gewisse Gefahr; denn die meisten Leser dieser SD-Berichte haben nicht das politische Unterscheidungsvermögen, um eine Nebensächlichkeit von einer Hauptsache zu unterscheiden.« Himmler wandte sich gegen solche Berichte, in denen kritische Äußerungen der Bevölkerung zu Führerreden verzeichnet standen, und Bormann bemängelte, daß »die V-Männer des SD offenbar nur in negative Kreise kommen«. Bormann und Ley untersagen schließlich allen Funktionären der NSDAP und der DAF, noch weiter im SD zu arbeiten. Im Juli 1944 erscheinen die »Meldungen aus dem Reich« zum letztenmal.

Die entscheidende Erkenntnis, die der Leser heute durch die »Meldungen aus dem Reich« gewinnt, ist die, daß die berüchtigte »Propaganda« des Dritten Reiches zur Legende gehört. Sie war weder so total noch so überzeugend, wie es die Fama will. Weder waren Goebbels der teuflische Propagandist noch der deutsche Parteigenosse jenes Kalb, das am Strick des Metzgers in das Schlachthaus des Zweiten Weltkrieges geführt wurde. Die Deutschen hatten andere Informationsquellen als nur Führerrede und Wochenschau, und die Deutschen nahmen kein Blatt vor den Mund, wenn es darum ging, die Propaganda der Manipulation zu überführen.

Am deutlichsten wird dies an jenem Ereignis, das zum Lieblings-Statement der bundesdeutschen Wochenschau-Historiker gehört, der Sportpalastrede von Goebbels am 18. Februar 1943, wo der Reichspropagandaminister zehn Fragen an das deutsche Volk stellte. Die vierte hieß: »Wollt ihr den totalen Krieg? Wollt ihr ihn, wenn nötig, totaler und radikaler, als wir ihn uns heute überhaupt noch vorstellen können.« Dazu notiert sogar der SD-Bericht vom 22. Februar 1943: »Der letzte Teil der Rede ist uneinheitlich aufgenommen worden. Zwar ist allgemein die Schlagkraft der zehn Fragen hervorgehoben, jedoch von Volks- und Parteigenossen aus allen Kreisen zum Ausdruck gebracht worden, daß der propagandistische Zweck dieser Fragen und Antworten den Hörern und Lesern allzusehr zu Bewußtsein gekommen ist.«

Die Propaganda wurde als das empfunden, was sie war, als Propaganda. Sie sollte verführen, und man wußte um diese Absicht. Sie sollte indoktrinieren, und man spürte dies ebenso wie man das absichtliche Verschweigen als eben bewußtes Verschweigen ansah und nicht als einen Mangel an Informationen.

Die Bevölkerung korrigierte die Bulletins der Regierung, weil sie die wirklichen Sachverhalte in Erfahrung brachte: Als im Frühjahr 1940 vom Reichspropagandaministerium eine Erwiderung auf das polnische »Schwarzbuch« herausgegeben wurde, stieß diese Veröffentlichung auf Widerspruch: »Vor allem ist man nicht überall damit einverstanden, daß in diesem Dokument Massenerschießungen grundsätzlich bestritten werden. Vielfach hätten Urlauber aus Polen über solche Erschießungen berichtet ...«

Die Bevölkerung sah, daß die Gleichförmigkeit der Propaganda oft nur der Verschleierung der Tatsachen dienen sollte. So klagte im Sommer 1940 der SD-Bericht über »eine völlig verständnislose und geradezu unerzogene Haltung« der Bevölkerung, die in »den Stellungnahmen zur Berichterstattung der Presse und des Rundfunks zum Ausdruck kommt«. Diese Haltung äußerte sich in verschiedener Weise. Entweder kritisierte die Bevölkerung die täglichen Pflichtübungen der Propaganda (»Eine außerordentlich große Zahl von Volksgenossen meckert jedoch über eine ›Gleichförmigkeit‹ der täglichen Berichte. Man sei es nun schon gewohnt, zu erfahren, daß die letzten Angriffe noch stärker waren als die vorangegangenen«), oder sie erlag den umlaufenden Gerüchten. Solche Gerüchte entstanden meist dadurch, daß die Presse wesentliche Ereignisse verschwieg.

Als die Bevölkerung zwei feindliche Aufklärer über dem Bodensee beobachtete, schwieg die Presse über den Vorfall, sie konnte nicht zugeben, daß es den Feindaufklärern gelingen konnte, so weit in den deutschen Luftraum einzudringen. Sie schwieg, als in der Pfalz zwei deutsche Jagdflugzeuge von einem feindlichen Jäger zur Notlandung gezwungen wurden; Einwohner der Umgebung leisteten erste Hilfe. Kein Wort erschien in der Presse über einen Luftkampf in der Nähe von Pirmasens, bei dem drei deutsche Jagdmaschinen abgeschossen wurden. Die Folge dieser journalistischen Enthaltsamkeit waren die unsinnigsten Gerüchte über die Erfolge gegnerischer Luftattacken: »Als Folge dieser Berichterstattung entstanden alsbald Gerüchte über einen Luftangriff, die dessen Bedeutung und Erfolg stark übertrieben. So war von einem schweren Bombardement der Insel Borkum und ihres Feldflughafens die Rede, wobei zehn Flugzeuge vernichtet und die Mannschaftsbaracken mit Maschinengewehren beschossen worden seien.« In Wirklichkeit waren die englischen Maschinen zur Umkehr gezwungen worden.

Die Bevölkerung ließ sich zwar täuschen, aber jeweils nur bis zum Beweis des Gegenteils. Da sie sehr bald die Technik der Propaganda durchschaute, wurden Skepsis und Mißtrauen so groß, daß auch die heiligsten Dogmen der Propaganda angezweifelt wurden, zum Beispiel das Dogma von der Unterlegenheit der Sowjetunion. Dazu hieß es in einem SD-Bericht vom 17. August 1942: »Bereits in den ersten Monaten des Krieges gegen die Sowjetunion habe sich in diesem Punkt das Gefühl herausgebildet, daß wir einer gewissen Täuschung zum Opfer gefallen seien. Die große Masse der Waffen, ihre technische Qualität, die riesige Industrialisierung seien der erste verblüffende Eindruck gewesen, der gegen wesentliche Argumente des bisherigen Bildes von der Sowjetunion gestanden habe. Auch von den Soldaten sei aus eigener Kenntnis berichtet worden, daß neben der Primitivität und mitten im grauen Elend der Massen-Großbauten riesige Industriewerke, Kraftwerke usw. errichtet worden seien. Man frage sich, wie hat das der Bolschewismus alles zustande gebracht? ›Es muß doch auch hier positive Kräfte geben?‹«

Zusammengefaßt läßt sich aus diesen Beispielen folgern:
Die SD-Berichte geben ein anderes Bild von der deutschen Propaganda und auch von dem Vermögen eines Josef Goebbels, der bis heute als Über-Propagandist angesehen wird, als Dämon, der, mit luziferischen Kräften begabt, ein ganzes Volk zu willenlosen Mitläufern erzogen haben soll. Vielleicht hat das Scheitern dieser Propaganda - gescheitert ist sie in dem Augenblick, da die Opfer der Propaganda die Absichten des Propaganda-Täters zu durchschauen beginnen - eine Hauptursache. Die genannten Beispiele deuten es an: Die Propaganda scheiterte, weil die Meinungsmacher des Dritten Reiches nicht imstande waren, ein Instrument wie die geheimen Lageberichte des Sicherheitsdienstes der SS in seiner gedachten Funktion zu benutzen, nämlich als Kontrollorgan. Zweifellos widersprach das dem Wesen der Machthaber des Dritten Reiches, aber ebenso zweifellos widerspricht dies nicht dem Wesen der Macht schlechthin.

Es wäre ein Propaganda-Instrument denkbar, das die öffentliche Meinung nicht nur abhorcht, sondern auch berücksichtigt, indem es die Stimmungen registriert, die Schwankungen definiert und sofort in propagandistische Aktion umsetzt mit dem Ziel, diese Veränderungen bereits im Augenblick ihres Entstehens, im Geburtsmoment der Veränderung sozusagen, nach dem eigenen Willen steuern zu können. Anders ausgedrückt: Es wäre ein Propaganda-Instrument denkbar, das der öffentlichen Meinung nicht die Zeit läßt, sich zu artikulieren, Schlagworte zu bilden, Wünsche zu äußern, Einstellungen zu finden, sondern ein Instrument, das diese sich bildenden Einstellungen sofort aufgreift, ihre zunächst auf eine Kritik der Macht gezielte Richtung umkehrt und für die eigenen Ziele umprogrammiert. Dies ist die Aufgabe der Meinungsforschung; denn auch die Meinungsforschung dient der Macht. Da die Fragen, die der Demoskop an die öffentliche Meinung stellt, bereits über das Ergebnis entscheiden (nicht die öffentliche Meinung fragt, sondern der von einem Geldgeber beauftragte Interessent), ist die Meinungsforschung kein passives, sondern ein aktives Instrument zur Beeinflussung einer Bevölkerung. Als Propaganda-Instrument ist die Meinungsforschung der bloßen, parolenverbreitenden klassischen Propaganda überlegen. Kurz: Der Public-Relations-Experte ist der beste Propagandist, den es je gab.

Was ist Propaganda, was sind Public Relations?

Die Herkunft des Begriffs scheint geklärt. Bei der Definition dessen dagegen, was die Propaganda ihrem Wesen nach ist, gehen die Meinungen weit auseinander. Vielleicht hängt das damit zusammen, daß diejenigen, die über Propaganda Bescheid wissen sollten, die Angehörigen aller meinungsbildenden Berufe, dieses Thema meiden, weil ihnen an einer Klarstellung ihres Selbstverständnisses nicht gelegen sein kann.

Der Begriff Propaganda leitet sich aus dem Lateinischen her. »Propagare« bedeutet soviel wie »ausbreiten, weitersagen, bekanntmachen, ausdehnen, zeitlich hinziehen, durch Ableger und Schößlinge fortpflanzen«. Als eines der ersten Propaganda-Institute gilt die 1622 von Papst Gregor XV. gegründete Kongregation zur Ausbreitung des Glaubens, also eine Institution zur Missionierung der Heiden. Sie erhielt die Amtsbezeichnung »Congregatio de propaganda fide«. Wie daraus das knappe, schlagworthafte »Propaganda« wurde, darüber gibt es nur Vermutungen. Der Publizist W. E. Süskind hält es für einen Zufall, daß wir heute von Propaganda sprechen: »Genausogut hätte man abkürzen können: Die Fide, aber offenbar stellte sich's für die Sprachphantasie des barocken Römervolkes, für die tausend kleinen Kleriker, Wallfahrer, Devotionalienhändler und alten Weiblein dar, daß die Propaganda genauso wie die Anna, die Barbara und die Amanda als ein Frauenzimmer personifiziert und als Bezeichnung für ein gottgefälliges Institut wie die Heidenmission trefflich verwendet werden könnte.«

Aus einem Institut zur Ausbreitung des Glaubens entstand das Schlagwort, das heute, mangels einer Definition ex cathedra, von jedermann für seine Geschäfte verwendet und neu ergänzt wird, je nach seiner Beteiligung an diesen Geschäften.

Hans Domizlaff hält sie für einen Über-Begriff: »Tatsächlich erstreckt sich das Gebiet der modernen Propaganda auf die Gesamtheit aller Vorgänge und Erscheinungen, die zur Bildung einer öffentlichen Meinung führen, also auf alles, was einer der Massenbeeinflussung zweckentsprechenden Formung unterworfen werden kann.«

Peter R. Hofstätter wertet alles als Propaganda, was der Mensch tut, wenn er sich einem anderen zuwendet. Ein Blick, eine Geste, die Wahl eines Kleidungsstücks wäre demnach bereits ein propagandistischer Akt: »Der Schwierigkeit des definitorischen Beginnens glaube ich daher am besten zu entgehen, wenn ich den Begriff etwas weiter fasse als üblich und allen auf die Lebenshaltung und die Wertordnungen des Individuums gerichteten Bemühungen eine ›propagandistische Komponente‹ zuschreibe.«

Für Friedrich Holzapfel besteht das wesentliche Kennzeichen der Propaganda in seiner Planbarkeit: »Propaganda ist organisierte Beeinflussung.«

Edgar Stern-Rubarth setzt sie gar mit Werbung gleich, indem er sagt: »Propaganda ist eine vornehmere Ausdrucksform für das dem kaufmännischen Leben entnommene Wort ›Reklame‹.«

Manfred Schütte definiert: »Propaganda ist eine Beeinflussungsmethode auf politischem Gebiet, die sich werblicher Mittel bedient, um über die Kommunikation der Propagandabotschaft die Wirkungen zu erzielen, die vom Propagandatreibenden beabsichtigt sind« und versucht (er ist Public-Relations-Experte) dem gefährlichen Wort dadurch zu entgehen, daß er ein neues Wort für dieselbe Sache benutzt: »Die Propaganda im totalitären Staate soll totalitäre Propaganda und eine Propaganda im freiheitlichen demokratischen Rechtsstaat ›politische Werbung‹ genannt werden.« Manfred Schütte gibt im übrigen durchaus zu, daß hier taktische Fragen eine Rolle spielen. Weil das Wort Propaganda einen schlechten Klang bekommen habe, schreibt er, suchen die Propagandatreibenden nach einem anderen Begriff für ihre Tätigkeit. »Immer öfter hören wir in diesem Zusammenhang den Begriff ›Öffentlichkeitsarbeit‹. Soziale Gebilde wie Kirchen und Verbände, staatliche und halbstaatliche Stellen treiben deshalb nicht Propaganda, sondern ›Öffentlichkeitsarbeit‹.«

Der deutsche PR-Papst Albert Oeckl setzt die Public Relations instinktiv am stärksten gegenüber der Propaganda ab, indem er Propaganda und Faschismus indirekt zum Synonym erhebt: »Man kann Propaganda unter der Berücksichtigung der Erfahrungen der beiden Weltkriege und in Kenntnis der Machttechnik der faschistischen Sozialregionen als das vorbehaltlose Infiltrieren zweckbestimmter Ansichten mit dem Ziel der Gleichschaltung ohne Rücksicht auf Einseitigkeiten oder Verzerrungen der Wahrheit bezeichnen.«
Für die Überzeugung, daß Propaganda und Public Relations dasselbe sind, tritt schließlich Ronneberger ein, der »Öffentlichkeitsarbeit als einen Teil der politischen Propaganda« beschreibt und erklärt, daß die Einrichtung der Pressestellen in Regierung, Ministerien, Behörden usw. weniger dazu dient, die Öffentlichkeit zu informieren. Pressestellen sind dazu da, um Verständnis zu werben, kurz, um Propaganda zu machen.
Eine Klarheit ist auf diesem Wege nicht zu gewinnen. Zu der Definition der Propaganda muß deshalb noch eine Übersicht über ihre Methoden treten, über Taktik und Strategie dessen, was unter Propaganda verstanden wird. Hierbei soll abgesehen werden von extremen geschichtlichen Situationen, die extreme Formen der Propaganda erfordern, wie zum Beispiel die der Frontpropaganda. Auch hier finden sich alle Standpunkte, je nach Neutralität und Sachlichkeit des Autors. Am neutralsten formuliert dies das »Institute for Propaganda Analysis« in einer Sieben-Punkte-Übersicht. Danach heißt Propaganda:

1. Einer Idee einen schlechten Namen geben.

2. Die Verbindung eigener Ziele mit sachlich unbestimmten, aber ein hohes Prestige genießenden Namen.

3. Übertragung anerkannter Werte und erhebender Vorstellungen auf ein anderes Gebiet (z. B.: »Der Krieg als ein ›Kreuzzug‹«).

4. Die Verstärkung der eigenen Position durch prestigereiche Autoritäten, beziehungsweise die Schwächung der gegnerischen durch deren Identifikation mit verachteten Persönlichkeiten und Gruppen.

5. Erweckung der Illusion, man vertrete die Meinung des ›einfachen Mannes‹.

6. Arrangement der Fakten (echter und falscher) in eine logische ›Deduktion‹.

7. Erweckung der Illusion, jedermann vertrete den Standpunkt.

Es gibt keinen Zweifel daran, daß jede dieser Taktiken von den Meistern der PR angewandt wird. Beispiele dafür finden sich in den vorangegangenen Kapiteln. Das gleiche gilt aber auch für die Propagandalehre von Johann Plenge, der unumwunden bestimmte Arbeitsbereiche und gewisse Praktiken der Propaganda darstellt, die heute von den Public Relations als ihre eigentlichen Aufgaben requiriert werden: »Was ist es anderes als Propaganda, wenn die Werke heute ihre Werkzeitungen schaffen, um unter ihren Arbeitern einen einheitlichen Betriebsgeist zu wecken?« fragt Plenge. Als wesentliches Propagandamittel sieht er die Schaffung von Symbolen an: »Deshalb muß die Propaganda Symbole schaffen und ihre ganze Arbeit um das Symbol ordnen.« Dann weist er darauf hin, daß die raffinierteste Form, öffentliche Meinung zu machen, darin besteht, Ereignisse zu schaffen, indem er schreibt: »Man kann diese ›Gelegenheiten‹ auch machen, wenn sie sich nicht von selber machen ... Das neue Ereignis, der neue Umstand, ist das ›accident provocateur‹. Wer den neuen Umstand absichtlich herbeiführt, ist der ›agent provocateur‹ der Propagandagelegenheit.«
Plenge unterscheidet acht Bereiche der Propaganda, erstens die Ansteckungspropaganda (Kreuzzüge), zweitens die Erfahrungspropaganda, drittens »die wissenschaftlich systematisierte Propaganda unserer Zeit mit der dahinterstehenden Propagandaorganisation« (In-

formationsvermittlung durch einen Fachmann), viertens die Demonstrationspropaganda (Schlachtengalerie von Versailles), fünftens die repräsentative Propaganda (Katholikentage), sechstens die Personalpropaganda (das »Sich-in-Szene-Setzen« eines Politikers oder einer anderen Person von öffentlichem Interesse), siebtens die Ideenpropaganda (Aktion Gemeinsinn) und achtens die Geschäftspropaganda (Werbung für IBM oder den VW).

Der wichtigste Punkt aber, auf den er, wie im übrigen auch alle anderen Theoretiker sowohl der PR als auch der Propaganda, zurückkommt, ist, daß der Propagandist intime Kenntnisse über sein Opfer besitzen muß. Propaganda heißt nicht, einer Bevölkerung Ideen vorzusprechen, Parolen vorzuwerfen oder Meinungen zu verkünden. Propaganda heißt, über das zu sprechen, was die Bevölkerung hören will, heißt also, ihre Triebe und Leidenschaften zu benutzen, ihre Bedürfnisse auszuforschen, ihre Haltungen auszuhorchen, um diese für die eigenen Ziele zu benutzen. Der Propagandatreibende ist also ein Menschenverächter, da er die Wirkung dessen benutzt, was man Massen-Psyche genannt hat. Jegliche Propaganda geht davon aus.

Hans Domizlaff schreibt dazu: »Die mannigfachen Wirkungen direkter oder indirekter Reklame für Handelswaren geben immer neue Beispiele davon, daß einzelne Individuen an die Selbständigkeit der Kaufentschlüsse glauben, aber in Wirklichkeit einer Massen-Psychose unterliegen. Es geschieht sogar überwältigend häufig, daß ein Käufer überzeugt ist, niemals durch Reklame beeinflußt werden zu können. Dieser Irrtum ist erklärlich, da niemals eine einzelne Individual-Psyche beeinflußt wird, sondern eine gewisse Käufermasse, also eine Massenpsyche.«

Alfred Sturminger meint, daß sich die politische Propaganda nicht nur mit dem einzelnen auseinanderzusetzen hat, »sondern, besonders in der neueren Zeit, vor allem mit Massen. Deshalb ist die instinktive oder bewußte Kenntnis dieser besonderen Massenpsyche eine Vorbedingung für ihre Beherrschung«.

Johann Plenge erklärt, daß man »zunächst die Menschen kennen muß, wenn man irgendeine Propaganda machen will«.

Und im »Handbuch der Public Relations« heißt es schlicht: »Gegenstand der Umfrageforschung ist die Analyse gesellschaftlicher Massenerscheinungen, die mit statistisch-psychologischen Untersuchungsmethoden erfaßt werden.«
Polemisch formuliert: Alle Propagandisten haben sich eines Hauptmittels bedient, Cäsar und Napoleon ebenso wie die Auftraggeber der Elisabeth Noelle-Neumann. An die Stelle der Überfigur des Propagandisten trat die Autorität des Instituts.

Die Beantwortung der Frage nach dem Verhältnis zwischen Propaganda und Public Relations kann also gegeben werden. Propaganda muß jegliche Art der Beeinflussung der öffentlichen Meinung genannt werden. Sie existiert, seit es die Figur des Propagandisten und eine von ihm formbare, ihm nützende Öffentlichkeit gibt. Jede Gesellschaft und Kultur brachte eine ihr entsprechende Form der Propaganda hervor. Bei den Polynesiern besorgte dies der »Redehäuptling«, im alten Rom tat dies der Anwärter auf einen Posten selbst, in seiner Rolle als Ambitus, im Verlauf der Geschichte engagierte der Machthaber von Fall zu Fall Experten, um die Öffentlichkeit zu beeinflussen, beauftragte Karikaturisten, den Feind als Fratze zu zeigen, schickte »Troubadoure« an die Höfe, um »sein Lied« zu singen, gewann die Journalisten für dieses Geschäft, bis schließlich in der Gegenwart ein selbständiger Beruf die klassischen Aufgaben der Propaganda übernimmt: Der Public-Relations-Mann treibt Propaganda. Seine Methoden sind sanktioniert durch die Idee, dies im Auftrag und zum Wohle der demokratischen Gesellschaft zu tun. Es gibt keine propagandistische Methode, die sich nicht auch im Arsenal der Public Relations finden würde. Ihre wichtigsten sind folgende:
Erstens: Die Propaganda/Public Relations sorgt nicht für die *objektive* Informierung der Öffentlichkeit, sondern für die *nützliche*. Sie informiert durchaus in dem Sinne des Goebbelsschen Satzes: »Daß Tendenz in unsere Nachrichten gelegt wird, ist selbstverständlich, sie soll aber am besten unsichtbar bleiben.« Das Hauptziel der PR besteht darin, ihre Informationen in den redaktionellen Teil einer Zei-

tung zu lancieren, weil dort die propagandistische Absicht am wenigsten erkennbar wird.
Zweitens: Die Propaganda/Public Relations versuchen, ein Klima des Vertrauens zwischen Unternehmen und Arbeitnehmer, zwischen Firma und Kunde, zwischen Interessenverband und Öffentlichkeit, zwischen Institution und Bürger zu schaffen. Das Ziel solcher Aktionen liegt in der unbewußten, gefühlsmäßigen Übereinstimmung zwischen einem Gruppeninteresse und dem Gemeininteresse. Das auf diese Weise hergestellte Vertrauen von den Umworbenen zu den Werbern konstituiert ein Abhängigkeitsverhältnis. Der Abhängige soll nicht kritisieren, sondern verstehen, nicht kontrollieren, sondern wohlwollen, nicht intellektuell durchdenken, sondern sich »zugehörig« fühlen. An die Stelle der Distanz, als Voraussetzung der öffentlichen Meinung, tritt dadurch die Identität der Umworbenen (Arbeitnehmer/Kunden/Bürger) mit den Absichten der Werber (Unternehmer/Interessenvertreter/Institutionen). Die Opposition entfällt.
Drittens: Die Propaganda/Public Relations sind das wichtigste Instrument der Weltveränderung in der Industriegesellschaft. Der entscheidende Veränderungs-Impuls, das Bewußtsein des Menschen, wird durch die Propaganda/Public Relations für die Ziele der Auftraggeber aktiviert.
Viertens: Das Wesen der Propaganda/Public Relations besteht in der Unsichtbarkeit ihres propagandistischen Charakters.

Eine Dokumentation

In der folgenden Dokumentation werden Zitate wiedergegeben, die in der deutschen Presse der letzten Jahre erschienen sind. Diese Zitate sollen die in diesem Buch vertretenen Thesen belegen. Die Dokumentation enthält aber auch, neben Aussagen und Meinungen zu dem Phänomen der öffentlichen Meinung und den Public Relations, Informationen, die zunächst nicht für die Veröffentlichung bestimmt waren, also presseintern sind. Die Zitate zeigen, wie kontrovers die Diskussion um Öffentlichkeit und öffentliche Meinung heute verläuft.

Man kann mit den Journalisten . . .

Es kann Fragen geben, die man aus irgendwelchen Gründen z. Z. nicht beantworten möchte. In diesen Fällen sollte man die Journalisten unterrichten und ihnen erklären, warum man sich dazu nicht öffentlich äußern kann.

Man kann mit den Journalisten schon zu Beginn der Pressekonferenz das sogenannte A-B-C-System vereinbaren:

Aussage A = zur Veröffentlichung
Aussage B = zur Verwendung ohne Nennung von Namen und Anlaß
Aussage C = nur zur persönlichen Information.

Aus *Handbuch für Öffentlichkeitsarbeit*

Eingeschaltet - gleichgeschaltet

Die amerikanische Fernsehgesellschaft CBS hat ein Verfahren entwickelt, mit dem man ausgeschaltete Rundfunk- und Fernsehgeräte durch ein Signal von außen wieder einschalten kann. Auf diese Weise sollen existenzwichtige Informationen oder Warnungen auch jenen mitgeteilt werden können, die gerade nicht radiohören oder fernsehen. Die Federal Communications Commission, die neue technische Verfahren zu überprüfen hat, ließ bisher zwar begrenzte Tests zu, verzögert aber ihre grundsätzliche Zustimmung zum Einbau entsprechender Geräte in die neuen Fernsehgeräte.

Wenn nämlich auch der Vorteil eines nationalen Warnsystems, das mit einem automatischen Einschaltverfahren möglich wird, auf der Hand liegt - irgendwo rührt sich im Zeitalter der totalen Beherrschungsmethoden der öffentlichen Meinung doch die Angst vor dem »Großen Bruder«! Die Technik, die das Einschaltverfahren ohne Zustimmung des Rundfunkgerätebesitzers möglich macht, läßt sich leicht nachbauen. Nicht nur in Diktaturen wird man also sehr schnell die Möglichkeit zu benutzen wissen, mittels »Home Alert«, wie man die technische Einrichtung nennt, den Menschen auch in seiner »Intimsphäre« mit Nachrichten und Anweisungen zu verfolgen, die er unter normalen Umständen um keinen Preis in sein Haus gelassen hätte.

Längst gilt der stolze englische Grundsatz »My home is my castle« nicht mehr. Dazu ist die Öffentlichkeit schon zu total geworden. Wie total wird sie erst werden, wenn sie sich auch dann den Eingang ins Haus erzwingen kann, wenn man Radio und Fernsehen, vielleicht sogar die Klingel und das Telefon abgestellt hat?

Aus *Informationsdienst der Pressevereinigung für neue Publikationsmittel e. V.*

Weißwäscher

»Tui« - das ist bei Brecht die Abkürzung für »Tellekt-Uell-In«, und dies wiederum, das können selbst Nicht-Tuis leicht erkennen, ist ein Anagramm für »Intellektuell«.

Tuis - das sind für Brecht alle jene intellektuellen »Speichellecker«, »Bemäntler« und »Weißwäscher«, die auf Abzahlung »Meinungen für den kleinen Mann« verkaufen: »Eine Meinung über die politische Lage gefällig? Es kostet nur drei Yen und geht im Stehen.«

Aus *Der Spiegel*

Die Ungebundenen sind: Globetrotter

Sie fühlen sich überall zu Hause und reisen gern in fremde Länder: Die Ungebundenen, die jungen Leute zwischen 14 und 24.

Eine dynamische Gruppe, die weltoffen denkt. Und eine Gruppe, die ohne Vorurteile lebt.

Aufgeschlossene Konsumenten und in vielen Bereichen Meinungsbildner.

Wer ihre Sprache spricht, kann die Ungebundenen für sich gewinnen, ihre Sprache ist die Sprache der Jugend.

Die Ungebundenen prägen den jungen Markt. Einen Absatz- und Image-Markt.

Wer ihn erreichen will, braucht BRAVO. Deutschlands größte Zeitschrift für junge Leute.

Denn BRAVO erreicht jede Woche Millionen Ungebundene. Junge Leute mit klaren Zielen, konkreten Vorstellungen und 20 Milliarden D-Mark ungebundener Kaufkraft.

Die Ungebundenen, das sind die 14 bis 24jährigen. Eine Gruppe für sich. Sie bilden einen Markt für sich: den »Single-Market«, den Markt der »Between-Agers«, den jungen Markt der 20 Milliarden D-Mark.

Anzeige der Zeitschrift *Bravo*

Alle Fernsehgesellschaften enteignen

Der weltweite unbehinderte Empfang von Fernsehsendungen, der in der ersten Hälfte des kommenden Jahrzehnts verwirklicht werden kann, werde zu einer Gefahr für den Kommunismus werden.

Diese Ansicht vertritt ein führender sowjetischer Historiker in einer Moskauer Wochenzeitung. Professor Schejenin meint, eine wichtige Voraussetzung für den Sieg des Kommunismus sei daher die Enteignung aller Fernsehgesellschaften, die sich im Besitz westlicher Monopole befinden.

Man kann sich nur zu leicht vorstellen, welch bösartigen Gebrauch man von dem modernen Massenmedium machen kann, wenn dieses für reaktionäre Zwecke eingesetzt wird.

Schejenin schreibt weiter, daß die westlichen Fernsehgesellschaften in naher Zukunft technisch in der Lage sein werden, jedes beliebige Programm bis in das letzte sowjetische Dorf auszustrahlen.

Dies eröffnet eine neue Propagandafront, an der viel härter gekämpft werden wird, als es bisher der Fall war.

Aus *Hör zu*

Vermenschlichte Arbeitgeber

Ansatzpunkte für die illustriertenwirksame Darstellung auch noch so technisch-trockener Vorgänge finden sich vor allem dann, wenn man das Geschehen »vermenschlicht«. Es sind die »human interests«, denen die Film- und Gesellschaftsstars (aber auch zahllose Politiker und Staatsmänner) ihre Popularität verdanken. Gerade dieser Vergleich paßt den meisten Unternehmern nicht. Aber es hilft nichts. In dieser Form der Öffentlichkeitsarbeit gibt es nur diese eine Alternative. Der ehemalige Präsident der Bundesvereinigung der Deutschen Arbeitgeberverbände ging mit gutem Beispiel voran: Für eine Frauenzeitschrift ließ er sich in seinem Garten beim täglichen Frühsport mit dem Rhönrad fotografieren. Leider fand er nicht viele Nachahmer, die einer wirksamen und im Grunde gleichwohl seriösen Berichterstattung zuliebe Einblick in ihre häusliche und menschliche Atmosphäre gestatten wollten. Viele möchten der Öffentlichkeit lieber ihr strenges Gesicht hinter dem überladenen Schreibtisch zeigen, wo sie auch tatsächlich die meiste Zeit ihres harten Arbeitslebens verbringen. Aber solche Fotos sind langweilig.

Aus *Handbuch für Öffentlichkeitsarbeit*

Lieber geheim

In einer Rede vor der »National Association of Broadcasters« (Vereinigung von Rundfunkjournalisten) in Washington nannte Nixon vertrauliche Gespräche zwischen den Parteien des Vietnam-Krieges den einzigen Weg, um zu einer Lösung zu gelangen. Von offenen Verhandlungen, über die regelmäßig Kommuniqués herausgegeben würden, seien keine Resultate zu erwarten, da bei ihnen für die Beteiligten die psychologische Wirkung auf die öffentliche Meinung im eigenen Land und mehr noch in der Welt eine zu große Rolle spiele, sagte der Präsident.

Aus *Die Welt*

Freundlicher Gesichtsausdruck

Am vorteilhaftesten ist es, wenn die wichtige Persönlichkeit oder der Jubilar an seinem unmittelbaren Arbeitsplatz fotografiert werden kann, also am Schreibtisch oder in der Werkhalle. Dabei ist darauf zu achten, daß sie bei einer Beschäftigung gezeigt wird, z. B. beim Unterschreiben von Briefen, beim Telefonieren, an der Werkbank oder mit seinem Kraftfahrzeug.

Wird der Chef, Vorstand oder Direktor fotografiert, sollte der Fotograf nicht versäumen, die Sekretärin oder Vorzimmerdame während der Aufnahme ins Büro zu bitten; sie kennt ihren Chef am besten und weiß ihm sicher einen freundlichen Gesichtsausdruck zu entlocken.

Mögen die Chefs in ihrem Amt auch noch so hart und unerbittlich sein, sie haben auch eine fotogene Seite. Auf einem Foto wirkt ein verbindlich freundlicher Gesichtsausdruck nun einmal viel vertrauenerweckender. Und um Vertrauen geht es ja in der PR-Arbeit.
Und jetzt noch einige weitere Tips:

Brillengläser ...	Spiegelungen sind durch entsprechende Lichtführung auszuschalten.
Damen ...	Bei Damen ist der Frisur ein besonderes Augenmerk zu schenken. Auch nicht mit Schmuck überladen.
Ehering ...	Kommen die Hände mit aufs Bild und ist der Fotografierte verheiratet, sollte der Ehering sichtbar sein.
Haarschnitt ...	Am besten nicht zu früh nach dem letzten Haarschnitt fotografieren.
Hemdkragen ...	Darf sich am Jackett oder an der Weste nicht hochschlagen.
Selbstbinder ...	Zeitloses Muster auswählen und darauf achten, daß der Knoten ordentlich gebunden ist.
Zeitpunkt ...	Am vorteilhaftesten fotografiert man vormittags, dann macht das Modell einen ausgeruhten Eindruck.

Aus *Handbuch für Öffentlichkeitsarbeit*

DDR, käuflich

EB Köln - Ein Paradebeispiel für die Irreführung der öffentlichen Meinung in der DDR lieferte die gestrige Ausgabe des SED-Zentralorgans *Neues Deutschland.* Auf Grund einer Meldung der offiziellen DDR-Nachrichtenagentur ADN veröffentlichte die Zeitung auf der ersten Seite eine Meldung mit der Überschrift: »*Le Monde* mit ganzer Seite über die DDR.«
Darin hieß es, »die einflußreiche französische Zeitung« veröffentlichte »eine ganze Seite, auf der DDR-Autoren das Leben in der

DDR und die Entwicklung der Beziehungen zwischen beiden Ländern schildern.«
In Wirklichkeit handelt es sich um eine Seite, die von der französischen Zeitung durch den Zusatz »publicité« eindeutig als bezahlte Anzeige oder Public-Relations-Veröffentlichung gekennzeichnet war. Eine ähnliche bezahlte Anzeige über die DDR war vor einigen Tagen in der Londoner *Times* erschienen.
Weder *Le Monde* noch *Times* sind in der DDR zu kaufen.

Aus *Kölner Stadtanzeiger*

Wir drucken, was die Leute lesen wollen
Es gibt einige Erklärungen dafür, warum *Bild* so unerreichbar weit vor allen anderen deutschen Tageszeitungen liegt (deren keine die Auflagen-Million aus der Nähe anvisieren kann). Der hauseigene Slogan, Bild sei die Zeitung, die »redlich dem Volk aufs Maul schaut«, ist der Wahrheit nahe, könnte jedoch ebensogut aus dem Redaktionsprogramm einer lutherischen Kirchenzeitung sein.
Was die Leute wollen: Die Wahrheit ist einfach, und sie macht deutlich, daß jene Kritiker, die die *Bild*-Zeitung ob ihrer primitiven Parolen, ihrer Schwarz-Weiß-Malerei, ihrer Sensationslüsternheit und ihrer simplen Sprachregelung in der Luft zerreißen, damit nur das Packpapier zerfetzen, während ihnen der darin eingewickelte Stein des Anstoßes unbemerkt aus den Händen fällt: Denn Peter Boenisch sagt es so deutlich wie möglich, was die *Bild*-Zeitung groß macht: »Wir drucken, was die Leute lesen wollen.«
Der Schwarze Peter ist also nicht Boenisch, ist nicht Springer; es ist der deutsche Durchschnittler. Und von ihm gibt es viele: 11 Millionen Leute lesen täglich *Bild*. Adolf Volbracht, stellvertretender Chefredakteur, sagte es vor Jahren schon evangelischen Theologen in Hamburg: Nicht die *Bild*-Zeitung drücke das Niveau, sondern das Niveau drücke die *Bild*-Zeitung. Tatsache ist, daß ein so großer Markt nicht aus dem Boden gestampft werden kann - zuvor muß das Terrain da sein.

Aus *Capital*

Suche Geld, biete Ehre

Um die Kosten für ein projektiertes Sport- und Schwimmzentrum aufzubringen, sucht der Sportverein »Freiburger Turnerschaft« per Anzeige »eine namhafte Industrie- oder Handelsfirma ... nach der gegen einen angemessenen Betrag dieses Sport- und Schwimmzentrum benannt werden soll.

Aus *Der Spiegel*

Möglichst groß

Die Urania Werbe- und Anzeigenagentur in Siegen/Westfalen schickt Zeitungsredaktionen »Artikel mit Bild« über Schaffelle der Firma Sieg-Pelz in Siegen mit der Bitte um Veröffentlichung: »Der Artikel sollte möglichst groß herausgestellt werden und den Namen der Fa. Sieg-Pelz sowie deren Kommentar enthalten. Es ist möglich, daß wir dann Ihre Zeitung unserem Kunden als Werbeträger für 1970 vorschlagen werden.«

Aus *Der Journalist*

Neue Bräuche

Im Auftrag ihres Kunden De Beers Consolidated Mines, Ltd., London, versucht die Agentur Thompson, in Deutschland einen ganz neuen Brauch einzuführen: Der Bräutigam soll der Braut in Zukunft einen Diamantring zur Verlobung schenken.

»Hier findet das statt, was man eine Umfunktionierung der Verbrauchergewohnheiten nennt«, sagt der Thompson-PR-Mann Helmut Höhler. Aber es geht um mehr als das. Thompson will den Liebesleuten eine völlig neue Gewohnheit einimpfen. Umfunktionieren würde bedeuten, daß die Braut statt des längst üblichen goldenen Verlobungsrings (der später an der rechten Hand als Ehering getragen wird) nun einen mit Diamant bekäme.

Aus *Capital*

Lukratives Geschieße

Das Attentat auf Senator Robert Kennedy hat eine an sich begrüßenswerte Gewissenserforschung bei amerikanischen Film- und Fernsehproduzenten ausgelöst. In einem seltenen Zustand von Selbstkritik schneiden sie brutale Szenen aus ihren Filmen heraus, veranlassen ihre Autoren, Gewalttätigkeiten zu umschreiben, und ziehen bereits fertiggedrehte Greuelfilme aus dem Verkehr. Von Robert Barron, der für 1000 Dollar pro Tag den Film »Bloody Bounty« drehte, wird berichtet, er sei von seinem lukrativen Vertrag zurückgetreten, weil er das Geschieße nicht mehr verkraften könne.

Aus *Die Welt*

Coca-Cola und die Mutterschaft

Da Coke-Bestandteile sich nie ändern und der Produktionsprozeß 75 Jahre lang im wesentlichen der gleiche geblieben ist, kann man die Bemerkungen eines Vizepräsidenten gut verstehen: »Zuerst kommt die Werbung und dann erst das Produkt.« - »Wenn Sie kein Coca-Cola-Schild mehr sehen«, informiert eine Unternehmensbroschüre neue Mitarbeiter, »haben Sie die Grenzen der menschlichen Zivilisation erreicht.« Und zu dieser direkten Reklame kommt die indirekte Werbung über die Public-Relations-Abteilung von Coca-Cola. Das Unternehmen fördert eine riesige Menge von Sportprogrammen und Wettbewerben, Jugendklubs, Sicherheits- und Erziehungs-Programme, es unterstützt die Gemeinden, Kirchen und Wohltätigkeitsvereine. Dabei handelt es sich immer um wirklich förderungswürdige Zwecke, nur daß das Coca-Cola-Geschäft immer dabei ist.

»Amerikaner denken bei Coca-Cola an die Nationalflagge und das hohe Ideal der Mutterschaft«, erklärt ein Anzeigenmann, »und an diesem Image arbeiten wir Tag und Nacht. Wir trauen uns nicht, die Reklame sexy zu machen oder billige Tricks zu gebrauchen. Der Gedanke an Alkohol und ähnliches darf nicht aufkommen: Coca-Cola ist ein Familiengetränk für alle Altersgruppen, und wir können es uns nicht leisten, die Gefühle irgendeiner Gruppe zu verletzen. Wir repräsentieren höchste Qualität und besten Geschmack. Sauber, aufrecht, die Familie, Sonntag, das Mädchen von nebenan. Gesundheit. Das Beste, was Amerika zu bieten hat.«

Aus *Capital*

Unerläßlich sind Sympathien

Für erfolgreiche Public Relations in Entwicklungsländern sind zunächst einmal fünf Voraussetzungen zu erfüllen, die zugleich als allgemeine »Erfolgsfaktoren« gelten dürfen:

1. Die Öffentlichkeit des in Frage kommenden Entwicklungslandes muß ein positives Vorstellungsbild von der Bundesrepublik Deutschland gewonnen haben. Die Bedingungen dafür sind aus historischen und politischen Gründen unterschiedlich; die Skala reicht bekanntlich, wie sich gezeigt hat, von der Disposition zu unverhohlener Ablehnung bis hin zu erinnerungsträchtigen, sentimentalen Beweisen rührender Anhänglichkeit. Kompliziert wird das Problem durch die Existenz »zweier deutscher Staaten«, durch das häufige Nebeneinander-Auftreten der Repräsentanten der Bundesrepublik und der »DDR«. Dabei sollte sich niemand Illusionen darüber hingeben, daß der SED-Staat nicht die umfangreichsten Anstrengungen unternähme, geistig und politisch auf seine Weise in den Entwicklungsländern Fuß zu fassen und die Westdeutschen auszumanövrieren. Oft genug ist ein allgemein positives Image von »Deutschland« auf die DDR übertragen worden. Jeder PR-Experte weiß ebenso wie jeder Werbefachmann allein aus dem Bereich der Markenwerbung, wie schwer es ist, den »Überlauf« von Marke und Image in der gewünschten Weise zu korrigieren. Um wieviel schwerer ist dies im Zeichen der Antinomie der beiden deutschen Staatsgebilde!

2. Unerläßlich als Voraussetzung für erfolgreiche PR in Entwicklungsländern ist auch der gute Ruf der deutschen wirtschaftlichen Leistung. Das anfangs der sechziger Jahre leicht angekratzte Renommée des guten, alten »Made in Germany« konnte inzwischen wieder aufgewertet werden. Ob künftige Konjunkturüberhitzungen, verbunden mit nachlassender Produktionsqualität, erneut zu ›Talsohlen des guten Rufes‹ führen, weiß man nicht. Unter allen Umständen sollte eine solche Entwicklung vermieden werden. Hier bieten sich gemeinschaftliche Anstrengungen der gesamten deutschen Wirtschaft an, was angesichts der nach wie vor starken Exportorientierung der Bundesrepublik auch durchaus realisierbar sein müßte.

3. Unerläßlich sind Sympathien des einzelnen Einwohners eines Entwicklungslandes gegenüber den Deutschen im grauen Arbeitsalltag. Es wird notwendig sein, auch dem jüngsten Monteur Verständnis und Einfühlungsvermögen für die gesamte Problematik des Entwicklungslandes zu vermitteln und dieses Verständnis nachhaltig und immer wieder zu pflegen.
4. Selbstverständlich gehört zu den Voraussetzungen einer aussichtsreichen PR-Arbeit auch das positive Image des im Entwicklungsland auftretenden Unternehmens.
5. Ebenso selbstverständlich, aber auch unumgänglich ist es, daß die Erzeugnisse bzw. Dienstleistungen an sich, welche die konkrete Entwicklungshilfe ausmachen, von keinen Erzeugnissen bzw. Dienstleistungen anderer Nationen oder Unternehmen übertroffen werden können.

Aus *Handbuch für Öffentlichkeitsarbeit*

Friedensboten nach Prag

(In Moskau) gehen die Meinungen über die (nächsten) Schritte weit auseinander in bezug auf Mitteleuropa, und die Ereignisse, wie der Selbstmord des Studenten Palach, sind nur geeignet, diese Differenzen zu vergrößern. Auf kulturellem Gebiet, also auf dem Felde der Indoktrination und der Propaganda, ist von Moskau aus in jüngster Zeit manch rührend geduldiger, bis zur Selbstverleugnung konzessionsbereiter Schritt unternommen worden, um das hoffnungslos verlorene Terrain wiederzugewinnen. Und während die halboffiziellen Agitationsmittel der Sowjets, wie der Sender *Vlatava* und die Zeitung *Zprávy* erbarmungslos weiter hetzen, haben die Russen bisher vergeblich versucht, wenigstens eine Lockerung des seit fünf Monaten konsequent aufrechterhaltenen Boykotts sowjetischer Filme, Theaterstücke, Bücher und Kunstwerke zu erreichen. Vergeblich boten sie den Pragern eine Ausstellung der »Kinetisten«, russischer avantgardistischer Künstler der zwanziger Jahre an, die in der Sowjetunion heute als »entartete Kunst« verboten sind. In ihrem naiven Verbrüderungsbestreben hatten die Russen sogar die phantastische Idee, den im eigenen Land selbst äußerst gefährdeten, wegen seiner kritischen Haltung und seiner pro-tschechischen Gesinnung stets mit einem Fuß im Arbeitslager stehenden Schriftsteller Solschenizyn als »Friedensboten« nach Prag zu senden, ein Vorhaben, das dort freilich durchschaut und vom Schriftstellerverband mit der Begründung abgelehnt wurde, hier würde versucht, die Wahrheit zu verschleiern. Nach Abzug der Truppen seien jederzeit sowjetische Schriftsteller willkommen, auch Solschenizyn, von dem ein Buch zu besitzen heute für den Sowjetbürger, wie man in Prag wohl weiß, schon eine strafbare Handlung darstellt.

Aus *Frankfurter Allgemeine Zeitung*

Aggressive Beeinflussungsversuche

Anders als E. W. David sehe ich durchaus »aggressive Beeinflussungsversuche der Wirtschaft auf die Publikationsorgane«. Das Produkt journalistischer Arbeit degradieren die Werbeagenturen zum »redaktionellen Umfeld« (der Anzeigen). Gefahr droht der Pressefreiheit längst nicht mehr vom Staat, sondern von Anzeigen-Großkunden.

Aus *Der Journalist*

Ergänzende Form

Der Public-Relations-Manager der Deutsche Goodyear GmbH sieht in Public Relations die Fortsetzung der Werbung mit anderen Mitteln. Weil der Verbraucher die aggressiven Holzhammermethoden superlativischer Werbung leid sei, müsse das am Absatz interessierte Unternehmen »eine andersgeartete, ergänzende Form der werblichen Aussage« finden. Diese Auffassung entspricht der Praxis vieler Großunternehmen in der Bundesrepublik.

Aus *Der Journalist*

Leitbild statt Sekt aus dem Nachttopf

Arndt von Bohlens Ruf ist schlimm - schlimmer geht's nicht.

Arndt von Bohlen und Halbach (bekannter als »der junge Krupp«) gilt in der Bundesrepublik als Taugenichts; als Playboy, der Martinis mixen kann, aber vor der großen Aufgabe versagte, Vaters Firma zu führen; als Jung-Lebemann mit Jacht und zwei Rolls-Royce und einer Vorliebe für Schmuck und Schminke.

Jedoch: In fünf Jahren ist das alles vorbei. Dann soll Arndt von Bohlen und Halbach als seriös gelten.

Das will Hans Krüger-Franke erreichen, Inhaber und Kopf der Firma »Ringpress - Studio für Öffentlichkeitsarbeit« in Grünwald nahe München. Krüger-Franke ist ein Public-Relations-Unternehmer, der mit acht Angestellten, einer fest mitarbeitenden »grauen Eminenz« (Herr Scherer) und vielen freien Autoren und Denkern einen Umsatz von rund 800 000 Mark jährlich schafft und davon eine knappe Viertelmillion verdient.

Er machte PR für die Hotelkette Steigenberger und für Maggi im Marken-Farben-Streit mit Knorr, er preist die Vorzüge von Bad Neuenahr und Bad Kissingen, ist für Nestle tätig und fürs Postsparen. »Bei Gunter Sachs habe ich jahrelang versucht, Dinge zu verhindern und aufzukaufen. Zum Beispiel Bilder, wie er aus einem Nachttopf Sekt trinkt. Wir haben es immerhin geschafft, daß das Flair der Drohne wegkommt. Es ist durch diese aufbauende Arbeit geschafft worden, daß Gunter Sachs eine Art Leitbild wurde. Leute schreiben in durchaus ernst zu nehmenden Gazetten: Gunter Sachs arbeitet doch wenigstens.«

Man sieht aber: auch wenn es dem PR-Chef nicht gelungen ist, den Klienten zu verändern (was zuviel verlangt wäre), eins hat er tatsächlich vollbracht: Die deutsche Öffentlichkeit macht sich nun ein besseres Bild von Sachs als vordem. Kein Wunder, daß Krüger-Franke an die noch schwierigere Aufgabe, das Bild des jungen Krupp aufzubessern, mit Selbstvertrauen herangeht.

Ende 1966 bat deshalb Arndt von Bohlen den PR-Mann ins Münchner Hotel »Vier Jahreszeiten« und sagte, laut Krüger-Franke: »Sie wissen, ich habe auf mein Erbe verzichtet. Ich werde als Nichtsnutz geschildert - darüber, ob das stimmt, sollten Sie sich selbst ein Bild machen -, und meine Mutter wird in den Schmutz gezogen. Hätten Sie Interesse, mit mir ernsthaft zusammenzuarbeiten, um das Bild meiner Person zu korrigieren?« Aus *Capital*

Pressenotizen verhindern

Wenn ein PR-Agent für andere Leute die Reklametrommel rührt, so ist das sein Beruf. Wenn er anfängt, für sich selbst Public Relations zu betreiben, so ist das schon etwas ungewöhnlich. Wenn diese Bemühungen aber auf Kosten seiner abgesprungenen Klienten gehen, wird es entweder peinlich oder grotesk, je nach Lage der Dinge. Selbst wenn seine Behauptungen richtig und seine Werturteile zutreffend wären, würde er auf eklatante Weise gegen die berufliche Verschwiegenheitspflicht verstoßen, die jedem seriösen PR-Berater auch nach Beendigung des Vertragsverhältnisses obliegt. In Wahrheit hatte Herr Krüger-Franke im Rahmen seiner Tätigkeit für mich einzig und allein die Aufgabe, falsche Pressenotizen zu verhindern bzw. mich darauf aufmerksam zu machen. Mich mit der Gloriole eines arbeitsamen Geschäftsmanns zu umhüllen, habe ich von ihm nie verlangt oder auch nur erwartet. Gunter Sachs, Lausanne. Aus *Capital*

Erfolgsgeheimnis: »Wir reden auf gleicher Ebene«

Leser wollen nicht lesen, was sich eine elitäre Minderheit für sie ausgedacht hat. Leser brauchen das Gefühl, ihre Zeitschrift geht auf ihr Leben, auf ihre Probleme, auf ihre Sorgen ein.

Und damit sind wir beim Erfolgsgeheimnis unserer Blätter: Wir lassen uns nicht zu dem Leser herab. Und das spürt er. Wir reden auf gleicher Ebene miteinander. (...)

Wir lernen - und lernen es immer besser - unsere Mitmenschen zu verstehen. Wir wissen, was unsere Leser beschäftigt. Wir erkennen ihre Ängste, ihre Wünsche. Wir versuchen zu helfen. Das ist unser Erfolg. Und deshalb sind unsere Zeitschriften so, wie sie sind.

Wir erreichen fast die Hälfte der erwachsenen Bevölkerung unseres Landes. Dafür gibt es nur einen einzigen Beweggrund: die Menschen finden in unseren Zeitschriften das, was sie suchen ...

Aus einer Anzeige der »Verlagsgruppe Bauer *Quick, TV Hören und Sehen, Neue Revue, Praline, Neue Mode, Das Neue Blatt, Wochenend, Neue Post, Bravo*«

Eine Werbeagentur »wandelt«

Ideenwettbewerb: Angesprochen fühlen soll sich jeder, der mit einer eigenen Arbeit etwas beitragen kann zu dem Thema:

Die Zukunft des Menschen in der mobilen Gesellschaft.

Ob es eine theoretische Analyse, eine wissenschaftliche Utopie, eine praktische Arbeit, ein Modell, ein Plan, ein Spiel oder einfach nur eine verrückte Idee ist -, ob es der künftige Soziologe oder Psychologe oder Marktforscher oder Kybernetiker oder Architekt oder Pädagoge oder Wirtschaftsjournalist oder Marketingmann oder Werbeberater oder Graphic Designer oder Art Director oder Fernsehexperte oder Copy Writer ist.

Die besten jungen Köpfe, die besten jungen Ideen an internationalen Hochschulen: Den Gewinnern des 1., 2. und 3. Preises ist ein Studienaufenthalt einschließlich der Nebenkosten für einen Spezialkurs an einer berühmten amerikanischen Hochschule wie Harvard, Stanford, MIT oder am Royal College of Art, London, gesichert.

Die Auswahl richtet sich nach Neigung, Berufsrichtung und Qualifikation des Preisträgers. Reiseantritt Frühjahr-Sommer 1970.

Die Werbeagentur Brose, die in diesem Jahr 20 Jahre besteht, hat gerade dieses Thema aus Anlaß des Jubiläums gewählt, weil sie einen Geburtstag und ein Jubiläum als eine Aufforderung ansieht, sich mit der Zukunft zu beschäftigen. Es gilt die Veränderungen in einer komplexen Gesellschaft zu analysieren, Schlußfolgerungen zu ziehen und zu neuen Erkenntnissen für die Kommunikation mit den Menschen und für das Zusammenleben der Menschen zu kommen.

Unter »mobiler Gesellschaft« verstehen wir in diesem Zusammenhang die Tatsache des zunehmend »mobiler werdenden Lebens«. Nur als Stichworte: 1,2 Mio. Menschen wechseln im Jahr ihre Wohn- und Arbeitsstätte. Häufiger Berufswechsel. Arbeitsplätze bzw. Wohnungen außerhalb der Ballungszentren. Größere Mobilität in Freizeit und Ferien. Neue Einkaufs- und Verbrauchsgewohnheiten, ein neuer Lebensstil, neue Lebensgewohnheiten sind die Folge, denen eine neue Form der Kommunikation, neue Formen des Marketing gegenüberstehen müssen.

Eine Werbeagentur ist nicht nur einbezogen in diesen Prozeß des Wandels und der Veränderung. Es ist für uns eine verantwortungsvolle Aufgabe, mit den besten jungen Köpfen von draußen und aus dem Kreise unserer Mitarbeiter einen Beitrag zu leisten. Das ist der Sinn dieses Wettbewerbs.
Ausführliche Unterlagen können Sie bei uns anfordern.
Wir wünschen Ihnen für Ihre Arbeit viel Glück.

Aus einer Anzeige von
Brose und Partner Hanns W. Brose GmbH & Co.
Werbeagentur GWA Frankfurt, Hamburg, Berlin

Äußeres Erscheinungsbild
Die zunehmende Bedeutung der Freudenberg-Gruppe im internationalen Raum macht es erforderlich, daß wir uns mit dem äußeren Erscheinungsbild unseres Stammhauses intensiv und beständig auseinandersetzen.
Das gedruckte und das gesprochene Wort bei ungezählten Anlässen, das visuelle Zusammenwirken der Produkte, Packungen, Gebäude, Zeichen, Fahrzeuge, Messestände, Briefbogen, Drucksachen, Inserate u. a. prägen in hohem Maße das Bild unserer Firma in der Öffentlichkeit.
Da wir im Konzernbereich keine zentrale Stelle haben, die sich mit den Problemen der Werbung und Öffentlichkeitsarbeit beschäftigt, wollen wir einen hochqualifizierten Sachbearbeiter mit diesen Aufgaben betrauen. Er soll direkt der Geschäftsleitung unterstellt werden.
Dieser PR-Mann müßte über alle Mittel und Möglichkeiten der Selbstdarstellung unserer Firma wachen und mit viel eigener Initiative und Ideen im gesamten Hause koordinieren, anregen und kritisieren.
Wir denken an einen Mitarbeiter im Alter von ca. 35 Jahren, der sich im Rahmen seiner bisherigen Berufspraxis bei ähnlichen Aufgaben bewährt hat.
Vollständige Bewerbungsunterlagen bitten wir einzureichen an die

Personalabteilung der Carl Freudenberg, 694 Weinheim/Bergstraße.

Aus einer Anzeige in *Die Welt*

Die beste Idee 69 ist die »Idee 69« . . .

. . . diese oder ähnliche Formulierungen erhalten wir fast täglich in vielen Zuschriften aus allen Kreisen der Bevölkerung. Ein solches Echo auf unsere Ausschreibung »Idee 69«-Verkehrssicherheit haben wir nicht erwartet. Ein Beweis dafür, daß sich weit mehr Leute Gedanken über die Verkehrssicherheit machen, als allgemein angenommen wird.

Die Deutsche FINA ist schon heute, wenige Wochen nach dem Start ihrer Verkehrssicherheits-Kampagne, in der Lage, »Idee 69« als einen großen Erfolg zu bezeichnen.

Gute Ideen zum Thema Verkehrssicherheit kann es gar nicht genug geben. FINA sucht weiter danach und prämiiert die besten.

1. DM 20 000,–
2. DM 10 000,–
3. DM 5 000,–
4. DM 2 500,– und weitere wertvolle Preise

Und noch einmal für alle, die diese Anzeige zum erstenmal lesen: Es geht darum, den Straßenverkehr problemloser, sicherer und humaner zu machen.

Die Deutsche FINA will mit dieser Kampagne wirksam gegen die Unfallgefahr und das Verkehrsdilemma angehen; statt Gewinnspielen und Preisausschreiben, statt Werbung für Additive.

Anzeige der »Deutsche FINA GmbH«, Frankfurt/M. Aus *stern*

Tauben und Falken

Man ist versucht, das Public-Relations-Lager nach amerikanischem Politik-Muster in Tauben und Falken einzuteilen: Als Tauben mögen jene PR-Vertreter gelten, die für sich etwa die Definition gefunden haben, ihr Wirken ziele einzig und allein auf die objektive Unterrichtung der Öffentlichkeit ab, wobei kommerzielle Effekte für die Auftraggeber notgedrungen in Kauf genommen werden. Bezweckt seien

solche kommerziellen Effekte jedenfalls nicht. Die Falken, die neutrale Information hingegen als gelegentliches Kuppelprodukt verstehen, bekennen mehr oder minder offen als Hauptzweck ihrer Aktivität eine Art Werbung mit anderen Mitteln.
Einen gemeinsamen Nenner zu finden ist wahrhaft schwierig, weil beide Parteien hinreichend Facts und Argumente zur Fundamentierung ihrer Ideologien vorweisen können. Der verbandsoffiziellen These von der neutralen Informationsaufgabe, der die Mitgliederauswahl u. a. unterliegt, steht fast erdrückend die tägliche Praxis gegenüber. Sie reicht von den unzähligen Pressemitteilungen eindeutig verkaufsfördernden Inhalts, die täglich auf den Redaktionstischen der Medien landen, bis hin zur Abteilungseingliederung der PR-Leute in ihren Organisationen. Aus *Industriekurier*

Sloganwettbewerb

Die Hersteller- und Vertriebsgemeinschaft »Goldstern Markenbackwaren« hat Sie eingeladen, um Ihnen das Produkt »Butter-Toast« - ein Toastbrot besonderer Art - vorzustellen. Es soll hierbei für Sie eine Anregung gegeben werden zum Erfinden neuer kulinarischer Kombinationen.
Da das Wort »Butter-Toast« das Leitmotiv dieser vormittäglichen Zusammenkunft ist, dürfte es sicherlich nicht uninteressant sein, auch einmal etwas über das Toastbrot im allgemeinen sowie über die zur Verarbeitung gelangenden Rohwaren und über die Technologie der Toastbrotbereitung zu erfahren . . .
»Butter-Toast« veranstaltete einen Slogan-Wettbewerb. Aus Deutschland, Österreich und anderen benachbarten Ländern kamen über 2000 Vorschläge. Auf der Butter-Toast-Pressekonferenz in Hamburg bildeten die anwesenden Journalisten eine Jury und wählten aus den 10 besten Einsendungen den allerbesten Slogan aus. Der glückliche Gewinner erhielt ein Farbfernsehgerät. Außerdem wurden 100 Reflektor-Toaster von GENERAL ELECTRIC verlost, und viele weitere Einsender erhielten Trostpreise.

Aus einer Einladung an die Presse

Pistolenkugeln in scharfer Soße

Mit einer intensiven Öffentlichkeitsarbeit hat die Dortmunder Polizei es erreicht, daß sich die Bürger für die Arbeit der Beamten interessieren und sie durch Hinweise und Anregungen unterstützen. Das Ergebnis sind eine sinkende Kriminalität und steigende Aufklärungsziffern.

Fritz Riwotzki, 59, »im verflixten 13. Jahr« Polizeipräsident in Dortmund, möchte seine Behörde als »Selbstschutzorgan der Bürger« verstanden wissen. Er propagiert das in der freien Wirtschaft praktizierte Management und bezeichnet die Methoden alter polizeilicher Schule als antiquiert.

Die Stoßrichtung gilt der Alltagskriminalität. Unterstützt von Kriminalbeamten, klären uniformierte Schutzpolizisten Fälle in den Bezirken der Stadt. Riwotzki: »Wir spielen die Orts- und Personenkenntnisse der Beamten, die jahrelang in ihren Revieren Streife gegangen sind, gegen die Unterwelt aus.«

Polizeipräsident Riwotzki registrierte zunächst ablehnende Gesichter, doch dann fand er für seinen Plan, einen Teil des Kriminalmuseums für vier Wochen in ein Innenstadtkaufhaus auszusiedeln, Zustimmung bei den Beamten. Die Kaufhausküche bot mittags »Pistolenkugeln in scharfer Soße« an; jeder Interessierte erhielt kostenlos einen Fingerabdruckpaß - und nach vier Wochen waren 260 000 Besucher gezählt, war ein gestiegener Umsatz besonders in der Kaufhauskissenabteilung festgestellt worden.

Weil zwischen Hochöfen und verbliebenen Fördertürmen in zunehmendem Maße Rauschgift beschlagnahmt worden ist, haben die Apotheker der Polizei eine Ecke ihrer Schaufenster für eine Anti-Rauschgift-Kampagne freigehalten. In der neuen Sparkasse in der City wird auch die Polizei präsent sein. Riwotzki will einen uniformierten Beamten an einem Sonderschalter postieren, um ständig über Möglichkeiten zur Verhinderung von Raubüberfällen und Einbrüchen informieren zu können.

Aus *Die Welt*

Nicht immer für den Fortschritt

Aber nicht immer werden Public Relations für den Fortschritt eingesetzt: In den Vereinigten Staaten hat die Tabakindustrie durch systematische Public-Relations-Arbeit erreicht, daß statt des für Zigarettenschachteln vorgesehenen Aufdrucks »Gewohnheitsmäßiges Rauchen schadet Ihrer Gesundheit« der wesentlich mildere Satz »Zigarettenrauchen könnte Ihrer Gesundheit schaden« gesetzlich vorgeschrieben wurde. Und die Bestrebungen, den Verkauf von Feuerwaffen in den USA einzuschränken, beantworteten die Waffenhersteller mit einer Pressekampagne gegen diese »unamerikanischen« Umtriebe. Es sei schließlich überkommenes Recht des Amerikaners, jederzeit und unbeschränkt Waffen tragen zu dürfen.

Aus *Die Zeit*

Beispiel aus der Arbeit einer Agentur

Gestatten Sie mir deshalb, daß ich den Leitgedanken der Deutschen Public-Relations-Gesellschaft mit wenigen Sätzen interpretiere. Nach der Auffassung der Infoplan sind Public-Relations-Maßnahmen ein systematischer produktstützender Vertrauensaufbau, bei dem es sehr methodischer, alle Meinungsbildner erfassender Tiefen- und Breitenarbeit in kontinuierlich angelegter Planung bedarf.

In dieser Planung sind die Public Relations ein Teil jenes komplexen Gebietes, das auch Werbung, Verkaufsförderung und Verkaufsgespräch umfaßt. Es handelt sich hier um einander ergänzende Ansprachen des Vertriebs, um Stufen einer einzigen Kampagne zur Rationalisierung der Gesamtwerbung, die im Verbraucher manifest macht, was die langfristig eingesetzten Public Relations veranlagt haben ...

Auf welche Weise arbeitet Infoplan? Ich darf mir erlauben, Ihnen, meine Herren, das an einem praktischen Beispiel zu demonstrieren. Ich wähle dieses Beispiel aus einem Ihren Interessen verwandten Gebiet. Die Infoplan betreut neben

- dem World Coffee Promotion Committee (Zusammenschluß von 29 kaffeeproduzierenden Staaten),
- dem United States Travel Service (eine Institution des amerikani-

schen Handelsministeriums, die sich mit der Förderung des Fremdenverkehrs von Europa nach den USA befaßt),
- der finnischen Industrie,
- der Internationalen Hilton Hotel Organisation,
- dem Viledon-Werk, Weinheim, das Vlieseline produziert, und
- verschiedenen anderen Kunden auch einen textilen Verband,
- den Verband der Deutschen Tuch- und Kleiderstoffindustrie e. V. in Köln.

Die Zielsetzung umfaßt in diesem Fall zwei Spuren. Einmal handelt es sich um die gezielte und gesteuerte Interpretation der wirtschaftspolitischen Probleme in der Presse, und zum anderen darum, die Presse über den Themenkreis der modischen Glaubwürdigkeit und modischer Tendenzen zu informieren. Um diese beiden Hauptpunkte rankt sich noch eine Vielzahl anderer taktischer oder strategischer Etappenziele, deren Erreichung Stationen auf dem Weg zu den Endzielen sind.
Nach ausführlichen Gesprächen mit dem Kunden hat Infoplan eine Arbeitsplanung entwickelt, die nach eingehender Prüfung genehmigt wurde und dann Bestandteil des Vertrages geworden ist. Die Planung wurde langfristig konzipiert, der Mindestzeitraum der Laufzeit betrug zunächst ein Jahr. Danach folgt eine neue Planung mit einer Laufzeit von wiederum 12 Monaten. Ich betone diese langfristige Arbeitsplanung deshalb, weil nur in kontinuierlich angelegten Konzeptionen Erfolgsaussichten begründet sind.
Das Schwergewicht unserer Arbeit für den Verband der Deutschen Tuch- und Kleiderstoffindustrie liegt in der Pressearbeit. Um diese Arbeit zu bewältigen, beschäftigt Infoplan in seiner Redaktion, die von mir geleitet wird, Fachleute für genau jene Ressorts, die auch auf der anderen Seite an den Schreibtischen der Redaktionen sitzen. Für das Gebiet der deutschen Tuch- und Kleiderstoffindustrie bezieht sich dies auf die Ressorts Wirtschaft, für das wir einen Wirtschaftsredakteur beschäftigen, und zwar Herrn Dr. Schmitt, der hier mit mir bei Ihnen zu Gast ist, einen Moderedakteur, einen Feature-Redakteur,

einen Redakteur für die Auswertung der textilen Statistiken, sowie einen Stab freier Mitarbeiter aus dem textilen Bereich. Diese Mitarbeiter werden von Fall zu Fall herangezogen. Außerdem steht der Redaktion zur Verfügung ein Fotograf, ein Zeichner und ein Graphiker.

Mit Hilfe dieser Kräfte geben wir für den Verband der Deutschen Tuch- und Kleiderstoffindustrie einen unter dem Namen ›infopress‹ erscheinenden Pressedienst zum honorarfreien Nachdruck heraus, der bislang in einem Umfang von ca. 20 Seiten monatlich einmal erschien. Gerade in diesen Tagen gehen wir nun dazu über, auf wöchentliches Erscheinen bei geringerem Umfang umzustellen. Sie finden in der Mappe, die Sie vor sich liegen haben, einige Exemplare dieses Pressedienstes.

Ganz bewußt versenden wir kein Informationsmaterial, sondern es handelt sich bei allen durch ›infopress‹ verbreiteten Texten um abdruckreife Arbeiten, die geschrieben sind, wie sie der Redakteur für sein Objekt benötigt. Um diese Arbeit fachgerecht zu bewältigen, hat Infoplan darauf geachtet, daß sich unser Redaktionsstab aus Mitarbeitern zusammensetzt, die jahrelange Erfahrungen in der Redaktionsarbeit bei Tageszeitungen, Fachzeitschriften, Unterhaltungsblättern und bei Illustrierten besitzen. Das sind genau jene Fachrichtungen, die auch die Adressaten unseres Dienstes sind. Wir beliefern insgesamt etwa 500 Redaktionen in Deutschland und decken damit alles ab, was publizistisch für diesen speziellen Themenkreis qualifiziert erscheint. Unsere ›infopress‹-Dienste berücksichtigen alles handwerkliche Notwendige: Die Manuskriptzeilen entsprechen der Länge durchschnittlicher Druckzeilen, die Überschriften sind so gewählt, daß sie bei den Spaltenbreiten deutscher Tageszeitungen gut eingepaßt werden können. Die Länge der Features und Meldungen ist so abgestimmt, daß es beim Umbruch keine besonderen Plazierungsschwierigkeiten geben kann.

Und was das wichtigste ist, jedes Feature und jede Meldung hat einen nicht widerlegbaren Informationswert! Der Redakteur auf der anderen Seite muß bei der Lektüre erkennen können, daß es sich hier um eine wertvolle Bereicherung des Inhalts seiner Zeitung handelt. Gegliedert ist der Pressedienst entsprechend der Gliederung der Zeitungsredaktionen in einzelne Ressorts. Um bei der Verteilung der Post Hilfestellung zu leisten, sind jeweils verschiedene Farben gewählt worden. Für die Wirtschaft Grün, für das Vermischte Orange, für die Mode Rosa, usw.

Sie mögen dies vielleicht als Akribie ansehen, wenn ich Ihnen aber sage, daß das täglich bei Tageszeitungsredaktionen eingehende Material, allein aus den Quellen normaler Nachrichtenagenturen und eigener Korrespondenten, etwa das 70fache dessen umfaßt, was tatsächlich nachher abgedruckt werden kann, so werden Sie verstehen, wie schwer es ist, kostenloses Interessentenmaterial selbst dann, wenn es echten Informationswert besitzt, unterzubringen. Man muß unbedingt diese kleinen handwerklichen Tricks und Gefälligkeiten anwenden, um sich überhaupt Geltung zu verschaffen. In der Hauptsache aber ist der gute Kontakt zur Presse mit die Voraussetzung dafür, daß die Öffentlichkeitsarbeit Erfolge bringen kann.

Auf diesem Gebiet leistet Infoplan seinen Kunden einen Service, der bis jetzt von keiner anderen Public-Relations-Agentur in Deutschland gegeben wird. Nach einem ganz bestimmten Plan werden permanent alle Tageszeitungs-, Fachzeitschriften- und Illustrierten-Redaktionen besucht. Diese Besuche mache ich als Chefredakteur von ›infopress‹ selber. Außerdem machen alle Redakteure von ›infopress‹ in jenen Redaktionen Besuche, mit denen sie entweder persönlich bekannt sind, oder mit denen sie durch die praktische Arbeit in eine engere Beziehung gekommen sind.

Ich möchte den Punkt dieser Pressebereisung besonders deshalb nachdrücklich betonen, weil wir in der Praxis immer wieder die Erfahrung gemacht haben, daß die Redakteure in den Zeitungen und Zeitschriften von hektographiertem Informationsmaterial minderer Qualität, den sogenannten ›Waschzetteln‹, so überflutet werden, daß auch gutes Material darunter leidet. Der einzige Weg, das oft leider berechtigte Mißtrauen und die Gleichgültigkeit gegenüber honorarfreiem Material zu überwinden, ist der unmittelbare Kontakt, der Besuch des Redakteurs an seinem Schreibtisch. Dadurch wird im übrigen auch eine eventuelle eigene publizistische Arbeit der besuchten Redakteure und überhaupt das Interesse an dem zur Debatte stehenden Fragenkreis angeregt. Übertragen auf die Probleme des Vereins Deutscher Kammgarnspinner ist es natürlich möglich, diese Probleme in persönlichen Gesprächen zum publizistischen Anliegen des jeweils besuchten Journalisten zu machen. Die Kontaktbereisung ist aber auch wichtig und lohnend angesichts der notwendigen langfristigen Anlage des Public-Relations-Vorhabens: Vertrauen auf seiten der als wichtigste Meinungsbildner tätigen Redakteure zu schaffen. Diese Investition hat sich im Fall des Beispiels der deutschen Tuch- und Kleiderstoffindustrie, wie wir heute beurteilen können, in jeder Weise rentiert.

Wie gut unsere Kontaktpflege im Falle des Auftrages der deutschen Tuch- und Kleiderstoffindustrie gewesen ist, ersehen Sie aus den Abdruckergebnissen. Sie werden zugeben, daß die wirtschaftspolitischen und modischen Probleme dieses Industriezweiges nicht gerade besonders populär sind. Trotzdem erreichten wir in der Zeit von Ende Oktober 1962 bis Ende Juni 1963 Abdrucke in mehr als 20 Mill. Zeitungsexemplaren. Es handelt sich hierbei um Abdrucke, bei denen Infoplan in jedem Fall, entweder durch den ›infopress‹-Dienst, durch einzelne inspirierte Artikel oder durch Pressekonferenzen die Quelle gewesen ist.

Neben dem ›infopress‹-Dienst geben wir im Auftrage des Verbandes auch einen internen Informationsdienst ›Tatsachen und Kommentare‹ heraus. Wir haben ihn geschaffen, um dem Verband damit ein Instrument in die Hand zu geben, das sich deutlich abhebt von den in Verbänden üblichen Rundschreiben mit Gesetzescharakter. Ein Exemplar dieses Dienstes finden Sie in der Mappe.

Ein Beispiel, wie die Presse bei Pressekonferenzen von uns betreut wird, soll Ihnen die anläßlich solcher Veranstaltungen verteilte Pressemappe geben, die ebenfalls vor Ihnen liegt. Für den Verband der Deutschen Tuch- und Kleiderstoffindustrie führen wir überregionale und regionale Pressekonferenzen durch. Die regionalen Konferenzen haben den Zweck, in erster Linie dafür zu sorgen, daß zwischen den Mitgliedsfirmen und der Ortspresse ein guter Kontakt hergestellt wird. Bei den überregionalen Konferenzen, z B. anläßlich der Jahreshauptversammlung, werden die großen Probleme angesprochen. Entsprechend gewählt ist dann auch der Kreis der eingeladenen Journalisten.

Aus einem Vortrag von Walter Rodenbusch,
Chefredakteur des ›infopress‹-Dienstes über
Organisation und Arbeitsmethoden der INFOPLAN,
Gesellschaft für Öffentlichkeitsarbeit mbH, Frankfurt.

Literaturverzeichnis

Aedrey, Robert: »Adam und sein Revier«, der Mensch im Zwang des Territoriums, Wien 1966.

Aranguren, José Luis: »Soziologie der Kommunikation«, München 1967.

Bauer, Wilhelm: »Die öffentliche Meinung in der Weltgeschichte«, Potsdam 1930.

Beradt, Charlotte: »Träume im Dritten Reich«, München 1967.

Bernays: »Biographie einer Idee«, die hohe Schule der PR, Düsseldorf/Wien 1967.

Bischoff, Ulrich: »Die Informationslawine«, Düsseldorf/Wien 1967.

Boberach, Heinz (Herausgeber): »Meldungen aus dem Reich«, Auswahl aus den geheimen Lageberichten des Sicherheitsdienstes der SS, München 1968.

Boelcke, Willi A.: »Wollt Ihr den totalen Krieg«, o. O. 1961.

Boorstin, Daniel: »Das Image«, Reinbek bei Hamburg 1964.

Charles-Roux, Edmonde: »Palermo vergessen«, Tübingen 1967.

Cherry, Colin: »Kommunikationsforschung, eine neue Wissenschaft«, Frankfurt 1963.

Dahrendorf, Ralf: »Homo Sociologicus«, Köln 1958.

Dahrendorf, Ralf: »Die angewandte Aufklärung«, München 1963.

Domizlaff: »Die Gewinnung des öffentlichen Vertrauens«, Lehrbuch der Markentechnik, Hamburg 1951.

Dröge, Franz W.: »Publizistik und Vorurteil«, Münster 1967.

Ebert, Theodor: »Gewaltfreier Aufstand«, Alternative zum Bürgerkrieg, Freiburg im Breisgau 1968.

Fischer, Heinz-Dietrich: »Die großen Zeitungen«, Porträts der Weltpresse, München 1966.

Grivas-Dighenis, Georgios: »Partisanenkrieg heute«, Frankfurt 1964.

Habermas, Jürgen: »Strukturwandel der Öffentlichkeit«, Untersuchungen zu einer Kategorie der bürgerlichen Gesellschaft, Neuwied am Rhein 1962.

Helbling, Alphons: »Public-Relations-Handbuch«, St. Gallen 1964.

Hofstätter, Peter R.: »Die Psychologie der öffentlichen Meinung«, Wien 1949.

Huie, Bradford William: »Drei Leben für Mississippi«, Wien 1965.
Hundhausen, Carl: »Werbung um öffentliches Vertrauen - Public Relations«, Essen 1951.
Jaspers, Eschenburg, Sarraute, Toynbee: »Werden wir richtig informiert?«, München 1963.
Jay, Antony: »Management und Machiavelli«, Düsseldorf/Wien 1968.
Khan, Wiener: »Ihr werdet es erleben, Voraussagen der Wissenschaft bis zum Jahre 2000«, Wien 1968.
Korte, Friedrich: »Über den Umgang mit der Öffentlichkeit, Public Relations«, Bad Harzburg 1967.
Löffler, Martin: »Die öffentliche Meinung«, München 1962.
Löffler, Arndt, Noelle-Neumann, Haacke: »Die öffentliche Meinung«, München 1962.
Löwenthal/Gutermann: »Agitation und Ohnmacht«, auf den Spuren Hitlers im Vorkriegsamerika, Neuwied am Rhein 1966.
Lorenz, Konrad: »Das sogenannte Böse«, zur Naturgeschichte der Aggression, München 1968.
Machiavelli, Niccolo: »Der Fürst«, Stuttgart 1963.
McLuhan, Marshall: »Die Gutenberg-Galaxis«, Düsseldorf/Wien 1968.
McLuhan, Marshall: »Die magischen Kanäle«, Düsseldorf/Wien 1968.
Mühlen, Norbert: »Die schwarzen Amerikaner«, Anatomie einer Revolution, Stuttgart 1964.
Müller, Hans Dieter: »Der Springer-Konzern«, eine kritische Studie, München 1968.
Nelson, Walter Henry: »Die Volkswagen-Story«, München 1966.
Noelle, Elisabeth: »Umfragen in der Massengesellschaft«, Reinbek bei Hamburg 1963.
Oeckl, Albert: »Handbuch der Public Relations«, München 1964.
Packard, Vance: »Die geheimen Verführer«, Düsseldorf 1961.
Payne, Robert: »Mao Tse-tung«, eine Biographie, Hamburg 1965.
Plenge, Johann: »Organisations- und Propagandalehre«, Berlin 1965.
Pross, Harry: »Moral der Massenmedien«, Köln 1967.

Riesman, David: »Die einsame Masse«, Neuwied am Rhein 1956.

SanSan: »Der achte Mond«, Hamburg 1967.

Schnabel, Reimund: »Mißbrauchte Mikrophone, Deutsche Rundfunkpropaganda im Zweiten Weltkrieg«, Wien 1967.

Schütte, Manfred: »Politische Werbung und totalitäre Propaganda«, Düsseldorf/Wien 1968.

Schwarz, Urs: »Die Angst in der Politik«, Düsseldorf/Wien 1967.

Seidel, Hanns: »Vom Mythos der öffentlichen Meinung«, Aschaffenburg 1961.

Seiffert, Helmut: »Information über die Information«, München 1968.

Sperber, Manès: »Zur täglichen Weltgeschichte«, Köln 1967.

von Stackelberg: »Alle Kreter lügen«, Vorurteile über Menschen und Völker, Düsseldorf/Wien 1965.

Steinbuch, Karl: »Die informierte Gesellschaft«, Stuttgart 1966.

Sturminger, Alfred: »3000 Jahre politische Propaganda«, Wien 1960.

Graf Zedtwitz-Arnim: »Tu Gutes und rede darüber«, Berlin 1961.

Namenregister

Sachregister

Bildnachweis

dpa, UPI, AP, Ullstein-Bilderdienst, Süddeutscher Verlag, Robert Lebeck, Michael Friedel, Max Scheler